编委会

编撰单位：
  厦门理工学院文化发展研究院
  台北教育大学文化创意产业经营学系
  福建省社会科学研究基地文化产业研究中心
  福建省高校特色新型智库两岸文创研究院
  福建省高校人文社会科学研究基地两岸创意经济研究中心

顾　问：罗昌智　柏定国

主　编：丁智才　林义斌

副主编：颜莉虹　宋西顺

编　委：（按姓氏笔画顺序）
    马培红　王新衡　邢　峥　李兆翔　陈秋英
    张茹秀　吴　珞　肖绯霞　林义斌　林江珠
    林玟伶　林思玲　林晓红　林晓薇　周琍敏
    周慧娟　高　雁　龚俊逸　蔡富澦

2018
闽台文化发展报告
（工业遗产卷）

■ 主编 ◎ 丁智才 林义斌

Mintai Wenhua
Fazhan Baogao

厦门大学出版社 国家一级出版社
XIAMEN UNIVERSITY PRESS 全国百佳图书出版单位

图书在版编目(CIP)数据

闽台文化发展报告.2018.工业遗产卷/丁智才,林义斌主编.—厦门:厦门大学出版社,2018.11
ISBN 978-7-5615-7185-9

Ⅰ.①闽… Ⅱ.①丁…②林… Ⅲ.①文化发展—研究报告—福建—2018②文化发展—研究报告—台湾—2018 Ⅳ.①G127.57②G127.58

中国版本图书馆 CIP 数据核字(2018)第 256432 号

出 版 人	郑文礼
责任编辑	王鹭鹏
封面设计	蒋卓群
技术编辑	朱 楷

出版发行 厦门大学出版社

社　　址　厦门市软件园二期望海路 39 号
邮政编码　361008
总 编 办　0592-2182177　0592-2181406(传真)
营销中心　0592-2184458　0592-2181365
网　　址　http://www.xmupress.com
邮　　箱　xmup@xmupress.com
印　　刷　厦门集大印刷厂

开本　720 mm×1 000 mm　1/16
印张　18.75
插页　4
字数　308 千字
版次　2018 年 11 月第 1 版
印次　2018 年 11 月第 1 次印刷
定价　50.00 元

本书如有印装质量问题请直接寄承印厂调换

厦门大学出版社
微信二维码

厦门大学出版社
微博二维码

主 / 编 / 简 / 介

丁智才，历史学博士，厦门理工学院文化产业与旅游学院教授、研究生导师、文化产业系主任、鹭江优秀学者，福建省社会科学研究基地文化产业研究中心常务副主任，福建省新世纪优秀人才，国家社科基金项目评委、成果鉴定专家。主要从事区域文化与文化产业研究，主持完成国家社科基金项目、福建省社科基地重大项目、福建省社科规划后期资助应用研究重大项目、福建省中国特色社会主义理论研究中心重大项目以及政府企业咨询等各类项目40多项，发表论文70余篇，出版著作教材8部。

林义斌，哲学博士，台北教育大学文化创意产业经营学系副教授、硕士生导师，元智大学博导，美国宾州州立大学访问学者。主要研究方向为文创商品开发、空间展示设计规划、园区与商圈规划辅导、产业观光与休闲体验及会展产业管理。多次参与地方政府部门相关访视审议与咨询辅导工作，近年致力于两岸文教经贸交流与文创设计竞赛，担任贵州乡村旅游发展中心、中华文教创意产业发展协会、沈春池文教基金会、台湾贵州经贸文教交流协会顾问，台湾乐清同乡会、厦门青创基地创业导师等。

目 录

总报告

工业遗产:城市更新与文脉传承
　　——闽台工业文化遗产报告 ………… 丁智才　林义斌 / 002

理论篇

工业遗产保护与文化再生 ………………………………… 林思玲 / 042
工业遗产博物馆化保存、观光与认同
　　——以黄金博物馆为例 ………………………………… 林玟伶 / 055
工业遗产与城市文脉传承 ………………………………… 马培红 / 071
工业博物馆建设模式与问题探析 ………………………… 邢　峥 / 084

福建篇

福建工业遗产现况及价值分析 …………………………… 邢　峥 / 098
福建工业遗产与城市文化初探 …………………………… 吴　珞 / 110
新媒体技术驱动下福建工业遗产传承与发展 …………… 马培红 / 121
近代华侨资产遗存与福建城市文化重塑 ………………… 林江珠 / 132

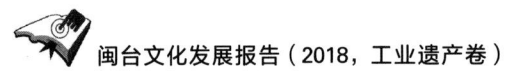

台湾篇

| 台湾工业遗产历史与现状 | 李兆翔 / 146 |
| 文化景观在台湾工业遗产保存与再利用的影响与进行 | 林晓薇 / 169 |
| 台湾产业文化资产再生计划趋势探讨 |
| ——以糖业文化资产保存为例 | 王新衡 / 181 |
| 台湾文化创意产业园区与工业遗产之渊源 |
| ——兼论台中文创园区规划经营策略 | 高 雁 林义斌 / 199 |

案例篇

马尾船政：多元工业遗产保护与开发 ………………… 肖绯霞 / 212
源和1916：百年老字号的转型 ………………… 丁智才 周慧娟 / 224
泉州机电厂：工业遗产改造与闽南音乐文化复兴 ……… 张茹秀 / 235
台北酒厂：台湾文化创意产业的旗舰基地 ……………… 林晓红 / 246
福兴谷仓：台湾农业遗产活化之路 ……………………… 陈秋英 / 256
新平溪煤矿博物园区：煤矿文化资产保存及活用 ……… 龚俊逸 / 266
台铁及台北机厂：铁路文化资产再利用 ………………… 蔡富浈 / 280

总 报 告

工业遗产：城市更新与文脉传承

——闽台工业文化遗产报告

丁智才　林义斌[*]

摘　要：　中国的工业化之路有别于其他国家和地区的，工业遗产呈现鲜明特色。开展国家工业遗产的认定与研究，有利于抢救濒危工业文化资源，传承工业精神，促进工业文化产业创新发展。福建受限于交通地理条件，近现代工业基础较薄弱，工业发展以轻工业为主，历程曲折但具有鲜明特色。福建重视工业遗产的保护利用，将工业遗产列入专门普查对象，积极提高工业遗产的文物保护级别，使用多种方式进行工业遗产开发利用，落实"三旧"改造扶持政策，鼓励企业利用旧厂房、旧厂区投资举办文化创意产业园，其工业遗产保护利用起步较晚但发展迅速。但改造过程中也出现破坏式改造和过度利用等问题，工业遗产与城市文化未能良性互动，工业遗址改造为文创空间的制约问题亟待突破。应尽快确立对应的工业遗产评估体系，确定用途和改造标准，结合区域城市文化特征，探索工业遗产再生的适宜路径，促进城市更新与文脉传承。台湾拥有丰富多元的工业遗产，基于保存与发展需求，适当地通过再利用，导入新的使用机能，或转换用途，不仅延续历史意涵，彰显地方特色，还能进行文化教育传承，促进地方经济再生。台湾的工业资产保存利用，紧跟国际潮流，已从抢救、保存阶段进阶至积极再利用阶段。闽台特有的工业遗产，是闽台文化主体确立不可或缺的

---

[*] 丁智才，博士，厦门理工学院文化发展研究院教授；林义斌，博士，台北教育大学创意产业经营学系副教授。本文系福建新世纪优秀人才支持计划项目"一带一路格局中福建文化产业提升战略研究"成果。

元素,闽台工业文化可以优势互补,合作共赢,共同探索工业文化发展之路。未来工业遗产的保存、维护与再生,在关注经济发展的同时关注对弱势者的社会公义、工业遗址的产业文化脉络与地方认同。

关键词: 工业遗产;城市更新;文化重塑

工业是强国之本,文化是民族之魂,建设制造业强国,需要工业文化的支撑。培育工匠精神,发展有中国特色的工业文化已成为实现制造强国宏伟目标和推进供给侧改革的关键。工业和信息化部、财政部2017年1月出台《关于推进工业文化发展的指导意见》,大力弘扬工业精神,夯实工业文化发展基础,不断壮大工业文化产业,培育有中国特色的工业文化,改善国家工业形象和全民工业文化素养,推动工业大国向工业强国转变。工业遗产是工业文化的重要载体,记录工业发展不同阶段的重要信息,见证国家和工业发展的历史进程,是城市文化的重要记忆,是传承历史文脉,促进城市有机更新的重要载体和宝贵资源,具有重要的历史价值、科技价值、社会价值和艺术价值。随着城市的转型发展与产业升级换代,保护利用好工业遗产,盘活存量空间资源,建设新型城市文化空间,传承历史文脉,是政、产、学、研各界面临的共同问题。

一、工业遗产价值与保护利用

工业遗产是人类文明和历史发展的见证,由于其具有多种重要价值,在世界范围内受到普遍重视。

(一)工业遗产及其价值

与其他类型的文化遗产相比,工业遗产比较新,因为工业革命从开始至今也才250多年时间。一般意义上的工业遗产指具有历史价值、技术价值、建筑价值或科研价值的工业文化遗存,包括建筑物和机械,车间、磨坊、工厂、矿山及相关的加工提炼场地,仓库和店铺,生产、传输和使用能源的场所,交通基础设施等,包括其他与工业生产相关的社会活动场所,如住房供给、宗教崇拜或者教育。①

工业遗址的出现,主要是为工业设置的产业建筑或生产设备,遭遇社会环境与生产技术的挑战,无法继续满足需求,生产被迫停滞而闲置。与一般人们所知晓的遗址或文化古迹不同,工业遗产多与特定时空背景有关,与地区产业有关,与居民生活和地方文化有密切关系。除了可见的文化资产,诸如建筑物表面,建筑空间组成形式、生产机具、设备及产品外,更包括工厂设立的过程和工厂运作期引发的社会历史变迁中的非物质性内容,例如生产技术、生产人员和社会构成等生产脉络,其与都市空间结构的关系。②

工业遗产是文化资产的重要部分,具有重大的历史、社会、科技和经济价值。《下塔吉尔宪章》认为工业遗产具有重要价值:工业遗产是工业活动的见证,这些活动对后世有深远的影响。保护工业遗产是因为这些历史证据有普遍价值,而不仅仅因为独特遗址的唯一性;工业遗产是普通人生活记录的一部分,提供了重要的可识别性感受,因而具有社会价值;工业遗产在生产、工程、建筑方面具有技术价值和科学价值,也可能因其建筑设计和规划方面的特质而有重要的美学价值;这些价值是工业遗址本身、建筑物、构件、机器和装置固有的,它存在于工业景观中,存在于成文档案中,也存在于无形记录中(如人们的记忆与习俗)。特殊生产过程的残存、遗址的类型或景观也包括在内。这使其具有稀缺的特征,对其价值进行评估时应慎重。③

工业遗产的保存,不在于承载怀旧情怀或典藏古老物件,而有更重要的意义:员工的个人生命能通过产业文化资产保存、经营、再发展而迈向永恒;产业文化资产是文化传承的载体,可提供向心力,因而得到社会大众的赞许与支

---

①③ 下塔吉尔宪章[EB/OL].(2016-07-18)[2018-05-23].https://www.icomos.org/18thapril/2006/nizhny-tagil-charter-e.pdf.

② 陈逸杰.台湾工业遗址再利用保存之空间重置的可能提案[J].文化资产保存学刊,2007(11):23—32.

持;整体社会将因为产业文化资产保存而获得多样性。[①] 2011年11月,国际古迹遗址理事会第十七届大会通过的《都柏林原则》指出:"工业遗产的价值存在于生产结构或场地本身,包括机械设备等物质组成、工业景观、文献资料,以及在记忆、艺术、习俗中存在的非物质记载。"因此,保护工业遗产的意义可以提高为保持文化的传承,培植文化根基,维护文化的多样性和创造性,促进社会发展。

(二)国际工业遗产保护规范与原则

国际组织中,联合国教科文组织是最早对文化资产保存进行规范的,1931年颁布的《雅典宪章》就明确提及;其后,1964年威尼斯召开"第二届历史古迹建筑师及技师国际会议",通过《国际古迹保护与修复宪章》(俗称《威尼斯宪章》),讨论相关问题。

为了保护具有特殊普世价值的文化遗产与自然遗产,建立以现代化科学为主的永久性制度,为这些具特殊价值的纪念物、建筑群、场域、自然面貌和动植物栖地提供紧急和长久的保护,1972年,联合国教科文组织在巴黎举行的第十七届大会中通过著名的《保护世界文化和自然遗产公约》,该公约的第一条和第二条明确了文化遗产与自然遗产的内容(详见表1)。其中,文化遗产中的文物、建筑群、遗址都涉及工业遗产。

表1 文化遗产与自然遗产的定义

项目		内 容
文化遗产	文 物	从历史、艺术或科学角度看,具有突出的普遍价值的建筑物、碑雕和碑画,具有考古性质成分或结构、铭文、窟洞以及联合体
	建筑群	从历史、艺术或科学角度看,在建筑式样、分布均匀或与环境景色结合方面具有突出的普遍价值的单立或连接的建筑群
	遗 址	从历史、审美、人种学或人类学角度看,具有突出的普遍价值的人类工程或自然与人联合工程以及考古位址等地方

---

① 林崇熙.台湾铁道文化资产的发展策略[J].捷运技术半年刊,2007(37):37—54.

续表

项目	内　容
自然遗产	从审美或科学角度看,具有突出的普遍价值的由物质和生物结构或这类结构群组成的自然面貌
	从科学或保护角度看,具有突出的普遍价值的地质和自然地理结构以及明确划为受威胁的动物和植物生境区
	从科学、保护或自然美角度看,具有突出的普遍价值的天然名胜或明确划分的自然区域

随着产业发展与科技进步,后工业社会来临,各国逐渐重视工业时代遗留下来的有形和无形的产业文化资产。然而,由于《保护世界文化和自然遗产公约》中涉及文化遗产的部分并不明确含括工业(产业)文化资产,因此,在保存和维护工业(产业)文化资产方面,国际上并无一致的规范。

成立于1973年的"国际工业纪念物保存会议"是世界上第一个致力于促进工业遗产保护的国际性非政府组织;1978年正式更名为国际工业遗产保护委员会,这个委员会成为联合国教科文组织对于工业遗产类别世界遗产进行登录与审查的咨询组织,是推动工业遗产保护最重要的非政府组织。2003年7月,该委员会在俄国下塔吉尔召开的大会通过旨在保护工业遗产的《下塔吉尔宪章》。该宪章阐述了工业遗产的定义,说明工业遗产的价值,辨识、记录和研究的重要性,法律保护、维护与保存、教育与训练、表达与诠释等原则,比较详细地对工业遗产及其保护进行规范。

《下塔吉尔宪章》第四章"法定保护"的第三点指出:适当改造和再利用也许是一种合适且有效的方式;第五章"维护与保护"的第四点也提到:赋予工业遗址新的用途,以保证其生存是可行的途径;新的用途必须尊重原有的材料,维护原始的人流活动,尽可能与初始或主要用途兼容,推荐留出某个区域展示曾经的用途。

TICCIH 与国际纪念物与历史场所委员会(International Council on Monuments and Sites,ICOMOS)于 2000 年 8 月签订合作备忘录。2011 年 11 月都柏林第十七届 ICOMOS 大会上,ICOMOS 与 TICCIH 共同发布《保护工业遗产原则》(*The Joint ICOMOS-TICCIH Principle for the Conserva-*

tion of Industrial Heritage),内容包括：

(1)记录和了解工业遗产结构、场所、地区和景观及其价值。
(2)确保有效地保护工业遗产结构、场所、地区和景观。
(3)保护和维持工业遗产结构、场所、地区和景观。
(4)介绍和沟通工业结构、场所、地区和景观的遗产范围和价值，以提高公众和企业意识，支持培训和研究。

2006年，ICOMOS就把4月18日国际纪念物与历史场所日主题定为"保护工业遗产"，工业遗产的保护成为关注的焦点。2012年，TICCIH发布《亚洲工业遗产台北宣言》(*Taipei Declaration for Asian Industrial Heritage*)，倡议建立亚洲工业遗产保存网络(*an Asian network for industrial heritage within the framework of TICCIH*)。指出，亚洲的工业遗产与其他地方显著不同，显著关注人与土地的关系，保护时应该注重突出文化的特殊性。再者，在2000年与2011年协议的基础上，TICCIH与ICOMOS于2014年11月签订"关于保护工业遗产合作框架"。这些国际组织与重要宣言、宪章成为国际上保存工业遗产重要的依循。

(三)工业遗产保护与再利用

工业生产是一个庞大的体系，因此，工业遗产的保护不仅涉及建筑本体保护，还涉及工艺流程和生产关键部位的保护。只保护工业建筑单体，难以反映生产的过程和工业企业的全貌。传统工业退出后留下的设施设备、厂史厂志、文件档案、图像照片、商标包装等共同构成"工业文物"，应该由工业博物馆收藏，按照博物馆相关规定分级、分类管理，纳入工业遗产研究。有特色的厂房组团、建筑单体、景观区域以及独特的生产工艺等也应纳入保护范畴，力争完整再现工厂生产时的大体面貌，让观众获得相关的知识和体验。结构保护和整体保护，是工业遗产保护的重要内容。

工业建筑遗产的保护，不应被动进行，而应遵循工业建筑遗产保护的特点,在保护的前提下通过功能转换,进行适应性再利用,重点应用于文化设施建设和城市更新,找出遗产适宜的新功能,方式多种多样,如改建成博物馆、美术馆、展览馆、社区文化中心、文创园(艺术馆、工作室、礼堂剧场、教育机构等)、景观公园,增辟体验休闲功能(餐饮馆、咖啡馆、酒吧等)、购物功能(创意集市、家居、书店、超市等)、居住功能(青年公寓、精品酒店等)等,既体现工业遗产特色,又为公众的游憩、观赏和娱乐提供场所。在城市中,工业遗产的功能已经变化,从经济载体变为城市的文化象征,当然,围绕其生发的象征经济[①]由于采用"改造性再利用"的做法,场所的文化意义并未削弱,反而受到广泛重视。工业遗产再利用的方式多种多样,应根据性质和城市发展的需要来探索。

(四)中国工业遗产保护利用的兴起

中国的工业化之路不同于欧美,也不同于亚洲的日本和东南亚国家。较之几千年的农业文明和丰厚的古代遗产,中国工业遗产只有近百年或几十年的历史,但它们同样是中国社会发展不可或缺的物证,记录了中国工业化的过程。单霁翔认为,中国的工业遗产可以分为"广义"和"狭义"两种。史前时期加工生产石器工具的遗址,古代各个历史时期资源开采和冶炼遗址,水利工程、陶瓷、酿酒、盐井等反映人类技术创造的遗物和遗存,这些工业遗产多与中国原发的科学技术有关,体现古代传统手工艺的伟大成就,可以看作广义的工业遗产。[②] 狭义的工业遗产指 19 世纪末以来受工业革命影响,利用新材料、新技术、新能源,在工业化进程中留下的工业遗存。现在所说的工业遗产一般指后者。

自洋务运动起,中国走上工业化道路。百年以来,几代人艰苦卓绝,初步实现工业化强国之梦。此一期间,出现无数具有重要历史价值的工业遗存和工业文化遗产。近代有洋务运动时期的工业和民族资本主义工业,如南京金

---

① Sharon Zukin.城市文化[M].朱在英,译.上海:上海教育出版社,2006:3.
② 刘伯英,易丹.拆还是保,这是一个大问题[J].瞭望东方周刊,2018(1):22—23.

陵兵工厂、福州马尾造船厂,留下大量工业遗产。这些遗产见证洋务运动的过程,亲历近代工业向半封建半殖民地中国传播的过程。1949年后,世界的政治、经济格局发生巨大变化,我国经历国民经济恢复、苏联援建、"一五""二五"时期工业建设、三线建设、改革开放等重要事件,留下许多工业厂区和丰富的工业遗存,具有多重重要价值。

由于诸多原因,大陆在较长时间内忽视工业遗产的价值,甚者将其看作污染和落后生产力、落后文化的载体,并不加以保护。这种忽视和误解使得工业遗产保护工作一度停滞不前,一些有历史、技术、文化、社会价值的工业遗产遭受破坏,工业遗产逐渐减少甚至消亡。工业遗产保护与活化的研究工作起步较晚,20世纪90年代,由于"退二进三"政策的推广,许多城市中出现废弃的工业厂区,工业遗产问题开始受学界的重视。

2006年,国家文物局发布《关于加强工业遗产保护的通知》,启动全国性的工业遗产调查研究、全国重点文物保护单位(乃至世界遗产)的申报。同年,国务院公布第六批全国重点文物保护单位名录,将黄崖洞兵工厂旧址等18处近现代工业遗产纳入保护范围。2010年,中国召开主题为"抢救工业遗产"的首届工业建筑遗产学术研讨会,会上通过《北京倡议》,这是中国首个关于工业建筑遗产保护的宣言。2016年12月,工业和信息化部、财政部印发《关于推进工业文化发展的指导意见》,提出深刻认识工业文化发展的战略意义、总体要求、主要任务、保障措施。2018年,首届"中国工业遗产保护论坛"在江苏无锡举行,通过《无锡建议》,详细阐述和分析我国工业遗产保护工作的内容、困境、目标和发展空间,这标志我国的工业遗产保护与活化工作开启新篇章。

当下中国正处于社会转型期,城市化进程不断加快,大批曾为近代化、现代化做出重大贡献的老工业企业面临改组、搬迁,其设备、产品不断淘汰更新。据统计,从1949年以来到2017年,我国的工业建设总量达到88.3亿平方米。就数据来看,目前全国工业遗产的存量依然巨大。[①]《关于推进工业文化发展

---

① 沙雪良.全国老旧厂房协同发展联盟在朝阳成立[N].新京报,2018-08-19.

的指导意见》(《意见》)要求开展调查摸底,设立工业遗产名录和分级保护机制,保护一批工业遗产,抢救濒危工业文化资源。引导社会资本进入工业遗产保护领域,合理开发利用工业遗存,鼓励有条件的地区利用老旧厂房、设备等依法建设工业博物馆。在辽宁、浙江、江西、山东、湖北、重庆和陕西等省市开展国家工业遗产认定试点申报工作,要求各部门推荐特色鲜明、文化价值突出、遗产主体保存状况良好、产权关系明晰的工业遗产。《意见》对进入名录的工业遗产界定如下:在中国历史或行业历史上有标志性意义,见证本行业在世界或中国的发端,对中国历史或世界历史有重要影响,与中国社会变革或重要历史事件及人物密切相关,具有较高的历史价值;具有代表性的工业生产技术重大变革,反映行业、地域或历史时期的技术创新、技术突破,对后续科技发展产生重要影响,具有较高的科技价值;具备丰厚的工业文化内涵,对当时社会经济和人文发展有较大影响,反映同时期社会风貌,在社会公众中拥有强烈的认同感和归属感,具有较高的社会价值;规划、设计、工程代表特定历史时期或地域的工业风貌,对工业后续发展产生重要影响,具有较高的艺术价值;具备良好的保护和利用工作基础。

2017年12月,工信部公示拟认定的第一批国家工业遗产名单,11个工业遗产入围(表2)。入选者均是近现代有名的工业厂矿且遗存丰富,具有多种重要价值。2018年4月,工信部关于开展第二批国家工业遗产认定申报工作,要求营造重视工业遗产保护的社会氛围,启动工业博物馆摸底调查工作,组织各地对各类博物馆进行调查梳理,指导建立工业博物馆联盟,适时启动编制工业博物馆名录。工信部还将推动工业文化产业的发展,支持建设工业设计公共服务平台,促进装备制造与文化创新融合发展,促进工艺美术、工业旅游、工业创意产业发展,培育工业文化新业态,着力打造制造业新的增长点。

表 2　国家工业遗产名单(第一批)

序号	名称	地址	核心物项
1	张裕酿酒公司	山东省烟台市芝罘区	地下酒窖,"张裕酿酒公司"老门头,"张裕路"石牌及张裕地界石,1892俱乐部(张弼士故居)及张裕金库,亚洲桶王及清代进口橡木桶,板框过滤机,蒸馏器,金星高月白兰地葡萄酒,1912年孙中山"品重醴泉"题词,1915年巴拿马万国博览会奖牌,1937年解百纳注册证书
2	鞍山钢铁厂	辽宁省鞍山市铁西区	昭和制钢所运输系统办公楼,井井寮旧址,昭和制钢所迎宾馆,昭和制钢所研究所,昭和制钢所本社事务所,烧结厂办公楼,东山宾馆建筑群(主楼、1号楼、2号楼、3号楼、贵宾楼),北部备煤作业区门型吊车,建设者(XK51)机车车头,昭和制钢所1号高炉,老式石灰竖窑,2300 mm三辊劳特式轧机,401号电力机车,1150轧机,1100轧机,鞍钢宪法
3	旅顺船坞	辽宁省大连市旅顺口区	船坞,木作坊,吊装库房,船坞局,电报局,泵房,坞闸1部,台钳3部
4	景德镇国营宇宙瓷厂	江西省景德镇市珠山区	锯齿形、人字形、坡字形老厂房,陶瓷生产原料车间、成型车间、烧炼车间、彩绘车间、选瓷包装车间、四代窑炉遗址,20世纪50—80年代陶瓷成型作业线,陶瓷生产工具及相关历史档案资料
5	西华山钨矿	江西省赣州市大余县	矿选厂、机械厂工业建筑群,主平窿,苏联专家办公及居住场所,勘探原始资料,全套苏联俄语版采选设计文本、图件
6	本溪湖煤铁公司	辽宁省本溪市溪湖区	本钢1号高炉,洗煤厂,2号黑田式焦炉,铁路机务段与编组站,本钢第二发电厂冷却塔,洗煤车间,煤铁公司事务所(小红楼),煤铁公司旧址(大白楼),中央大斜井,彩屯煤矿竖井,东方红火车头,EL型电力机车及敞车
7	宝鸡申新纱厂	陕西省宝鸡市金台区	窑洞车间,薄壳工厂,申福新办公室,乐农别墅,1921年织布机,1940年代电影放映机
8	温州矾矿	浙江省温州市苍南县	鸡笼山矿硐群,南洋312平硐,1号煅烧炉,1号结晶池,福德湾村矿工街巷

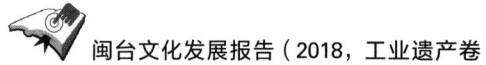

续表

序号	名称	地址	核心物项
9	菱湖丝厂	浙江省湖州市南浔区	码头,茧仓库,50吨水塔及配套水池,烟囱,锅炉房,立缫机2台,复整车间厂房,复摇机8组,黑板机2台,灯光检验设备,宿舍3栋,招待所,医务所,广播室,大礼堂,园林景观,徐家花园及厂志
10	重钢型钢厂	重庆市大渡口区	钢铁厂迁建委员会生产车间旧址,双缸卧式蒸汽机,蒸汽火车头2台及铁轨,烟囱3处,铣床,压直机,刮头机,相关档案资料
11	汉冶萍公司——汉阳铁厂	湖北省武汉市汉阳区	矿砂码头,高炉凝铁,汉阳铁厂造钢轨,1894年铸铁纪念碑,汉阳铁厂造砖瓦,卢森堡赠送相关资料,转炉车间,电炉分厂冶炼车间,电炉分厂维修备品间,水塔,钢梁桁架,铁路和机车,烟囱及管道设施
11	汉冶萍公司——大冶铁厂	湖北省黄石市西塞山区	1921年冶炼高炉残基,瞭望塔,水塔,高炉栈桥,日式建筑4栋,欧式建筑1栋,钢轨
11	汉冶萍公司——安源煤矿	江西省萍乡市安源区	总平巷,盛公祠(萍矿总局旧址),安源公务总汇(谈判大楼),株萍铁路萍安段,萍乡煤矿工程全图,萍乡煤矿机土各矿周围界限图

制定工业遗产保护名录并落实保护措施,有助于保存这些文明印记,使之成为全人类共同的财富。2018年1月,由中国科协、中国城市规划学会统计的《中国工业遗产保护名录》公布(表3)。这批名录包含创建于洋务运动时期的官办企业,也含有1949年后的"156项"重点建设项目,覆盖造船、军工、铁路等门类,共有100处具有代表性以及突出价值的工业遗产。从名录分布情况看,大陆工业遗产大多集中在江苏、辽宁、河北、山东、北京、上海、湖北这几个国企大省(市)。大多工业遗产已经得到保护和利用。

表3 中国工业遗产保护名录

省市	工业遗产名录	数量
北京市	首都钢铁公司(现为首钢工业遗址公园),二七机车厂,北京焦化厂(北京东部工业遗址文化园区),京师自来水公司东直门水厂(北京自来水博物馆),中国海军中央无线电台(491电台),北京印钞厂(541厂),718联合厂(华北无线电联合器材厂),798艺术区	6

续表

省市	工业遗产名录	数量
上海市	江南机器制造总局(含求新机器造船厂),上海外白渡桥,阜丰面粉厂,福新第三面粉厂,上海杨树浦水厂(上海自来水科技馆),上海东区污水处理厂	6
天津市	大沽船坞(现为北洋水师大沽船坞遗址纪念馆),天津金汤桥,天津碱厂(天津碱厂厂史馆)	3
辽宁省	旅顺船坞[现为辽南船厂(中国人民解放军海军4810工厂)厂区],东三省兵工厂[沈阳旧址现为黎明发动机公司;枪所搬迁至北安成立庆华工具厂(626厂),现为庆华军工遗址博物馆],抚顺煤矿(现为抚顺煤矿博物馆),本溪湖煤铁公司[纤维本溪(溪湖)煤铁工业遗址博览园],阜新煤矿(海州露天煤矿国家矿山公园),鞍山钢铁公司,东清铁路机车制造所(大连机车厂),水丰电站	8
吉林省	第一汽车制造厂,通化葡萄酒厂,丰满电站	3
黑龙江省	大庆油田(建有大庆油田历史陈列馆)	1
河北省	开滦煤矿(现为开滦博物馆、开滦国家矿山公园),唐山铁路遗址(拟建中国铁路源头博物馆),滦河铁桥,启新水泥公司(现为中国水泥工业博物馆),耀华玻璃厂(现为秦皇岛市玻璃博物馆),唐胥铁路修理厂(现为唐山地震遗址纪念公园,抗震纪念馆),唐山磁厂	7
山西省	大同煤矿(现为晋华宫矿国家矿山公园)	1
山东省	中兴煤矿(现为中兴煤矿国家矿山公园),坊子炭矿(现为坊子炭矿遗址文化园),胶济铁路[胶济铁路博物馆(胶济铁路济南站)],济南泺口黄河铁路大桥,津浦铁路局济南机器厂,张裕酿酒公司,青岛啤酒厂(青岛啤酒博物馆)	7
江苏省	金陵机器制造局(现为晨光1865创意园),南京下关火车渡口,南京长江大桥,中国水泥厂,江南水泥厂,浦镇机厂,永利铔厂,大生纱厂(大生纱厂陈列室),永泰缫丝厂(中国丝业博物馆),茂新面粉厂,和记洋行,民国首都水厂(南京自来水历史展览馆),民国首都电厂(民国首都电厂旧址公园),国民政府中央广播电台	14
广东省	柯拜船坞(现为广州黄埔造船厂厂区),协同和机器厂(现为协同和动力机博物馆),顺德糖厂	3
浙江省	钱塘江大桥,华丰造纸厂(华源创意工场),杭州丝绸印染联合厂("丝联166"创意产业园区)	3

续表

省市	工业遗产名录	数量
福建省	福州船政(现为马尾船厂厂区及船政文化园区)	1
湖北省	大冶铁矿(现为黄石国家矿山公园),汉阳铁厂(在建张之洞与汉阳铁厂博物馆),大冶铁厂,武汉长江大桥,华新水泥公司,汉口既济水电公司宗关水厂	6
湖南省	水口山铅锌矿,萍乡煤矿(现为安源路矿工人运动纪念馆),长沙锌厂,株洲总机厂,裕湘纱厂	5
河南省	中福煤矿,郑州黄河铁路桥,第一拖拉机制造厂,三门峡水利枢纽	4
江西省	宇宙瓷厂(陶溪川文创街区)	1
安徽省	佛子岭水库大坝	1
重庆市	重庆抗战兵器工业遗址(部分现为重庆抗战兵器工业遗址公园),重庆钢厂,816工程(816景区)	3
陕西省	黄崖洞兵工厂(现为黄崖洞兵工厂展览馆),延长油矿,大华纱厂(大华·1935、大华工业遗产博物馆)	3
新疆维吾尔自治区	独山子油矿,克拉玛依油田	2
甘肃省	玉门油矿(建有玉门石油博物馆),404厂(甘肃矿区)	2
青海省	221厂(青海矿区)(原子城纪念馆)	1
云南省	滇越铁路(建有云南铁路博物馆),石龙坝水电站	2
四川省	芭石铁路(嘉阳小火车)(现为嘉阳国家矿山公园)	1
贵州省	中国第一航空发动机厂	1
台湾省	苗栗油矿(现为台湾油矿陈列馆)	1
联合申报	宝成铁路(陕西省、四川省) 京张铁路(建有詹天佑纪念馆)(北京市、河北省) 中东铁路(黑龙江省、吉林省、辽宁省、内蒙古自治区) 酒泉卫星发射中心(甘肃省、内蒙古自治区)	4

当下,各地比较重视工业遗产改造推动城市更新与文化创意产业园区建设相结合。北京与杭州、上海、南京等城市先试先行,支持文化创意产业园区

创新发展,实现高效城市更新与高质量经济发展的双重突破。2016年8月,上海市印发《上海市制造业转型升级"十三五"规划》,对工业用地改造文创空间进行指导。2017年12月,北京市出台《关于利用老旧工业厂房拓展文化空间的指导意见》,政策细化,明确鼓励将老旧工业厂房改造为文化创意产业园区。

工业遗产具有独特性与稀缺性价值,又融合科技、历史、文化价值,具有强大的社会、经济、教育价值的发展潜力,发展的关键在于工业旅游。近三年来,中国工业旅游游客接待量年均增长31%,旅游收入年均增长24.5%。到2016年年末,全国共有1157个工业旅游景点,接待游客1.4亿人次,旅游收入213亿元,吸纳就业42.8万人,工业旅游发展呈现欣欣向荣之势,成为中国旅游发展的新亮点。《全国工业旅游创新发展三年行动方案(2018—2020)》要求,到2020年,全国将培育100个国家工业旅游示范基地、国家工业遗产旅游基地等示范品牌;全国工业旅游年接待游客量达2.4亿人次,旅游年收入超过300亿元,成为全域旅游发展新的增长极;工业旅游体系初步建成并得到完善,产品品质全面提高,工业旅游并入大众旅游发展轨道,促进就业、社会教育等社会功能得到展现。我国的工业遗产旅游已经"在路上"。

表4 首批国家工业遗产旅游基地

序号	名称	地址	核心物项
1	黄石国家矿山公园	湖北省黄石市铁山区	亚洲最大的硬岩复垦基地,是中国首座国家矿山公园。形似一个硕大倒葫芦的"矿冶大峡谷",是黄石国家矿山公园核心景观,东西长2 200米、南北宽550米、最大落差444米,坑口面积达108万平方米,被誉为"亚洲第一天坑"
2	开滦国家矿山公园	开滦唐山矿业公司	一座有着138年开采历史、集工业遗迹保护、煤炭文化、近代工业文明展示于一体的近代工业主题的国家级矿山公园
3	长影旧址博物馆	吉林省长春市朝阳区	长影作为新中国第一家电影制片厂,建厂至今已有69年,建筑面积46 137平方米。博物馆包括长影电影艺术馆、长影摄影棚展区、长影洗印车间展区、长影电影院、长影音乐厅和配套的长影文化街区等

续表

序号	名称	地址	核心物项
4	上海国际时尚中心	上海市杨浦区	总建筑面积约13万平方米,是由上海纺织集团利用原十七棉厂房基地,将其打造成与国际时尚业界互动对接的地标性载体和营运承载基地
5	新昌达利丝绸世界旅游景区	浙江省新昌县	总占地面积21.3万平方米,是全国首家以丝绸文化游为特色的国家AAAA景区。景区由千年桑树园生态景区、丝绸文化博览馆、丝绸文化特色街、达利生态体验休闲区和丝绸世界展示购物区五部分组成,是集蚕桑文化园林、丝绸博览馆、现代丝绸工业生产、丝绸文化科普教育、生态农业体验和休闲娱乐购物等多种旅游元素和形态的综合性旅游景点
6	萍乡市安源景区	江西省萍乡市中部	景区内拥有安源工人运动纪念馆、安源锦绣城两个国家AAAA级景区
7	醴陵瓷谷	湖南省株洲市醴陵区	总占地面积650亩,总建筑面积100万平方米。作为首批国家工业旅游创新单位,包括陶瓷博物馆、湖南官立瓷业学堂、中国陶瓷艺术设计中心、醴陵瓷谷美术馆、国际陶瓷展览中心、沩山国际陶艺村等
8	柳州工业博物馆	广西壮族自治区柳州市	是全国第一所城市综合性工业博物馆,国家AAAA级旅游景区。总用地面积将近11万平方米,总建筑面积超过6万平方米,分为室内展区、室外展区。室内展区分为柳州工业历史馆、柳州企业风采馆、生态宜居馆、机动展厅、多功能"等;室外展区有蒸汽机车、大型装载机、柳钢一号高炉下降管、大型印染机等
9	成都市东郊记忆景区	成华区	占地205亩。原来叫成都东区音乐公园,在成华区原红光电子管厂旧址上修建而成,是工业遗存保护和文化创意产业相结合的新型旅游景区。设有东郊记忆馆、星光墙、中国移动无线音乐基地、成都舞台、火车头广场、锦颂东方艺术展览中心等18个场馆
10	"茅酒之源"旅游景区	仁怀市	始建于明代,因战乱几次被毁,重建于清同治元年(1862年),是国酒茅台最早酿造体系的实物见证。景区占地面积约5万平方米,其中包括茅台酒厂的前身——成义烧房(茅酒之源)、荣和烧房、恒兴烧房(茅酒古窖)旧址,是展示首批国家级非物质文化遗产——茅台酒酿制技艺的重要载体

工业遗产保护与利用还存在不少问题：重视不够，价值认知不统一；家底不清，工业遗产的数量、分布和保存状况不明朗；界定不明，保护的评估体系尚不完善，改造利用的要求尚不清晰；工业遗产的活化利用过分追求经济效益，不能与城市文化有机共生，不少工业遗产成为城市建设的牺牲品。这些问题有待进一步解决。

二、福建工业遗产的保护与利用

福建位于东南沿海，受丘陵地貌地理条件限制，陆上交通极为闭塞，历史上形成工业基础较薄弱，以轻工业为主的工业发展特征，其工业遗产特色鲜明。

（一）福建工业遗产概况

近代被迫开放的五口通商口岸，福建占两个。外商在福州、厦门建厂，从此拉开福建近代工业序幕。洋务运动中，大型洋务军工企业——福建船政局创立，其后，随着军事工业的衰落逐渐败落。同一时期，民营产业发展较快，电力、汽运发展较快，福建电力公司出现。20世纪30年代，福建的木材加工、罐头食品、茶叶加工、酿酒业、制糖业、造纸业等近代加工业发展迅速。这时期福建产业发展虽然曲折，但特色鲜明。[①]

中华人民共和国成立初期，福建工业实力弱小，位列全国经济倒数前五名，资源匮乏，海上交通封锁，陆上交通又受限于东南丘陵地貌，极为闭塞，工业基础薄弱。福建工业在薄弱的基础上起步，接收马尾造船厂和峡阳兵工厂残缺不全的设备，设立国营福建机器厂，这是福建筹建的第一家工厂。1953年，厦门鱼肝油厂建立，这是1949年后全国兴建的四座现代化国营鱼肝油厂之一。"一五"期间，福建有计划地进行工业建设，重点发展能发挥福建资源优势且见效快的轻工业，如南平造纸厂、侨办福建造纸厂、公私合营福州火柴厂

---

① 罗肇前.福建近代产业史[M].厦门：厦门大学出版社，2002：3.

相继建成,这也使福建的工业结构偏轻,缺少石油化工机械钢铁煤炭等重工业的支持,产业结构比较单一。"二五"期间,福建开展大规模工业建设,兴建了近30个以原材料等基础工业为重点的骨干企业,如三明钢铁厂、潘洛铁矿、漳平煤矿、福州第二化工厂、三明化工厂、三明重型机器厂、厦门新华玻璃厂、永安水泥厂、莆田糖厂和一些大中型糖厂。[①] 至此,在国家统一计划的指导下,充分利用福建的自然资源,以轻工业为主,初步奠定福建现代工业的基础。随着"小三线"建设的全面展开,福建国民经济建设的布局发生重大变化。为了发展军工生产,加大对重工业的投入,例如对三明钢铁厂、龙岩风动工具厂、永安机械厂、永安车辆修配厂等加大投资力度,进行配套或扩建。一大批重要的化学、化工、医药、动力、机械、轻纺、皮革等企业迁往二线三线城市,按军工规划进行建设,以满足军工生产的需要,这些工厂涉及地方军事工业、民用机械工业、轻化工业等各个方面。

福建现存的近代工业遗产主要有三类:一是洋务运动中的工业遗产,包括福州马尾船政、福建机器局、福建官钱局等。二是开埠城市近代外资企业,包括福州、厦门的近代外资企业。三是福州近代民间资本产业,包括刘崇伟、刘崇伦五兄弟的刘氏家族产业及其他近代民间资本产业。其中,福州船政局由闽浙总督左宗棠创办,是清政府经营的制造兵船、炮舰的新式造船企业,也称马尾船政局,是近代中国创办的第一家专业机器造船厂,也是当时远东规模最大、影响最深、设备最完整的造船基地。福州船政跨越两个世纪,见证近现代的历史发展。主要遗存有三类:一是轮机厂、绘事院、二号船坞、储材井;二是马江海战炮台、烈士墓及昭忠祠;三是钟楼、天主堂、粤东山庄、海军练营、飞机滑道。随着福州船政局(现为马尾船厂厂区及船政文化园区)入选中国工业遗产保护名录第一批名单,其价值将被更多人认同。

从工业遗产分布的城市来看,泉州、厦门遗留较多,特色较为鲜明。泉州是著名的工业城市,市区的工业遗产主要由泉州中侨(集团)股份有限公司和

---

① 陈惠芳.为有源头活水来:记福建省第一批现代工业[J].福建党史月刊,2004(11):33.

泉州二轻集体工业联社经营管理,其中泉州市原37家市属国有企业属中侨股份公司所有,分别是内燃机配件厂、源和堂蜜饯厂、第二针织厂、农械厂、制线厂、罐头厂、面粉厂、麻纺织厂、电视机厂、机器厂;其余属二轻集体工业联社,包括机电厂、竹编工艺厂。各县区的工业遗产主要是德化的陶瓷遗址、永春老醋古制造厂、安溪茶叶制造、惠安石雕。①

厦门是近代五口通商之一,既有近代工业遗产,也有中华人民共和国成立初期工业遗产,还有经济特区开办遗留的工业遗产。鼓浪屿自来水公司、上李水库大坝、鹰厦铁路、湖里工业区是典型代表。鼓浪屿自来水公司由印尼爱国华侨黄奕住创办,建有设备房、管理房及若干蓄水池,房屋建筑结构是砖混结构,属于早期现代主义风格建筑,全部自来水工程由德国西门子公司承建。目前,该工业遗产范围包括一栋管理用房、一栋水泵房、一个蓄水池,建筑皆为砖混结构,整体保存完好。外部有庭院及围墙包围。上李水库大坝由德国西门子公司设计并建造。1923年,华侨实业家黄奕住等创办商办厦门自来水有限公司。1925年,公司利用上李的天然地形筑坝蓄水,建成上李水库。堤坝以花岗岩条石筑砌,弧形,西北至东南走向,坝中部设水泵房,坝底有德国制造的钢质水闸,西部设有出水管、入水管。坝底墙面嵌有落款为1925年的中英文奠基辉绿岩质石碑一方。堤坝西北侧建有二层西式办公楼一座。堤坝、办公楼及部分设备现保存完整。鹰厦铁路的延伸线则是中华人民共和国成立初期工业战线的遗产,鹰厦铁路于1955年2月开建,次年12月建成。当时是厦门唯一的铁路,专门为运输城市建设所需的建材和军用设备方便而铺设,未通客车。随着炮战的结束和厦门城市规划范围的扩大,这条线路从20世纪80年代开始闲置,但保留厦门"海陆空"交通发展的最初记忆。湖里工业区则是全国曾经的四大经济特区之一,是厦门的工业印记。1983年2月,印尼华人陈应登在厦门湖里工业区投资兴建厦门印华地砖厂有限公司。30多年前厦门经济特区建设之初,石材、钢材、煤炭等产业搬迁至此,30年后,这些企业陆续

---

① 侯瑞萍.台湾工业遗产再利用对泉州市工业旅游发展的启示[J].黎明职业大学学报,2014(4):27-32.

从这里迁出。随着经济的发展，那些承载时代记忆、烙上工业印记的老厂房、老车间在时代进步的滚滚洪流中渐归寂静，留下一些有待保护的工业遗产。

(二)福建工业遗产的保护与利用

福建重视工业遗产的保护利用，地方政府和相关部门加强对工业遗产的普查，第三次全国文物普查时将工业遗产列为专门普查对象。同时，将工业遗产列入文物保护单位，福建船政建筑、五更寮土高炉群等被国务院认定为全国重点文物保护单位；鼓浪屿自来水公司旧址等被省政府认定为省级文物保护单位；在第九批省级文物保护单位申报评审中，鼓浪屿电话公司旧址、鼓浪屿英国亚细亚火油公司旧址等作为工业遗产列入名单报省政府核定公布。许多工业遗产被当地县、市认定为文物保护单位和不可移动文物点。

为推进工业遗产保护，提高工业遗产的文物保护级别，福建积极争取国家财政资金支持，如福建船政建筑保护规划编制获国家重点文物保护维修专项资金补助100万元。各级政府依法投入资金对福建船政建筑进行修缮，同时，鼓励社会资金积极参与工业遗产的活化利用；鼓励社会力量参与，将工业遗产打造为工业博物馆，充分挖掘工业遗产价值，如福建船政建筑原址修缮后向社会开放，配备建设船政文化博物馆，对社会大众进行爱国主义和历史、科普教育。

福建积极利用多种方式推进工业遗产开发利用，政府落实"三旧"(旧城镇、旧厂房、旧村庄)改造扶持政策，鼓励企业利用旧厂房、旧厂区投资开设文化创意产业园，涌现泉州"源和1916"创意产业园、厦门龙山文创园等一批利用"三旧"改造的文创产业园区(如表5)。厦门思明区于2015年出台《鼓励扶持龙山文化创意产业园发展若干规定》，鼓励龙山片区老旧工业厂房改造。其中，业主或运营商对园区老旧工业厂房建筑外立面、内部结构、公共空间、消防安全、景观等进行基础性改造，首次完成一幢以上建筑改造并通过验收，一旦项目入驻并产生营业收入，政府将对相关企业给予每平方米200元的改造补助，总额最高500万元。厦门湖里区推动建设"工业文化特色小镇"，建设以工业文化为主题的特色小镇，建设工业博物馆，保存改革开放后的工业发展记忆,保护工业遗产,促进工业旅游,提炼特色工业文化。泉州借用全球盛行的文化治理手法——打造文创园区和举办国际大型活动,作为老旧工业园区再利用的方式。政府颁布《关于加快文化产业发展的意见》,要求实现"三旧"改造与城市更新。突出的案例有:由源和堂蜜饯厂改造而来的"源和1916创意产业园",泉州机电厂改造而来的"六井孔音乐文化创意园",鲤中工业区改造而来的"领SHOW天地文化创意园"等。各地政府依托茶产业、陶瓷产业、石材产业等传统特色优势产业旧址探索建立"观光工厂"等创新型工业文化旅游示范区,拓展文化旅游新业态。

表5 福建工业遗产转化文创园一览表

文创园名称	工业遗产	改造策略
福州芍园一号	原福州第一家具工厂	在保留工厂的大体结构上加以改造,依稀可见20世纪80年代的工业痕迹。成为福州最早、最为人所知的创意园区
福大怡山创意园	原福州大学机械厂、印刷厂	独栋、联排建筑设计,提供极大的自主改造空间;更有前庭后院,引领个性化创意生活与工作方式。业者充分利用旧厂房遗留下来的工业建筑,因地制宜将其打造成文化创意场所,赋予工业遗产新的生命
新华创意园	原军区汽车连旧营房	经艺术化地再现20世纪80年代的军营面貌,结合中国传统建筑风格进行设计,逐步建成全新的艺术园区艺术化改造,艺术家入驻
龙山文化创意产业园	龙山工业区	改造旧厂房17幢,面积近13万平方米,园区总产值约60亿元。集聚从原创设计、服装面料、服装版型、时尚眼镜、箱包配饰到模特、彩妆造型、摄影、品牌发布、秀场等时尚产业链,是福建省最大的文化创意产业园,形成老旧厂房改造转型成为文化创意产业园的"龙山模式"
联发华美空间文创园	华美卷烟厂	完整地保留原本厂房建筑形态,自成社群体系。空间里拥有茶室、艺术馆和家居馆;化学实验室风格打造的锅炉咖啡馆;以及设计书店和办公区相结合的多种综合业态。改造后的厂房采用LOFT工业风的设计理念,黑色金属与玻璃幕墙反射着时代之光。最大限度地保留曾属于工业时代的一切,按照国际秀场标准打造专业的时尚秀场,未来将打造成为厦门乃至中国南部的时尚展示中心

续表

文创园名称	工业遗产	改造策略
艺术西区	厦门水产品加工厂	利用冷冻厂、设备房、贝类净化中心、工厂仓库等旧厂房改造而成,占地面积近万平方米。"沙坡尾海洋文化创意港"项目的第一个改造示范单元,是厦门首个年轻文化艺术区
领SHOW天地文化创意产业园	成洲老工业区的18幢旧厂房	旧工业厂房重新改造成为"文化休闲+欧洲风情"的创意街区,集人才银行、设计创意、文艺活动、会展经济、媒体出版、商务交流、休闲旅游为一体,系大泉州首席创艺乐园和泉州创意旅游的新地标。以"创意""乐活"双基因打造集创意办公、文艺活动、休闲娱乐和个性购物四大业态为一体的文化休闲园区
源和1916创意产业园	"百年老字号"源和堂蜜饯厂	基本保留老厂区的格局,较好保留老工业遗存,做到"形犹存、神亦在",成为国家AAAA级景区
六井孔音乐文化创意园	泉州机电厂	以琵琶的外轮廓造型为场地构成元素,建筑围绕琵琶铺展开。创意园将保留老城区具有代表性的文化遗产、民间音乐、地方戏曲、民间舞蹈、民间手工艺及民间服饰等资源,将历史的沧桑韵味和现代时尚风格巧妙融合。创意园于国家音乐产业基地闽南语音乐中心宣布落户
漳州牛庄文创园	龙溪收割机厂、漳州金龙客车厂车间	在保留旧工业时期的厂房、办公楼与LOFT基本结构的基础上,对建筑进行改造、装饰,进而注入新的产业元素,最大限度提高建筑的空间价值。充分挖掘漳州城市文化特色,发挥海峡两岸文化交流的合作优势,建成漳州市中心第一个文化、创意、艺术、旅游、时尚小镇
莆田1971文创园	街道办厂房	结合复古的地方文化,利用旧厂房打造的青年创业创客空间,该建筑以莆田传统的土木砖石结构、瓦顶风格为主,不同的老旧零件组合在一起,被巧妙地设置在广场上

因工业遗产保护利用实施较晚,福建的工业遗产改造理论和实践尚显薄弱。一方面,原本属于工业遗存的建筑设施没能得到良好的保护,改造过程中出现破坏式改造和过度利用问题;未找到与城市文化良性互动的内在肌理,来促进工业文化的历史记忆与现代城市文化内涵进行"隔空对话",尚未融入城市发展大环境中。另一方面,原本可被改造利用的空间无法开发,希望进行保护、利用分类实施的企业找不到依据。工业遗址改变为文创空间方面,很多悬而未决的问题亟待突破。比如,土地性质的变更是项目引进和项目注册的重

大障碍,急需建立对应的工业遗产评估体系,老旧厂房的建筑、设施等应逐一甄别,确定用途和改造标准。工业遗产改造和再利用时应结合自身历史的特征,综合考察境内外的种种成功模式,探索工业遗产再生的适宜路径。

1.工业遗产资源调查

对福建现存的工业遗产进行全方位的深入调查,设立技术档案,在此基础上制定工业建筑遗产的改造计划;福建所有的工业遗产建筑及生产工艺技术应登录注册,划分保护级别;在对文化遗产有整体性认识的基础上思考工业建筑遗产的价值,要在历史城区整体价值的基础上考虑发挥工业建筑遗产的价值,对其广泛性要有深刻的关注,也要重视工业遗产的代表性;工业建筑遗产的改造应有详细的规划设计,应有改善环境和交通、提高绿化范围和程度、完善基础公共设施等具体要求。

2.工业遗产改造的方式

工业遗产的内容相对复杂,对其进行保护不能一概而论,不能简单清理厂房,冠之以遗产称谓就完事,纳入文物体系不一定阻碍开发再利用。应转换思路,剥离旧厂房、旧机器的生产属性,将工业遗产视为历史人文景观,经济价值与社会价值就应运而生。在这一方面,德国鲁尔、北京798都结合旧的工业区与文化创意产业,催生新产业,无疑是工业遗产保护的优秀示范。但工业遗产的物质形体与文化内涵众多,创意产业园只是活化利用的路径之一。以小规模的、分段的渐进式改造为主,旧工业区内的工业建筑应视保持情况及建筑特色,相应改建、扩建或者部分拆除、维修养护,再或者是内部设施现代化、公共服务设施完善化等适应不同工业遗产的改造方式,改造方式应当多样化。旧厂房保有的工业特色要保留风貌,提高土地的利用价值。

3.重视工业遗产改造与城市的关系

城市的发展过程中形成工业遗产,工业遗产有机再生的目标是回归城市的功能与空间的组织,工业遗产的改造更新应当成为城市完善自身整体功能的重大机遇,对遗产的保护与更新要运用整体考虑模式,不可顾此失彼。工业遗产的改造不能流于形式,只进行表面的更新,不能只留心物质和社会性表象的问题,真正有意义的工业遗产改造应该从深层结构性的问题开始探寻,彻底解决工业遗产与城市现代发展之间的根本矛盾。工业遗产改造政策的重点应该从经济效益转向社会效益。工业遗产的改造不仅要关注城市物质环境的改善,也要保护工业遗产的建筑特色和内涵价值,维持好工业遗产原有的特色和情感价值。必须深刻认识到工业遗产的更新必定是个缓慢的过程,不能急功近利。

综上,改造应该综合考虑遗产的特征和价值,建立整体性的认识,对遗产的再生利用应当以城区功能完善为基础,改造应当因地制宜,兼顾经济效益和社会效益。这样,福建近百年工业发展的轨迹才能永久地保留和延续,工业遗产所代表的工业文明才能以崭新而又不失本真的面貌呈现,与福建城市的发展合为一体,融入其血脉当中。

三、台湾产业遗产保护与利用

在台湾,工业遗产亦泛称为"产业文化资产"。"产业文化资产"一词出现,源于2004年设立的"文化性资产调查小组"。"文化性资产"一词的出现,乃依据2004年"各机关机构学校文化性资产清查作业要点":"文化性资产,指具有技术、劳动、自然、历史、文化、艺术、科学等价值,可供鉴赏、研究、教育、发展、宣扬之文献、器物、建筑物、土木设施、聚落、遗址、文化景观、自然景观等。"在台湾,"文化资产(具法定身份)"与"文化性资产(无法定身份)"两个名词并用,最主要的差别在于:是否具有"文化资产保存法"及其相关法令所认定之法定身份。"文化性资产"一词的出现,乃是为某些尚未或无法获得法定身份之具文化价值与特殊意义之物件或建造物,提出一折中方案、相关原则与作为,以避免这些物件或建造物未经评估而被弃毁或拆除。

自2006年启动"产业文化资产再生计划"迄今,一系列的辅导计划、座谈会与工作坊,让"产业文化资产"一词主要为公共部门机关组织所采用;然而民间与学界仍或使用"工业遗产(址)"或"产业遗产(址)"等名词。2012年于台北举办的TICCIH第十五届会员大会,会后公布的《亚洲工业遗产台北宣言》,发布的亚洲工业遗产区域网络之倡议,使得"工业遗产"一词广为人知,形成目前在台湾有"工业遗产"与"产业文化资产"并行之情形。① 相较于西方常用的工业遗产,以"产业文化资产"一词更能说明在亚洲相关产业文化资产保存的完整保存范畴、独特性与时间轴的扩展。② 2004年的"产业文化资产清查操作参考手册"将"产业文化资产"定义为:"人类活动中与农、林、渔、牧、矿、工、商等经济事业有关文化的活动,所产生具有文化价值的产品、结晶。"③

台湾多样化的地理特性与生态环境造就丰富生物与物产条件,更形塑多元风貌的产业文化资产。这些地景呈现世代以来人与土地互动的成果,展现产业文化与技术的演进;由于产业技术日新月异,因而快速消逝,成为日益重要的文化资产保存重点。

(一)台湾文化资产保存的发展历程

近四百年来,台湾的发展历经许多阶段,留下许多宝贵的文化资产。现存的古迹、建筑或遗址,见证台湾的现代化和工业化,具有珍贵的文化、历史意涵与价值。

20世纪六七十年代,台湾逐步工业化,伴随着都市快速发展,部分老旧建筑遭到破坏或拆毁,民间酝酿古迹保存。1978年8月,台北市政府为实施都市计划敦化南路的延伸拓宽工程,拆除"林安泰古厝",文化界群起哗然并呼吁古厝保存。最后,政府采取措施,对其进行编号拆除后易地重建。"林安泰古厝——原地保存或原貌保存"这一争议对文化界的影响极大,不仅凸显古迹建筑与其文化历史价值,也对日后文化资产保存产生深远的影响,成为台湾古迹保存运动的重要转折点。

1982年,为了统筹规划文化建设,发扬中华文化,台湾订定颁布"文化资产保存法",确认文化遗产保存的重要性。"文化资产保存法"共计8章31条,

---

① 亚洲工业遗产区域[EB/OL].(2016-07-18)[2018-06-06].https://zh.wikipedia.org/wiki.

② 林晓薇.产业文化资产保存推展在台湾的实践与影响[J].台湾建筑学会杂志,2014(76):33—39.

③ 产业文化资产清查操作参考手册[M].台北:文化建设委员会,2004(72):15.

其保护对象涵盖古物古迹、民族艺术、民俗、文物、自然文化景观等五大类别；以清代为界。至此,台湾的文化资产保存观念与法制已趋于完整。

为因应时代改变、社会需求与国际趋势,"文化资产保存法"历经多次修正。当时的古迹保存偏向单栋指定及静态式保存,并不关注"再利用";直到1997年,将古迹、历史建筑纳入"再利用"范围;2005年,又将"文化景观"正式列入文化资产保存与再利用项目。2016年,"文化资产保存法"第一章第三条对"文化资产"进行认定——具有历史、艺术、科学等文化价值,经指定或登录之有形及无形文化资产。有形文化资产分为古迹；历史建筑；纪念建筑；聚落建筑群；考古遗址；史迹；文化景观；古物；自然地景、自然纪念物等九类。

综合"文化资产保存法"与"文化资产保存法施行细则"的内容,其与产业文化资产有关者主要有聚落建筑群、史迹和文化景观三类。(1)聚落建筑群:建筑式样、风格特殊或与景观协调,具有历史、艺术或科学价值之建造物群或街区。包括历史脉络与纹理完整,景观风貌协调,具有历史风貌、地域特色或产业特色之建造物及附属设施群或街区,如少数民族部落、荷西时期街区、汉人街、清末洋人居留地、日据时期移民村、眷村、近代宿舍群及产业设施。(2)史迹:指历史事件所定着而具有历史、文化、艺术价值应予保存所定着之空间及附属设施。包括以遗构或史料佐证曾发生重要事件之场所或场域,如古战场、拓垦(植)场所、灾难场所。(3)文化景观:指人类与自然环境经长时间相互影响所形成具有历史、美学、民族学或人类学价值之场域。包括人类长时间利用自然资源而在地表上形成可见整体性地景或设施,如神话传说之场域、历史文化路径、宗教景观、历史名园、农林渔牧景观、工业地景、交通地景、水利设施、军事设施及其他场域。

(二)台湾文化资产保存的策略

截至2018年,全台湾指定登录的古迹有816处、历史建筑202处、聚落

12处、文化景观49处、遗址44处,共计2 123处①。另外,根据主管部门的"古迹概况"统计②,截至2018年,台湾各县市共有"产业类"古迹44笔,其中以台南市最多(12笔),比较多的还有台北市(7笔)、高雄市(6笔)和云林县(5笔)。

台湾近年来推动文化资产保存的进程,可以分为以下几个阶段。

1.文化性资产调查与评估(2002—2005)

早期,台湾的文化资产保存法令并无"产业遗产"项目,致使它们一直未得到应有的重视与保护。2002年,因各机关(构)意识到,快速发展或民营化可能造成文化性资产流失,所以设立"文化性资产调查小组",协助各机关办理清查、保存与活化再利用,推动调查及保存足以表征台湾近代化历程的文化性资产,台湾的产业文化资产保存正式启动。

由于文化性资产弥足珍贵且无可更替,保存之前需先进行文化性资产调查。因此,"文化性资产调查小组"拟定"文化性资产评估原则",作为各单位清查的依据。

《所属各机关机构学校文化性资产清查评估原则》③指出,"文化性资产"应依脉络性的意义、认同与价值来认定。

所谓"文化性资产"指具有技术、劳动、自然、历史、艺术、科学等文化价值,而可供鉴赏、研究、教育、发展、宣扬之文献、文物、建筑与土木设施、聚落、遗址、器具、文化景观、自然景观、民俗、技术等有形暨无形文化性资产。除了尊重每个历史时期和每个族群的文化性资产之外,各机关(构)1965年以前所有的留存物,一律列为文化性资产。其主要调查原则包括:(1)足以表征机关

---

① 历史与文化资产维护发展第三期计划(2016—2019)[EB/OL].(2016-05-19)[2018-05-26]. http://archives.ey.gov.tw/01ey/20160519/www.ey.gov.tw/News_Content44952.html?n=0AD1AB287792C301&s=401D060E5D5B9B0E.

② 文化资产局.古迹概况表[EB/OL].(2016-05-19)[2018-05-26].https://mocfile.moc.gov.tw/files/201804/5f659598-f262-4268-ac5b-95d4f29a9364.pdf.

③ 所属各机关机构学校文化性资产清查评估原则[EB/OL].(2016-05-19)[2018-05-26]. https://mocfile.moc.gov.tw/files/201706/6a171107-bc04-44ce-b7c1-979c4ebeb082.pdf.

(构)的发展历程;(2)足以表征机关(构)在特定时代的特性与意义;(3)对社会或机关(构)有重大影响或贡献;(4)原创发明或适应本土需求的重要改良;(5)具有重要历史或社会文化保存价值;(6)具有美学或工业设计上的价值;(7)具有科学或技术上的价值;(8)具有自然生态上的价值;(9)卓有贡献之技术从业人员、研究人员或行政人员的文物(包括手稿、文具、器物);(10)因时代变迁而现存稀少者;(11)呈现机关(构)与人民生活及社区发展的关系;(12)足以表征从业者或附近居民之共同记忆者。从上述可知,文化性资产的范围和内容,几乎涵盖所有产业机关(构)的全部。

标准因人而异,因此,对文化性资产的认定,应有业务运作相关从业人员(包括主管、现职与退休人员、劳动者)、眷属、社区居民、地方文史工作者、民间组织、专家学者、官方等,避免遗珠。此外,文化性资产如果涉及不同族群或阶级者,也应广纳各个族群或阶级的想法。文化性资产应该是脉络性、情境性保存,而非孤立保存。

文化资产不仅只有实体的保存、冻结、收藏和古董化,更需进行相关的历史文化研究,资产所在的历史场所应适当进行整体保存、活用、再利用与永续发展。

2.台湾世界遗产潜力点(2002—2010)

由于"世界遗产"登录工作带有许多前瞻性的保存维护观念,为了推动文化资产保存与维护的观念,自2002年起,相关部门透过征询专家学者意见并函请地方政府及文史工作者推荐具"世界遗产"潜力的景点名单,据以办理评选作业。

根据"台湾世界遗产潜力点遴选及除名作业要点"[①],所谓的"潜力点"指具备以《〈世界遗产公约〉执行作业指南》所定义的显著普世价值,符合真实性、完整性条件的文化、自然及复合遗产。

第一期评选(2003年)12处,2009年新增5处;到2010年年底,总共评选

---

① 文化法规[EB/OL].(2015-09-19)[2018-05-26].https://www.moc.gov.tw/information_316_20686.html.

出"台湾世界遗产潜力点"计18处,分别是:(1)太鲁阁公园;(2)卑南遗址与都兰山;(3)阿里山森林铁路;(4)金门战地文化;(5)马祖战地文化;(6)大屯火山群;(7)桃园台地陂塘;(8)栖兰山桧木林;(9)兰屿聚落与自然景观;(10)淡水红毛城及其周遭历史建筑群;(11)水金九矿业遗址;(12)澎湖玄武岩自然保留区;(13)台铁旧山线;(14)乐生疗养院;(15)乌山头水库及嘉南大圳;(16)排湾人及鲁凯人石板屋聚落;(17)澎湖石沪群;(18)玉山公园。其中,与产业有关的潜力点计有7处,涵盖农、林、渔、工、矿等一、二级产业领域。例如:乌山头水库及嘉南大圳,是早期嘉南平原重要的农田水利系统,建设于日据时期;桃园台地陂塘则始于300多年前的汉人来台开垦,基于农业灌溉的需求;阿里山森林铁路和栖兰山桧木林与台湾早期的林业发展有关;澎湖石沪群有传统的渔捞技法;水金九一带的矿业遗址,是北台湾早期金、铜和煤矿产区;台铁旧山线百年来一直是台湾重要交通命脉,担负起西部开发与南北货物往来的重任。

3.历史与文化资产维护发展计划

为标举文化资产保存维护的决心,延续"文化性资产的清查、保存成果",自2006年起,相关部门又推出"历史与文化资产维护发展计划",分三期执行,详如表6所示。

表6 "历史与文化资产维护发展计划"主要工作内容

计划期程	工作内容
第1期 2006—2009	1.台闽地区古迹保存维护计划 2.产业性文化资产再生计划 3.区域型文化资产环境保存及活化计划 4.绿岛文化园区筹设计划 5.台湾博物馆及旧土银、樟脑工厂、铁道部等古迹修复再利用计划
第2期 2010—2015	1.有形文化资产管理体系计划 2.无形文化资产与保存技术推广计划 3.文化资产保存修复研究领航计划 4.历史文化场域保存活化计划 5.文化资产育成中心建置计划

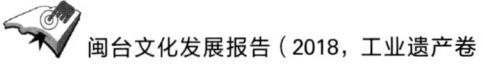

续表

计划期程	工作内容
第3期 2016—2019	1.文化资产多元永续发展计划 2.古物遗址及水下资产活化发展计划 3.文化资产跨域发展计划 4.核心区博物馆系统建置计划

资料来源：历史与文化资产维护发展（第三期）计划[EB/OL].(2016-09-19)[2018-05-20]. http://archives.ey.gov.tw/01ey/20160519/www.ey.gov.tw/Upload/RelFile/26/736252/fe0e4274-ded8-487e-8f39-73f0a5f60f45.pdf.

为了鼓励政府部门与事业单位合作，保存丰厚的产业历史资产，以产业有形或无形文化资产为开发元素，进行转化与加值创造，发掘文化资产的价值，特于"历史与文化资产维护发展（第一期）计划"中加入"产业文化资产再生事业计划"，这是台湾近年文化资产保存中与产业文化资产保存最密切相关者。

"产业文化资产再生事业计划"旨在鼓励酒厂、糖厂、盐场、电厂、油厂等公营事业进行产业文化资产保存与再生工作，使得代表台湾近代化过程的产业文化资产，透过文化价值的发掘、形塑转化与创意加值，得以活化利用并拥有新价值。该计划实施自2006年起，至2009年止，共分4期，涉及8个再生点：溪湖糖厂、花莲糖厂、台东糖厂、虎尾糖厂、总爷糖厂、宜兰酒厂、布袋洲南盐场及七股盐场。

为推动"产业文化资产再生事业计划"的执行，鼓励政府机关（构）、公营事业单位、地方政府及民间团体与产业单位合作，扩大产业文化资产系统性、脉络性的调查、保存及活化再利用，连结产业文化与居民记忆，以建立台湾产业文化体系，近年来，相关部门又颁布"产业文化资产再生计划辅助作业原则"[1]，协助推动表征台湾产业（工业）近代化发展且具有特定历史意义与贡献之产业文化资产（包括产业生产脉络、产业文化地景、产业科学技术、相关机具文物及与产业相关之地方文化、在地记忆等有形及无形文化）之保存与活化。

根据"产业文化资产再生计划辅助作业原则"，产业文化资产保存及再利

---

① 产业文化资产再生计划辅助作业原则[EB/OL].(2015-09-19)[2018-05-26]. https://mocfile.moc.gov.tw/files/201706/6a171107-bc04-44ce-b7c1-979c4ebeb082.pdf.

用的样态可分为五种。原貌动态保存——该场域内仍维持产业原机能之运作及生产,借由动态运作模式之正常运作及维护,进行产业技术之保存与传承。产业脉络式保存——以尚存之厂房机具或空间进行原产业脉络保存、展示与再生主轴,并延伸出相关议题与再生内容。主题串联式保存——将区域内特定主题之产业文化资产群进行串联之保存模式,以地方史与产业史为轴心,以区域内相关联之产业主题进行整合与连结,共同保存、展示相关产业主题。产业意象保存——保留旧有产业空间(如:建筑物、构造物、产业设施、户外景观空间等),导入符合其原有产业空间特性之新机能,延续其空间使用状况。环境复育式保存——以自然生态复育为主,呈现工业遗址残迹保存,不进行大规模修复或再利用工程,空间使用以不增加环境负担之活动为主。

4.最接近文化遗产的一年(2012)

文化遗产保存与经济发展和都市开发,向来以矛盾、对立的状态存在。随着欧美各国对工业遗产保存的转型效益的关注加重,其重心也跳脱传统文化资产保存议题,转移至都市再生、空间再利用、文化认同、地方经济和文化旅游发展等。

台湾产业文化资产系指具有技术、劳动、自然、历史、文化、艺术、科学等价值,可供鉴赏、研究、教育、发展、宣扬的文献、器物、建筑物、土木设施、聚落、遗址、文化景观及自然景观。其中,产业文化资产是近十年来台湾文化资产保存最受关注的领域,工业遗产保护已经成为产业没落地区城市治理与经济发展的重心,成为促进区域转型及文化资产保存网络建置的动能[①]。

2012年,台湾举办 TICCIH Congress 2012 第十五届会员大会暨 术研讨会,这是亚洲地区首次主办这一重要文化遗产国际组织的年 次),主要因为亚洲工业遗产保存急迫而重要。会上,来自 200位专家学者齐聚台北,就各国工业遗产的维护彼此交换意

为了营销推广台湾在地产业文化资产,TICCIH Congress 201

---

① 林晓薇.产业文化资产保存推展在台湾的实践与影响[J].台湾建筑学会会刊,2012(10):33-39.

有百年历史、曾为酒厂和樟脑工厂的华山文创产业园区举办"台北市都市历史地景之再生创意行动推展"和"台湾最接近世界遗产的一年 TICCIH Congress 2012 年会与台湾产业文化资产的相遇"联展,以地景地图方式展出台北市的铁道沿线遗产,从台北公馆自来水博物馆、新北平溪台湾煤矿博物馆、彰化溪湖糖厂、花莲凤林的林田山林业文化园区(林务局)、台北机厂(台铁)等处商借工业遗址重要文物,提供民众参观,期望借此使社会大众与国际人士了解台湾特有的工业遗产与历史风貌。

TICCIH Congress 2012 以"后殖民主义与工业遗产再诠释"为主题,发表《亚洲工业遗产台北宣言》,明确指出,亚洲地区工业发展的历程与西方的不同,尤其在殖民主义与近代工业化的脉络下,地方性的生产方式与设施发展已成为亚洲区域历史的一部分。

此次大会的举办,促进台湾工业遗产保存长期的发展计划,建立国际交流平台,对内提供产业文化资产保存单位相互沟通的机会,对外也可与国际工业遗产保存组织进行交流对话,使台湾产业文化资产保存运动与世界同步接轨,奠定台湾在国际上产业文化资产保存领域的重要地位。因此,从这个意义上来说,"TICCIH Congress 2012"是"台湾最接近世界遗产的一年"①。

5.再造历史现场计划(2016—2020)

当前,相关部门的施政重点有五大主轴:再造文化治理、建构艺术自由支持体系;连结与再现土地与人民的历史记忆;深化社区营造,发扬生活"所在"的在地文化;以提高文化内涵提振文化经济;重视青年创意、强化数位革新,创造连结。②

其中,"连结与再现土地与人民的历史记忆",即透过有形文化资产的保存、活化和再生,用产业文化资产连结人民和土地的记忆;借由文化整体保存带动城乡再发展,作为建立深刻文化内涵及思维的基础。例如将位于台北市

---

① "TICCIH Congress 2012"展览[EB/OL].(2015-09-19)[2018-05-20].https://www.huashan1914.com/w/huashan1914/exhibition_17082820080839001.

② 部门施政理念[EB/OL].(2015-09-19)[2018-05-20].https://www.moc.gov.tw/content_248.html.

信义区精华地段、前身为台北铁道工场(现称台北机厂,原为台湾铁路管理局最主要的车辆维修与改装基地)指定为古迹,以全区保留的方式,规划设置为铁路博物馆,让人民了解铁道对台湾的开发与产业发展的贡献①。

基于"文化资产保存作为整体空间治理的重点""数位科技作为人文记忆传递的载体"的理念,2016年7月7日,主管部门提出"再造历史现场"文化资产策略。文化资产在人类社会中世代相传,也是台湾这块土地上不同族群的共同记忆。因此,文化资产政策必须是开放、对话的,以呈现生活经验的真实与多元。建构文化资产的整体策略,应遵循新的治理政策思维,"再造历史现场计划"强调以文化治理带动城乡发展,而非单点、单栋或片断的文化资产保存。主张通过软件带动硬件的规划,连结文化价值与当代,重点在于复育文化生态,而非一味复旧。"再造历史现场计划"是一场公民运动,透过社会参与及不断累积对话,共同型塑文化资产的保存意识。在保存历史记忆及文化脉络时,启发对思考空间用途的多元想像,通过文化治理,使历史文化记忆与脉络重新连结当代、在地生活的需求。

相关部门通过"再造历史现场"策略,整合地方文史、文化科技,跨域结合各部会发展计划或各地方政府整体计划,将古迹、历史建筑与聚落等文化资产纳入整体空间治理,由此拟定可永续的维运计划,让历史现场回应当代生活;至于场域再现部分,则搭配调查研究结果及工艺传承,运用数字科技让人们亲近多元的历史记忆,以文化资产加速创意生成,营造有魅力且宜居的高质量环境。

"再造历史现场计划"的执行,基于"历史与文化资产维护发展(第三期)计划(2016—2019)"②,其经费亦来源于此,分两阶段、共计二十二个案例进行。其中,明显与台湾早期产业发展有关的计划,包括宜兰县中兴纸厂和嘉义县蒜头糖厂的工业文化资产及台南市乌山头水库暨嘉南大圳的农业文化资产等三

---

① 部门中程施政计划(2017—2020年)[EB/OL].(2017-01-10)[2018-05-25].https://mocfile.moc.gov.tw/files/201701/b0c91998-b039-441a-91e4-5bdc69bcf7fc.pdf.

② 历史与文化资产维护发展(第三期)计划[EB/OL].(2016-05-19)[2018-05-26].http://archives.ey.gov.tw/01ey/20160519/www.ey.gov.tw/Upload/RelFile/26/736252/fe0e4274-ded8-487e-8f39-73f0a5f60f45.pdf.

处,详见表7。

表7 再造历史现场示范计划一览表

县 市	示范计划
基隆市	大基隆历史场景再现整合计划
宜兰县	中兴纸厂·宜兰兴自造 兰阳地区二战军事遗构群历史再现计划
台北市	疗、浴、北投——生活环境博物园区
新北市	八里坌千年河口文化再现计划 清法战争沪尾之役历史场域重现计划
桃园市	前空军桃园基地设施群活化再利用先期规画
新竹市	新竹日本海军第六燃料厂与眷村聚落历史现场再造与活化计划
台中市	台中文化城中城历史空间再造计划
彰化县	千帆入港——再造鹿港历史现场
云林县	虎尾眷村文化特区历史聚落保存再现计划
嘉义县	蒜头糖厂历史现场再造计划
台南市	乌山头水库暨嘉南大圳再造历史现场中长程计划
高雄市	左营旧城见城计划 兴滨计划——哈玛星港滨街町再生
屏东县	牡丹社事件、罗妹号事件再造历史场域计划 屏东飞行故事
花莲市	太平洋临港廊道历史场景再现计划
花莲县	拉库拉库溪流域布农族旧社溯源与重塑计划
台东县	民权里日式建筑文化园区修复再利用计划
金门县	琼林蔡氏千年聚落风华再现
连江县	"冷战·岛屿"连江县再造历史现场计划

资料来源:再造历史现场[EB/OL].(2015-09-19)[2018-04-27].http://www.rhs-moc.tw/。

结　论

有学者认为,古迹保存和现代性的发展具有三种不同的关系。第一,古迹保存是现代国家建构国族认同最重要的文化工具;第二,古迹保存是不同地域社会或经济、文化弱势社群用来避免被边缘化的文化手段;第三,古迹保存是城市或乡镇在后现代社会中,发展文化旅游与促进经济的主要策略。[①] 工业遗产的保存、维护与再生,在关注经济发展的同时考虑对弱势者的社会公义、工业遗址的产业文化脉络与地方认同。

(一)工业遗产保存是异质空间建构

就像大多数国家和地区一样,闽台工业遗址主要是制造工业衰退没落或升级的产物。然而,由于历史的特殊性,工业遗址的探讨,不免牵涉诸如殖民主义与后殖民主义城市写作等问题。既是殖民式资本主义经济掠夺的结果,也是国家和地区朝向现代工业化发展的结果。

米歇尔·福柯曾在《论其他空间》一文中阐述空间的重要性,提出"异质空间"这一概念。[②] 福柯指出,异质空间是真实存在的,它以不同形式出现在不同的文化或不同的社会族群里。随着时间不同,空间可以改变其功能与意义。在这个空间里,人们也可通过现实世界与此空间的对比,作为与主流现实对话或对照批评的基础。在当前全球化潮流中,都市政策的形构与实施将"古迹保存作为异质空间的营造"[③],重新界定古迹保存的意义。古迹保存作为异质地方建构,其反身性(reflexivity)效果关系市民主体性的建构。从古迹再利用的角度看,古迹保存为都市公共空间营造提供机会。虽然古迹仍须经由政府指

[①] 颜亮一.全球化时代的文化遗产——古迹保存理论之批判性回顾[J].地理学报,2005(42):1-24.

[②] Neil Leach(1997). Rethinking Architecture: A Reader in Cultural Theory. p329-357. London and New York: Routledge.

[③] 夏铸九.异质地方之营造:理论与历史[M].台北:唐山出版社,2016:95.

定,在都市社会运动的基础上,这个指定过程需要通过公听会,向市民开放;市民于是有机会肯定地方化、社区化、社里化的保存行动,这是都市与地方认同的表现。

同样,工业遗产的保存与执行也充满冲突,因为它涉及全球化下的国家或地区与社会间的动态关系。以始建于 1919 年、原名高砂麦酒株式会社的"台北建国啤酒厂"于 2000 年被台北市政府指定为市定古迹为例,台北"建国啤酒厂"的历史意义不在于其建筑物,而在于其生产线的保存,这是殖民式资本主义生产方式下台湾啤酒产业的生命历程,是看不见的生产关系的建构与再现。这种殖民现代性(Colonial Modernity)正是亚洲工业遗址的特色,没有主体的现代性建构。

古迹保存可以是异质地方的营造。作为异质文化并存的工业遗址,是一处"既真实"且"具想像"的所在[①];它提供了机会对抗全球化年代的社会排除阴影,扩大了古迹保存的论述空间,活化了古迹保存对城市文化的关系,它为重新界定城市公共空间(Civic Spaces)提供机会,有助于都市认同与成熟市民社会的建构。古迹保存作为异质地方建构所产生的反身性效果,让市民有机会回首,在主体不在的地方,看见自己的前世今生;认识自身,得以确立主体。

(二)文化资产保存的空间正义

"空间正义"主要探讨社会正义与空间的关系,大卫·哈维《社会正义与城市》一书中主张,一个地方的社会资源分配,不但要满足每个人的需求,额外的资源也应该用来帮助那些由于自然和社会环境导致特殊处境的地区。有人认为,"空间正义"是一种正被日渐空间化的概念,包括社会正义、参与式民主以及市民权利与责任;其关注的重点是区域与城市不均等发展,性别、阶级与种族所产生的结构性与系统性的不平等。

文化资产保存是历史、传统与记忆的再现方式,长久以来都被用来界定特

---

① 陈逸杰.台湾工业遗址再利用保存之空间重置的可能提案[J].文化资产保存学刊,2007(11):23.

定社群的集体想像。由于保存对象暗示了"想像社群"的文化认同,从这个角度看,古迹保存往往具有高度的政治性。古迹保存可以成为遮掩历史,复制拟像,或是排除弱势团体的空间与社会计划;也可以成为弱势团体借以自我赋权,改变主流社会刻板印象的重要工具。[1] 有关古迹保存与空间正义的关系,主要有两种不同的论点。

有人指出,古迹保存会影响空间正义的实现。持该观点的学者们认为,古迹保存是消费拟像的呈现,其产生的都市环境和主题乐园并无两样。欧美许多大城市都以古迹保存的方式来强调城市的特色,借此振兴城市的发展。由于这些案例的成功,从80年代以后迄今,古迹保存已经成为各国和地区竞相仿效的旧城再生政策;但制造城市不均等的发展和社会排挤效应,居住环境、游民以及犯罪等都市问题反而被排除在公共政策之外。此外,旧城区许多原本具有历史意义和文化特色的家园,整修再生后造成租金或价格提高,使得原本住民的场所成为企业和中产阶级的办公、休闲或住宅,这就是所谓的"缙绅化"现象[2]。

也有人认为,古迹保存具有促进空间正义实现的潜力,对社区赋权而言[3],古迹保存是一种很重要的策略。任何地方的老建筑或工业遗址都是该社区居民生活的共同记忆,它们在地方认同的维系或重建方面扮演重要的角色。因此,古迹保存可以视为弱势群体争取文化认同与社会空间的政治过程。这种"地方的力量——日常地景培养市民公共记忆、以共享领域的形式来围绕共享时间的力量",对于劳工阶级、少数民族,甚至妇女的历史书写都非常重要。支持古迹保存的论述者主张,只要保存计划能够呈现在地社区的集体记

---

[1] 颜亮一.全球化时代的文化遗产——古迹保存理论之批判性回顾[J].地理学报,2005(42):1-24.

[2] 缙绅化(贵族化、高级化、中产阶级化)的概念,最早于1964年由Ruth Glass首先提出。她针对英国乡村中产阶级,在60年代将权力与品味加诸当时城市里的劳工阶级之上,以其为异己,邻里置换(displacement)改变了社会结构,造成社会排除(social exclusion)。

[3] 周晨虹.英国城市复兴中社区赋权的"政策悖论"及其借鉴[J].城市发展研究,2007,21(10):92-106.

忆,充分展示民众参与过程,它就可以在"草根"都市运动中扮演重要的角色。

综合上述,反对保存者批评商品化与拟像化的历史意象,因为古迹保存成为遮掩社会控制与社会隔离的面具;支持保存者则试图从性别、阶级与族群的角度,在商品化的社会中找寻被压抑的局部化在地历史。可以说,反对保存者试图揭露真实而危险的城市史,倾向保存者则想重构被压迫的社会群体的历史。

(三)工业遗产保存与城市更新

随着生产技术、交通运输和生活及工作模式的转变,城市产业的调整以及城市经济再发展和生活质量提高,老旧城区和闲置空间亟须更新改造;其中,产业用地及厂房遗址的再利用和改造更显迫切与必要。自70年代以后,许多城市的工业遗址已经逐渐被改造成为文化创意园区、众创空间、艺术村或博物馆等替代性空间(Alternative Space)。产业没落地区的工业遗产,成为地方治理的重点以及城市经济振兴的契机。

工业遗产的建筑大多结构坚固,空间高大完整,内部空间划分灵活,因此,往往可以在其物质生命之内历经多次使用功能的变更。而且,衰落的厂房、仓库及码头往往处于城市的地理核心位置,因为优越的地段、少量的初期投入以及较短的建设周期,是三级产业发展的首选地段,衰退的工业城市可利用工业遗产促进城市经济发展与再生。[1]

由于经济发展的需求,古迹保存正不断快速地成长[2]。如今,工业遗产成为旅游业关注的对象,例如,"欧洲工业遗产路线"。2003年,欧洲工业遗产巡游线路成立,旨在网罗与推广欧洲最重要的工业遗产旅游路线,协助相关单位进行资源整合与知识共享,陆续建立欧洲地区跨国营销的工业遗产网络,全面提高工业遗产的经营绩效与参观质量。截至2018年4月,其已经串连47个

---

[1] 陈卓,张炳秀.西欧产业建筑遗产适应性再利用的启示[J].工业建筑,2008(1):50-53.

[2] 颜亮一.全球化时代的文化遗产——古迹保存理论之批判性回顾[J].地理学报,2005(42):1-24.

欧盟国家、超过1 633个工业遗产，包含103个重要工业遗产点，规划出许多区域参访路径和主题路径，例如，纺织、钢铁、矿业、能源等，借以推动工业遗产旅游。亚洲地区的行动也不落后，2012年国际工业遗产保护委员会亚洲理事会也筹组"亚洲工业遗产区域网络"，呈现出不同于欧美国家的工业遗产特色与发展方式。

80年代以后，随着资本主义全球性的转型与扩张，旅游业大量兴起；文化遗产成为世界各地重要的生财工具。例如英国，许多古堡、监狱或因经济衰退空出的工厂，被包装成旅游胜地；而在美国，许多重要城市也在传统工业没落之后改头换面，将废弃的港口、仓库和工厂等建筑改造成购物中心，摇身成为观光重镇。包含工业遗产的古迹保存成为改善城市形象，吸引外资投入，吸引观光客停留的重要手段。由工业遗址改造而来的文创园区，不仅是特色鲜明的物理空间，更是承载城市文化发展的"生命体"，具有传承文脉的历史责任。城市文化传承有必要从老旧厂房、工业文明入手，挖掘城市的文化精髓。因为城市更新不是园区的改造或新建，而是工厂大院、社会营造、城市生活美学的渗透。

工业遗产是人类历史与生活累积的宝贵资源，开展工业遗产认定与研究，有利于抢救濒危工业文化资源，传承工业精神，促进工业文化产业创新发展，推动城市更新与文脉传承。工业遗产的保护与活化可带动整个区域的历史、文化、观光产业的活络，展现城市特色与独特性，使在地居民有认同感，进而强化各项在地社区营造与特色产业发展。闽台特有的工业文化资产，是建构闽台文化主体性不可或缺的元素。闽台工业遗产可以优势互补，合作共赢，共同探索具有特色的工业文化发展之路。

理 论 篇

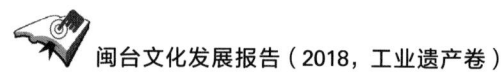

工业遗产保护与文化再生

林思玲*

摘　要： 为求完整,工业遗产保护强调不只保护厂房设施,还要保护生产技术与流程,以展示工业遗产的完整性。原机能无法再继续使用的工业遗产,保护好大规模的空间向保存的真实性与完整性提出严苛的要求。针对上述工业遗产的特性及目前全世界工业遗产保存的状况,工业遗产保存与文化再生应重点关注以下方面:工业遗产保存的真实性与完整性需要明确界定;工业遗产文化再生需要大胆的创新尝试;以城市发展的角度及资源来协助工业遗产保存与文化再生。

关键词： 工业遗产;文化遗产;文化再生

工业遗产的范围非常广,其保护范围也就显得大且复杂。《下塔吉尔宪章》《都柏林宣言》《亚洲工业遗产台北宣言》等重要宣言、宪章成为国际上保存工业遗产重要的依循。

一、工业遗产保护的起源与定义

目前,全世界受保护的文化遗产许多是工业遗产。大部分工业遗产没有华丽雄伟或精致的外观,工业生产的劳动意涵也与高雅的人文艺术格格不入。

---

* 林思玲,屏东大学文化创意产业学系副教授。

19世纪欧洲兴起古代文物保存之风时,工业相关设施尚不在考虑之列,一直到晚近,工业设施才被当作文化保存的对象。1915年德国的奥斯卡·冯·米勒首度使用"技术的文化资产"这一概念。德国第一个被保护的技术设备是位于安娜贝格铁矿区的锻工间,1907年,德国博物馆想介入抢救,后来由市民团体保护下来,于1925年修复后开放。1929年,德国位于科布伦茨的塞勒铸铁厂也成功地以古迹的身份得到保护。二次世界大战之后,英国兴起产业考古学,这股风潮带动德国与美国重视工业遗产。1967年,英国在塞文河的柯尔布鲁克德尔设立"铁桥谷博物馆基金会"。随后,第一个工业遗产国际组织"国际工业遗产委员会"成立。70年代,美国民间与日本相继设立工业遗产的相关组织。[1]

国际工业遗产委员会认为,"工业遗产"泛指工业场所、建筑物、工厂、机器和设备、住房、工业聚落、工业景观、产品和制程、工业社会的档案资料。严谨来说,工业遗产指18世纪工业革命后到现代兴建的工业建筑物与设施。但广义的工业遗产也涉及前工业与原始工业的源头以及关于科技史上工作技术方面的研究。

此外,工业遗产的内容也可以从时间、范围、内容来辨识。就时间而言,狭义的工业遗产指18世纪从英国开始的,以采用钢铁等新材料,采用煤炭、石油等新能源,采用机器生产的工业革命后的工业遗存。广义的工业遗产则包括史前时期加工生产石器工具的遗址、古代资源开采和冶炼遗址,包括水利工程在内的古代大型工程遗址等,工业革命以前各个历史时期中反映人类技术创造的遗物遗存。就范围而言,狭义的工业遗产指生产加工区、仓储区和矿山等处的工业物质遗存,包括钢铁工业、煤炭工业、纺织工业、电子工业等众多工业门类涉及的各类工业建筑物和附属设施。广义的工业遗产包括与工业发展相联系的交通业、商业及有关社会事业的相关遗存;包括使用新技术、新材料所导致的社会和工程领域的相关成就,如运河、铁路、桥梁以及其他交通运输设施和能源生产、传输、使用场所。就内容而言,狭义的工业遗产包括工作坊、车

---

[1] 杨凯成.废墟的再生:工业遗址再利用案例探索[M].台中:文化资产总管理处筹备处,2006:6.

间、仓库、码头、管理办公用房以及界石等不可移动文物;工具、器具、机械、设备、办公用具、生活用品等可移动文物;契约合同、商号商标、产品样品、手稿手札、招牌字号、票证簿册、照片拓片、图书资料、音像制品等涉及企业历史的记录档案。广义的工业遗产包括工艺流程、生产技能和与其相关的文化表现形式,包括存在于人们记忆、口传和习惯中的非物质文化遗产[①]。

由此可知,工业遗产涵盖的范围与项目非常广,保护范围大且复杂。从目前已有的工业遗产保护案例也可以看出这一特性。

二、工业遗产的保护

目前,文化遗产保护已不再局限于建筑空间等有形文化遗产,更试图全面保护有形文化遗产所关联的无形文化,进而展示较完整的文化遗产价值,强调文化遗产保存的完整性。尤其是强调工业的生产技术与流程,不只保存厂房设施,还一并保存生产技术与流程。

产业文化资产的有形与无形文化内容包括产业相关的原料、生产过程(技术、设备、劳力)、资金、主副产品等。有形文化内容包括建造物(生产工厂、原料与制品仓库、事务所、职工宿舍、医院、戏院等附属设施、机械、设备)及其他资本、财产与文物(土地、运输、事务用具)等讯息。无形文化内容包括产业历史沿革、组织与职掌、工作项目与内容、生产(原料、制程与技术)、文献(设计图说、设备与流程图说、公文书、老照片、技术手册、图书)、职工口述建档(重要生产技术、生活、活动)等[②]。

文化遗产保存须注意真实性,遗产讯息的价值解读完全仰赖遗产本身。有关遗产的知识、理解与意义,端赖文化遗产原初及其延伸的特性[③]。文化遗

---

① 施国隆.国际共识下的工业遗产保护[J].文化资产学刊,2009(10):5−12.
② 张昆振.台湾产业文化资产体系与价值——烟、茶、糖篇[M].台中:文化资产局,2013:2.
③ 张昆振.台湾产业文化资产体系与价值——烟、茶、糖篇[M].台中:文化资产局,2013:5.

产的历史价值传递或宣传，须以文化遗产真实性的保存为前提。

文化遗产的保护最重要的两个原则是"真实性"与"完整性"。然而，无法再使用原产业生产流程的工业遗产，将来必须改造空间。这类工业遗产的保存会大规模牵涉空间改造，文化遗产真实性与完整性的问题在再利用的过程中更显得严峻。例如，厂房内有大量电缆线，再利用修复时，就要移除，其余生产过程所需的部分设施也可能被移除。原来生产所使用的较为杂乱的空间，则会因为再利用修复，而变得整齐清洁，这与原来工业生产空间的氛围大异其趣。因此，讨论工业遗产保存的真实性与完整性显得重要而困难。

例如位于日本北海道札幌市的啤酒工厂园，是1876年建造的，是从日本最早的啤酒工厂"开拓使麦酒酿造所"改建而来的复合商业设施。目前已被认定为日本近代化产业遗产，被改造成复合式商场及酿酒展示馆（图1~图3）。另一个案例是于2014年被认定为世界文化遗产的"富冈制丝厂和丝绸产业遗产群"中的日本富冈制丝厂，它是明治政府为了日本的现代化于1872年设置的机械制丝示范厂。被认定为世界文化遗产后，将原本抽丝的厂房空间改为展示室。这两个工厂经保存再利用后，原本酿酒与抽丝机械运作的纷杂场景不复存在（图4~图6）。因此，再利用的过程中，工业遗产真实性的维护与符合再利用新机能的空间改造，经常呈现拉锯战。

图1　札幌市啤酒工厂园区为日本近代化产业遗产

图2　札幌市啤酒工厂园区中的酿酒展示馆

图3 札幌市啤酒工厂园区中的复合商场

图4 富冈制丝厂中抽丝机械设备的工作廊道

图5 富冈制丝厂中抽丝机械设备展示

图6 富冈制丝厂中抽丝工厂

三、工业遗产的文化再生

既然大部分工业遗产场所已经无法用于原有的生产工作,保存后的工业遗产要能够可持续性地留存于现在及未来之中,就必须确定好文化再生的策略。在从事工业遗产的文化再生时,不能对复苏其原有生产活动抱太大期望。从经济学角度看,工业设施之所以停用,即因为其生产制程或产品不符合需求,生产自然而然停止。这种生产停止通常还与国际情势、国家政策与区域发展有密切关系。因此,工业遗产的再生,重心应是让工业生产文化以另外的方式在工业遗产的场域中延续下去。

由于工业遗产多数是厂房与机械设施,一般没有公共建筑、宗教建筑与民居建筑这样视觉艺术上的杰作,无法当作所在地或城镇视觉展示的对象。工业遗产不太可能以原貌和原机能保存的方式来维护,极可能因涵构的改变而与所在环境格格不入。最好用再利用的方式,重新建构其与社区或城镇的关系,为其挑选新角色。例如日本北海道札幌市啤酒工厂园区位于札幌市,再利用为复合商店,导入新功能以联结其与社区城镇中居民的生活。

产业遗产再利用的形态之一是保留部分原机能的设施作为展示。这种再利用大多应用于工业遗产所处涵构仍然保持与原来者相同或兼容,保留原工业遗产相关机能于遗产之中,会丰富工业遗产的历史感。例如日本北海道札幌市啤酒工厂园区保留烟囱,让游客了解工厂运作时蒸汽动力需要排烟的相关设施(图7)。日本的世界遗产富冈制丝厂刻意留下抽丝数量纪录板,虽然抽丝的生产工作已经停止,但留下纪录板可让游客了解昔日抽丝工作的场景(图8)。

图7 札幌市啤酒工厂园区保留了昔日的烟囱

图8 富冈制丝厂刻意留下的抽丝数量纪录板

也有一些工业遗产原生产还在进行。例如于1998年被认定为世界文化遗产的沃达蒸汽泵站(图9~图11),位于荷兰北部弗里斯兰省。这座建于1920年的蒸汽泵站,为当时世界上最大的蒸汽泵站,成功地解决了弗里斯兰省低地排水问题,是荷兰水利工程卓越的代表,更是全世界重要的水利工业遗产。目前还在运转的蒸汽泵站室开放让游客参观,且由当地的工程师导览解说机械运转的原理。再如台湾高雄美浓竹仔门电厂,也在运转中(图12)。其于1908年年初动工兴建,历经两年多的工事建设和测试,于1910年6月正式启用。发电机组采用第一代川流式水力设备,水源引自于荖浓溪,运用地形高低21.3米的落差,将溪水导引送入电厂,以水力带动发电机组(图13)。发电后的水流则引流入狮子头水圳,用来灌溉美浓平原600多顷农地。生产的电力供应台南、打狗(今高雄)和阿猴(今屏东)等南部重要城市,尤其是为打狗筑港工程和竹寮取水站提供电力,奠定了南台湾现代化的重要基础。但与荷兰沃达蒸汽泵站不同之处,竹仔门电厂创建时期的发电机组已不再使用,电厂内已使用新的发电机组,被列为工业遗产的厂房与机械设备目前则由废电厂房使用。

这种还在运作中的工业遗产,日常的运作就是最好的文化展示。当厂房变成游客参观场所,必须顾及人身安全。参观沃达蒸汽泵站与竹仔门电厂必须预约,由专人带领行进路线,游客不能自由走动。相应地,应让游客意识到参观的并非一般文化遗产场所,而是运转中的工厂,必须注意安全,不可任意触碰机械设备。

图9 沃达蒸汽泵站外观

图10 沃达蒸汽泵站厂房内部

图11 沃达蒸汽泵站内不同颜色的管线代表不同的功能

图12　竹仔门电厂创建时期发电厂房外观

图13　竹仔门电厂发电厂房创建时期所留下的发电机

四、工业遗产保存与文化再生的挑战与策略

针对工业遗产的特性及世界范围工业遗产保存的状况，工业遗产保存与文化再生面临的挑战主要来自三个方面：工业遗产保存的真实性与完整性要明确；工业遗产文化再生需大胆创新尝试；以城市发展的角度及资源来协助工业遗产保存与文化再生。

（一）工业遗产保存的真实性与完整性需要被明确地讨论与界定

目前，许多被保存下来的工业遗产以废墟的形态存在，现场遗留许多管线设备，破损严重的仓库、水槽、厕所等构造物也经常可见。兼顾延续文化遗产的价值与未来新机能的再利用，保留、修复、增改建这些生产时期的遗存，比其他类文化遗产来得重要。这个问题可区分成两个层次来讨论：第一个层次是留与不留；第二个层次是留下后的管线设备与建筑构造物需以何种方式维护。例如，日本"明治时期日本工业革命的铁、钢、造船与煤矿遗产"于2015年被认定为世界文化遗产，这些在明治时期出现的重工业遗产，是日本向已开发国家迈进的重要里程碑。其中位于长崎端岛（军舰岛）的煤矿，1974年停止采矿变成废厂，成为名副其实的废墟（图14，图15）。近年来通过日本民间团体的努力,在还未被认定为世界遗产之前,就已经发展出登岛观光旅游业。游客可由导览人员带领搭船登岛观光,因为岛上已成废墟,游客登岛后仅能在外围整修的水泥平台上"观赏"工厂废墟(图16,图17)。出于安全考虑,游客不能进入废墟参观。成为世界文化遗产之后,未来要维持废墟状态,抑或是进行整理修复,整修方式的确定,需要非常多的讨论。再者,尚在运转中的工业遗产,例如荷兰沃达蒸汽泵站,其机械设备管线要更新以提高效能。但基于真实性考虑,机械设备管线应考虑更换成最先进的材料。

图14 长崎端岛煤矿工厂

图15 长崎端岛煤矿工厂

图16 长崎端岛煤矿游客搭乘游艇登岛

图17 长崎端岛煤矿工厂游客在平台上倾听导览解说

(二)工业遗产文化再生需要更多大胆的创意尝试

保存后的工业遗产若无法延续既有生产行为而必须具有新机能,这样的文化再生则需要大胆的创意尝试。创新尝试可以从两个方面进行,一个是空间的创意;另一个是经营项目的创意,两者都必须根基于原工业生产的历史文化脉络,经过适当的转化。这在台湾称为"文化创意",在海外,可视为创意产业与城市文化经济的一环。

许多工业生产活动牵涉环境保护与健康相关问题,文化再生创意显得十分重要。例如,屏东烟叶厂创建于1936年,一直到2002年停止生产。屏东烟叶厂主要负责烟叶的除骨加工与复熏,其关联烟叶厂的生产活动和高雄屏东地区烟农的烟叶种植(图18,图19)。因此,以屏东烟叶厂为核心,在其上展示高雄屏东烟叶产业的文化地景。停工后的屏东烟叶厂变成工业遗产,然而烟叶加工的文化脉络却因为近年来烟害防治的倡导而不易彰显。目前,屏东烟叶厂的文化再生也倾向于以艺术文化来进行。

图18　屏东烟叶厂遗留的烟叶复熏机

图19　屏东烟叶厂遗留的烟叶除骨机

德国鲁尔工业区曾因为重工业生产而遭遇环境问题,日后却依靠文化创意开创出工业遗产文化再生的新气象。1986年,鲁尔工业区因为煤矿产量减少和新兴工业的崛起宣布关闭。留下的是结构性失业与产业转型问题,还留下因重工业污染的生态环境。鲁尔工业区结束工业生产任务后,当地政府致力将工业遗产地景改造为公共空间,提供休闲、娱乐、展览、教育等设施,复原自然环境。关税同盟矿区于2001年被认定为世界文化遗产。为了改造空间,经营团队聘请国际级建筑师进行鲁尔博物馆建筑空间改造,在原洗煤车间置入超高电动手扶梯,用手扶梯将游客引导到入口,再现昔日输送带运送煤矿的场景(图20)。此外,博物馆内部也将昔日的机械设备融入新的空间使用之中,创造极富创意的空间氛围(图21)。如同鲁尔博物馆馆长 Ulrich Borsdorf 所讲:"相较于德国其他历史博物馆,鲁尔博物馆更具现代性,因为用现代性的观念再造历史遗址,让现代与历史和谐共存,就是很重要的特色。"①馆长形容这种创新的思维:"鲁尔只是一个工业区的代名词。因此,鲁尔博物馆希望表现属于鲁尔的认同。但我们不从怀旧的角度呈现,而是从批判性的观点重新省视历史。我想,了解历史不是要我们回到过去,而是可以更了解当下。"②

图20　鲁尔博物馆入口超高电动手扶梯　　图21　鲁尔博物馆将昔日机械设备融入新的空间

在经营的创意上,为利用日本人创设的制糖工厂工业遗产,台南十鼓文创园区经营团队充分利用糖厂所遗留之工业设施,与昔日制糖产业文化来开发文化创意。例如利用昔日运送砂糖的麻布袋来装饰厂房空间(图22);将挑高四五层楼的厂房改造成溜滑梯(图23);将昔日制糖工厂的储水池改造成竹筏体验区,让游客体验昔日传统生活中手动划筏的乐趣(图24)。此外,还利用昔日高耸的储蜜槽,改造成高空垂吊设施(图25)。这些活动成功地吸引爱好冒险的年轻游客前来游玩,进而认识工业遗产的保存成果。

---

①② 杜绮文.在工业焦土上,开出未来的希望之花——专访鲁尔博物馆馆长 Ulrich Borsdorf[EB/OL].(2013-11-26)[2018-05-06].http://www.mottimes.com/cht/interview_detail.php? serial=232.

理论篇

图22 十鼓文创园区利用昔日运送砂糖的麻布袋装饰厂房

图23 十鼓文创园区将挑高的厂房改造成溜滑梯

图24 十鼓文创园区利用储水池发展划筏体验活动

图25 十鼓文创园区利用储蜜槽发展高空垂吊体验活动

(三)以城市发展的角度规划工业遗产保存与文化再生

大部分工业遗产的场址范围比较大,在保存与文化再生方面,更需要从城市发展的角度来规划。以鲁尔工业区的发展模式为例,最初德国政府不太理解保存历史遗址的重要性,要拆毁鲁尔工业区。因此,70年代出现保护鲁尔的抗议行动,甚至连立法机关也反对政府的决策,鲁尔工业区才成功保留下来。后来透过政府立法,将鲁尔工业区转型为文化遗址,这对德国的工业遗址保存是重要的转折点。再者,德国政府举办国际建筑博览会,以建筑展的形式进行区域改变。1989—1999年,鲁尔区中17个重要城市制定实施了120多个计划,将传统的工业区规划成景观公园,再导入文化活动带动居民参与[1]。充满创意的鲁尔工业区于2010年成为欧洲文化之都。这转变不仅涉及土地使用的整体重新规划,并且从居民的教育与活动导入着手。鲁尔工业区的规划,即是以城市与国家发展的角度及资源,来进行鲁尔工业区的保存与文化再生的最好案例。然而,有时候让主政者理解工业遗产保存的文化价值可超越土地开发利益很困难,将工业遗产保护纳入城市与国家发展面临艰巨的挑战。

结　论

工业遗产是人类发展史上不可或缺的瑰宝,其保护与文化再生的过程,如同刚开采的钻石原矿,看起来外观像石头的原矿,需经过琢磨后才能成为闪耀的钻石。从推动工业遗产保护的国际组织所立下的重要宪章、宣言、文件可以理解工业遗产的范围、价值保存与文化再生的原则。透过许多海内外对于工业遗产保存的努力,时至今日也成就许多成功的案例,提供很好的文化再生策略,但也揭示目前工业遗产保存与文化再生面临的巨大挑战。

---

[1] 杜绮文.在工业焦土上,开出未来的希望之花——专访鲁尔博物馆馆长 Ulrich Borsdorf[EB/OL].(2013-11-26)[2018-05-06].http://www.mottimes.com/cht/interview_detail.php? serial=232.

工业遗产博物馆化保存、观光与认同
——以黄金博物馆为例

林玟伶*

摘　要： 　工业遗产博物馆化的形式多元,不只是场址本身改造为博物馆,更涉及展示与保存的多种样态,需要考虑当地脉络,以最适合的模式发展。黄金博物馆以金瓜石地区金矿工业遗产为依托,以生态博物馆的观念为指导,进行工业遗产的保存。本文探讨黄金博物馆的设置背景与理念,从保存、观光与认同三个角度分析黄金博物馆的经营特点与机会挑战。在遗产保存、发展观光与认同塑造这三种目的中,黄金博物馆试图取得平衡,不断尝试中屡犯错误,却也走出独特的生存之路。

关键词： 　工业遗产博物馆化;保存;遗产观光;地方认同;新北市黄金博物馆

从地方的角度看,工业遗产尚未变成遗产之前,往往是经济的发动机,带动地区的发展,却也给地方留下污染,或是留下事故伤痛。正因这一矛盾的特质,工业遗产的保存与应用比起其他自然与文化遗产的更为复杂与棘手。将其改造成博物馆,代表着对其价值的肯定之外,更期待其肩负保存工业历史,凝聚地方认同的责任。此外,这也有促进遗产观光,促进地方经济复苏的意义。

然而,在多重目的中,工业遗产博物馆如何兼顾各利害关系人的需求,在

---

* 林玟伶,台湾教育事务主管部门社教机构科技创新服务计划智慧博物馆项目办公室,博士后研究员。

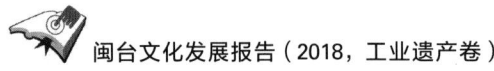

各种目的与方向中寻找平衡？其运营中存在机会与挑战，本文将以个案研究为取径，分析台湾新北市金瓜石地区的矿业遗产转化为黄金博物馆的过程。

一、工业遗产博物馆化发展与议题

工业遗产博物馆化有不同的方式，这一过程中也有诸多议题。

（一）工业遗产博物馆化的型态

工业遗产博物馆化样态多元，海内外不同工业遗产博物馆的类型反映出不同的建设思维。

1. 工业遗产直接作为博物馆

可将工业遗产直接改造为博物馆或美术馆，前提是遗产建筑本身状态良好且富有历史价值，厂房（挑高且没有隔间）与传统博物馆或美术馆所需的空间差异极大，通常需要大幅度改变内部结构。此类工业遗产博物馆化案例的典型是位于德国埃森市关税同盟煤矿区的鲁尔博物馆，其博物馆建筑本身为洗煤厂，于2008年正式改建为博物馆。另一典型案例为南非开普顿的蔡茨当代艺术博物馆，博物馆由当地具历史意义的谷仓改建，于2017年9月开幕作为博物馆。值得一提的是，以上两个案例虽然将工业遗产的内部建筑体改作博物馆的展示空间，却也保留原本工业遗产的部分形貌，让过去的机体与建筑样貌得以对等展示出来，观众进入该空间，仍可找出工业厂房的历史痕迹。

然而，这类博物馆的藏品以及主要的展示内容是否要紧扣工业？由上述两个博物馆的改造可以发现，答案并非必然，主要取决于博物馆规划者对于博物馆的想像，例如鲁尔博物馆在以工业遗产作为博物馆主题之前就已经成立，主要定位为区域的博物馆，收藏与展示当地的艺术、地方史、自然史与民族学史，在迁移至洗煤厂后，博物馆方并不将其定位为"工业博物馆"，局限于展示工业史，而是延续其区域博物馆的特质，成为新型态的区域博物馆，综合自然与文化史概念，呈现三个概念主轴——"现在""记忆"与"历史"，从三亿年前的煤炭形成到目前的鲁尔大都市结构变革，展示了整个鲁尔区的历史。

蔡茨当代艺术博物馆则不同，从艺术的角度切入，收藏、保存、研究与展示21世纪的非洲当代艺术，致力于国际化，努力从事艺术与启发教育，鼓励跨文化交流，对公众开放，其方向并非用博物馆来展示艺术，而是展示非洲脉络。由此可见，将工业遗产改造成博物馆，要兼顾遗产建筑的改建问题，更要规划博物馆展示的内容，使之呼应并尊重工业遗产原有的美感、历史与存在价值。

2.工业遗产的物件纳入博物馆收藏

将工业遗产的物件纳入博物馆收藏展示，这更为普遍，主要原因是遗产建筑本身不适合改建为博物馆，或工业遗产中的物件十分重要。例如大型机械、机具、设备、工具，具有研究与收藏价值，是具有时代意义的重要物件，可展示以反映工业发展的进程。这种专门收藏与展示工业物件的博物馆，可称为工业博物馆，属于科学类博物馆的分支。然而，这些物件原本放置在工作场域中，具有工具及使用价值，去脉络化后，移至博物馆展示，再现其历史意义、故事性与使用价值成为挑战。实地参观各种科技类博物馆与展览空间发现，现有的展示方式可分为以下三类：

（1）静态展示。博物馆将科技类物件作为工艺品，静态展示在观众面前，这是多数博物馆使用的方式，有时博物馆会特意将各种大型物件混合集中在大型空间中，制造出博览会式的气氛，给观众奇特的感受。交通类与科学工艺类博物馆常采用此种方式，如英国考文垂的交通博物馆将汽车依演进史陈列，伯明翰科学博物馆将各种工业引擎作为工艺品展示。

（2）场景展示。工业物件的场景展示可分为两类。第一类为博物馆复制与再现历史街区与场景，将科技类物件摆放在其中，观众可以近距离触碰，甚至观察其内部构造，如英国格拉斯哥河岸博物馆的街区展示，此种场景展示通常融入怀旧精神，使观众有进入过去时光之感。第二类则为完全保留工业遗产的场景，观众置身于真实的工业物件中——如火车车厢、船只、飞机之中，场景式地了解其内部结构与设计，如在伦敦泰晤士河上的帝国战争博物馆贝尔法斯特号馆，观众得以登上退役战舰感受与探索战舰的内部设备与空间。为求身历其境，越来越多的场景展示设计，融合声光投影、音效与烟雾，发展出剧场式的展示模式，如英国威尔斯巴那文世界遗产区域的布雷纳文钢铁厂，即在厂区原址利用声光与投影,呈现制铁的一系列过程,更强化场景展示的效果。

（3）故事性展示。与静态展示不同,故事性展示强调物件的故事性,重视物件与人的互动与社会史意义,这类展示赋予工业物件生命,让物件再次运转,需要花费比静态展示更多的维护成本,以展开故事性叙述,需要策展人与教育人员互相合作。尽管如此,故事性展示透过意义化工业物件与人的关系,更能赢得观众共鸣。近年来,这种类型的展示越来越获得博物馆重视。曼彻斯特的科学与产业博物馆中有一系列纺织机的展示,代表不同时代纺织机的发展,虽然也是采取将物件静态摆放的形式,但每周固定时间中,博物馆教育人员会直接解说工业物件,以社会史的角度,谈工业物件对英国工业革命的影响,特别着重探讨当时工业发展所带来的劳工议题,并让机器实际运转,使观众可以深刻地体会纺织机发出的噪声、工人的工作环境以及纺织技术改良的发展进程。

3.工业遗产成为户外博物馆或生态博物馆

工业遗产博物馆化的第三种类型着重工业遗产遗址的整体保存,以生态博物馆或户外博物馆的方式展现。户外博物馆与生态博物馆略微不同,但在发展过程中,其概念不断交织与会合。

户外博物馆缘起于19世纪的北欧,强调将特定的时代建筑与生活型态再现至大范围的户外空间中。为了强调博物馆是活着的(living museum),博物馆的诠释人员穿着当时的服饰,扮演特定角色,"生活"在户外博物馆中,与参观者对话、互动,户外博物馆目的在于透过传统建筑的保存与再现,鼓励一般民众走入乡村,寻找自我生活意义与文化认同,这类户外博物馆中,工业遗产建筑得以保留,持续传承与展示工业技术与工业时代的生活方式,如英国铁桥谷博物馆群中的布里茨山维多利亚小镇,即以1900年维多利亚时代为时间场景设定,展示距今一百多年前的建筑、工业与生活方式。

生态博物馆理念兴起于20世纪70年代,源于法国。其有两种概念主张,其一以法国学者利维埃为首,强调博物馆对于自然生态保育的责任,以北欧的户外博物馆作为灵感,逐渐探索出田园式生态博物馆①。其二则为法国学者戴瓦兰的社区式生态博物馆,由工业遗址发展的生态博物馆则属于这个类型②。随着"生态博物馆"一词被广泛使用,法国学者勒内·里瓦德从传统博物馆与生态博物馆差异的角度来定位生态博物馆,他指出传统博物馆是建筑、收藏、专家与大众的集合,生态博物馆则是领域、遗产、记忆与人口的集合。英国学者彼得·戴维则指出,勒内·里瓦德的定位对提出生态博物馆的组合元素虽然有用,但却无法反映生态博物馆完整的面貌,他主张,生态博物馆应该从社区导向的博物馆或是从遗产计划的角度出发,以永续发展为目的。

尽管生态博物馆缺乏统一的定义,许多国家将工业遗产遗址保存并博物馆化过程的结果称为生态博物馆,本文个案黄金博物馆的建立亦是受此理念的影响。相较于户外博物馆再现工业遗产的方式,生态博物馆属于原址保存,例如将矿区工业的建筑与地景保存下来,观众可以亲身至地下采矿坑道参观与体验。纵使户外博物馆或是生态博物馆的缘起脉络与理念有所不同,然而,受新博物馆学运动潮流的影响,这类博物馆在近50年间快速发展。所谓新博物馆学是相对于传统强调由受过训练的专业人员来搜集、纪录、典藏、展示、诠释物件的新思潮。哈里森指出新博物馆学以社区主义为理论基础,关怀的重点在社会的人,而非物件,注重社区的需求,并打破博物馆建筑体的界线划分,主张博物馆未必局限于建筑中。由此可见,户外博物馆、生态博物馆、新博物馆学等类似的概念互相交织,各地发展出不同的地方生态博物馆模型。

(二)工业遗产博物馆化的重要议题

从上述整理与分析中可以了解到工业遗产博物馆化的不同型态,而从议题层面出发,可以探讨工业遗产博物馆化所涉议题。

1.保存与价值

工业遗产保存往往涉及原则的碰撞与实践的挑战。1972年《世界文化与

---

①② 周佳桦."生态博物馆"概念于法国源起之探源[J].博物馆学季刊,2014,28(1):31—49.

自然遗产保护条约》提出后,许多工业遗产的地景与遗址因具有杰出的普世价值,逐渐被纳入世界遗产名录之中。然而,进入世界遗产名录只是保存工业遗产的手段,申遗需要多方投入,故仅有少数的工业遗产被认定为世界遗产。回归工业遗产的保存,首先要从价值角度思考"我们为什么要保存工业遗产"。尼尔便指出,工业遗产的保存相较于文化或自然遗产更为复杂,更具挑战性。从传统遗产价值来看,已经遭受经济萧条或高失业率的社区,保留废弃工业场址这一动议往往没有吸引力。即便当地社区认同这一概念,认为工业遗产能够帮助他们找回过往的自豪感与精神,但要投入的经济成本往往令人却步。

尼尔从科学与审美价值角度提出:"工业遗产可能涉及一个产业、一个特定的公司、一个工业社区,或一个特定的买卖交易或技能。或者,工业遗产在制造、工程和建筑史上可能具有技术和科学价值,或者具有源于其建筑、设计或规划的审美价值。这些价值是厂址本身,包含它的结构、组件、机械、工业地景在内的场景的本质价值,它可以呈现在书面文件中,也无形地记录在人类记忆、传统和习俗中。工业遗产对社区提供认同感,也为地方提供外部的认可。"[①]因此,正如尼尔主张,工业遗产的价值重心,不仅在于厂址或地景,更在于工业遗产作为人们生活纪录的一部分,于历史与认同层面具有重要性,工业遗产有更广大的社会与文化属性[②]。

除了考察工业遗产的价值外,还要考察工业遗产博物馆化有哪些价值可以转化。首先,从博物馆自身的价值来思考,根据国际博物馆学者Scott的分类,博物馆有工具价值、机构价值、使用价值(直接使用以及存在、选择、赠与三种非使用价值)与本质价值。

(1)工具价值。指政府期待从公共投资中回收的利益,以证明其社会与经济政策的成就。包括对经济体,如城市的品牌、观光、就业与地方经济的累加效益;对社群,如增加社会资本、社会融和、文化多样性的包容、都市再生与市

[①][②] Cossons,N.Why preserve the industrial heritage? [M]//DOUET,J.Industrial Heritage Re-tooled:The TICCIH Guide to Industrial Heritage Conservation,Carnegie Publishing Ltd:TICCIH,2012:6—16.

民参与等;对个人,如学习、个人福祉等利益。

(2)机构价值。博物馆对公民权的提高有所贡献,有助于民主式的辩论,以无私与平衡的方式忠实呈现信息,透过专业水平的维持、知识与文化资本的提高,透过建立地方、国家与国际的伙伴关系等方式提高大众的信心。

(3)使用价值。包含直接使用和非使用的形式,直接使用指参观博物馆等消费形式,往往是政府与赞助单位评估博物馆成效的标准。非使用价值包含三种:存在价值——指博物馆的存在代表着不论是个人直接的使用或是作为公共遗产的保护;选择价值——意味未来博物馆有利于个人的可能性;赠予价值——代表为下一代留下重要的资产。

(4)本质价值。博物馆在象征、情感等无形的层面,提供受用但无形的感受。对个人来说,本质价值是鼓舞、发现、启发、愉悦的感觉。对群体而言,包含历史、社会、精神与象征的价值[1]。

因此,工业遗产博物馆化,除了可以带动地方经济复兴与增加社会资本,增加个人与群体的认同与情感外,更应考虑机构与使用价值,博物馆作为机构存在,能促进文化公民权的提高以及鼓励民众的参与,永久保存留给下一代的资产。工业遗产博物馆化应从工业遗产的角度出发思考博物馆如何促进民众辩论与思考工业遗产的意义,促进博物馆参观观众的多元性。

尼尔考察了许多国家的工业遗产保存的案例,发现其共同之处在于工业遗产的价值需要被强而有力地表达出来,同时需要有决心,翻转官僚体制的观念与法规规定,以符合工业遗产保存的需求[2]。工业遗产博物馆化之后,除了对工业遗产搜集、记录、研究、诠释和展示过去、现在文化和环境的实体证据之外,更应该强调透过物质的收藏来记录、保存和传播工业遗产的文化价值与其他无形遗产。然而,针对物质遗产与非物质遗产有两种保存观念,例如:有形

---

[1] SCOTT,C.Using Values to Position and Promote Museums[J].International Journal of Arts Management,2008,11(1):28—41.

[2] Cossons,N.Why preserve the industrial heritage? [M]// DOUET,J.Industrial Heritage Re-tooled:The TICCIH Guide to Industrial Heritage Conservation,Carnegie Publishing Ltd:TICCIH,2012:6—16.

的物质物件保存着重在生产工具、不同的材料、工艺产品、风格与设计；无形遗产保存则以技术、技能与专业知识、传统知识与经验、社会网络、社会关系和社区关系为重①。因此，本文主张工业遗产的保存应强调非物质遗产保存，从非物质文化遗产及其相关人群所在地的历史脉络、文化样态、生活系统及生活方式来进行整体思考与实践②。

2.遗产观光

观光可以作为有关单位工业遗产保存的诱因③，不论是整个现址保存或是博物馆化形式的保存，越来越多的城市将工业遗产观光作为都市再生与经济发展的手段，工业遗产的独特魅力，挑高的厂房、特殊的空间形式、工业机械与机具的型态与生产流程、当地的巨大人造地景以及工业发展历史与人文故事等与日常生活场景有极大的差异，具有观光吸引力。

然而，工业遗产观光的发展，仰赖的不仅是工业遗产本身的保存与修复，更涉及区域规划等基础工程与旅游配套措施（如交通、住宿）的完备，此外，当地居民与相关利害关系人的涉入与合作十分重要。因此，并非所有工业遗产都能够刺激地方观光。Xie 提到六项发展工业遗产观光的关键因素，借此来判定工业遗产观光的可行性。

（1）潜力。借助遗产分诊，透过评估遗产地区的特色，来决定应该投资哪一个观光计划。

（2）利害关系人。工业遗产观光取决于多元人力的投入，包含商业领袖、规划者、联盟式的建造商，以适应不同计划的独特状况。在社区层级，利害关系人包括积极的参与者，例如草根的组织、支持者、多重的观众或设施的使用者。在管理方面，利害关系人间的合作对于凝聚地方发展的共识变得越来

---

① NGUYEN VAN HUY.The Role of Museums in the Preservation of Living Heritage:Experiences of the Vietnam Museum of Ethnology[J].International Journal of Intangible Heritage,2006,(1):35－42.

② 林崇熙.文化再生产：一个无形文化资产哲学刍议[J].文资学报,2008(4):1－26.

③ FIRTH,T.M.Tourism as a means to industrial heritage conservation:Achilles heel or saving grace? [J].Journal of Heritage Tourism,2011,6(1):45－62.

重要。

（3）应变式的重新使用。重新使用废弃的工业遗产建筑,对于追溯遗产的文化历史根源有重要意义。

（4）经济。通过观光来发展工业区域成为重要的经济手段。

（5）真实性。真实性是决定工业遗产观光活力的主要因素。真实代表地方的精神,是区域最重要的美感因子。

（6）观念。成功的旅游发展需要共同的社区认知。

此外,在许多观光文献皆提到,"诠释"是在遗产区域中提供高质量观众体验的关键环节。遗产观光的规划者与管理者需考量的不只是表面地保存有形资产,更需要去思考如何保存该场址的非物质价值。用更有效的遗产诠释,创造出一种对于当地利害关系人与游客都具有真实性与意义的参观经验。

虽然观光有助于促进地方经济发展,工业遗产保存与经济发展往往存在矛盾,若为迎合经济与休闲目的而过于商业化,会导致文化内涵与意义的流失;若为迎合旅客需求以达成短期目标,则可能削弱工业遗产所在地的长期生存能力,应该把永续观光发展的概念纳入进来考量。根据世界旅游组织的观点,永续观光发展的关键在于保持游客、当地社区与环境间的平衡,为游客提供高质量的体验,改善当地社区的生活质量,维持当地环境的质量。费思提到,当地社区的生活质量常以经济衡量标准来评估,如工作创造情形、收入、基础建设的发展、新型态服务的创造。然而这一方法并未考虑到追求经济成就可能使社区中社会与环境状况恶化,同时,容易使将遗产观光发展中取得的经济利益给予合适的获利者这一重要问题被忽略掉。例如,若投资者都是外来商人,经济利益便很难回归到当地居民身上。此外,费思亦指出,地方居民也有自己衡量生活质量的标准,或许更重情感与价值,例如福祉与幸福。因此,应考虑经济、社会文化与环境的关系。在工业遗产中,有关居民的情感连结实际上与地方认同相关。

3.地方认同

工业遗产博物馆化的过程,实质是工业遗产被机构化,机构化意味着专业人士的引进、组织制度的建立以及程序流程的实行,这一过程势必需要建立与强化地方认同,否则导致工业遗产、博物馆以及居民三方有观念落差,导致居民参与率低落。例如,西班牙学者马尔塔·波佐与玛丽娅·派斯·冈萨雷斯提到,在西班牙的文化背景中,工业化通常被视为是丑陋的,因此工业遗产承载着工作状况条件差、劳资争议与阶级不平等等负面的回忆。地方居民对于工业遗产缺乏兴趣,不论是创造新的地方认同或是将工业遗产观光作为刺激经济发展的手段,都为他们所排斥。两位学者也引用西班牙的其他个案,分析认为当地的工业遗产协会属于菁英组织,扮演影响政府的游说者角色,并非代表居民的普遍意见,因此无法真正带动居民的投入。

地方认同增强有助于工业遗产的保存、诠释与观光发展推动,然而工业发展导致的社会纠纷与环境污染,后工业化之后地方经济的萧条与衰败,可能导致地方居民全面否定工业遗产的价值而主张拆除工业遗产,工业遗产的认同塑造过程相对于自然遗产更为复杂与困难。

因此,在工业遗产保存并博物馆化的过程中,需要带动地方居民投入。博物馆方扮演重要角色,透过物件征件、口述历史、志工征集、工作坊等方式,鼓励居民参与博物馆,博物馆与地方居民合作,并非只是馆方单方面办活动邀请居民参与这样简单,而应建立更为赋权式的合作关系,开放地接纳居民意见,将居民视为博物馆的资产,这样才能引导居民对工业遗产产生认同感与自豪感。

二、个案探讨

本节分析黄金博物馆的个案,探讨工业遗产博物馆化面临的保存、观光与认同议题。

(一)黄金博物馆的设置背景与理念

黄金博物馆的存在,与馆所在之地——新北市瑞芳镇金瓜石地区的金矿采集工业史有深刻的关联。该区域的工业史,可追溯至清光绪十五年(1889年)。当年兴筑台北至基隆段铁路时,偶然发现砂金,由此掀起小规模个人淘金风潮。至光绪二十年(1894年),清政府与日本签订《马关条约》,日本矿业集团进入该区后,开始进行有计划且大规模的采矿行动。金瓜石地区的工业地景于此时形成,随着矿场兴建与先进采矿设备的引进,1938年金矿产量达到高峰,金瓜石被誉为"亚洲第一贵金属矿山"。至1945年日本战败投降,经营权转让,由台金公司负责经营。随着时代需求转变、国际金价低迷与金瓜石富金量减少,1960—1973年,金矿采集工业经营重心逐渐转为铜矿开采与选矿。1973年后,随着国际铜价下滑,经营由采矿转为冶炼与加工,"礼乐炼铜场"于1980年竣工,然而四年后,台金公司因经营不善倒闭,矿区、相关工厂与地上建物转属台电公司,工寮用地、员工宿舍及采矿权转属台糖公司,至1990年,礼乐炼铜场因污染而关厂,金瓜石地区的采矿工业正式结束①。

在这一百年中,金瓜石以及周遭的九份、水湳洞地区,因工业发展而积淀了独特且丰富的人文、工业与自然地景,不论是有形的文化资产或是无形的人文情感,都具有保存的价值,因此开始有将其博物馆化,设立黄金博物馆的构想。黄金博物馆的筹设,受西方生态博物馆的理念影响,旨在设立"一座与社区共生息的博物馆"。经过两年筹备,该馆自2004年11月开馆,为台湾首座生态博物馆。博物馆以金瓜石矿业历史与黄金为主题核心,让观众得以了解金瓜石地区的聚落样貌、采矿历史、当地文化与生态景观②,工业遗产的保存以"资产保存为主的区域经营,强调永续发展及旧建物再利用,鼓励在地力量共同投入,进而带动区域发展"为原则③。

理论上,不同学者对于生态博物馆理念的理解有所差异,实践上,生态博物馆在各地发展出独特型态,黄金博物馆的官方网站上就明确标示对生态博物馆的理解:

> 生态博物馆,就是在一个有着完整生活、文化圈的地域范围内,以它

---

① 新北市立黄金博物馆.日据时期水金九矿业聚落研究调查[M].新北市:新北市立黄金博物馆,2011:5-12.
②③ 新北市立黄金博物馆[EB/OL].(2018-01-05)[2018-5-18].http://www.gep.ntpc.gov.tw/xmdoc/cont? xsmsid=0G2463670800091891115.

本身的自然及文化资源作为博物馆的主体,并由地域内的居民们参与其中。参观者可以借由参观几个核心馆所,加上和地区内的居民接触、互动,而对这个地域内的人文、生态有多方面且立体、实际的了解,达到"参观博物馆"的目的①。

黄金博物馆是生态博物馆,采用无围墙、无明确园区界线的形式,其中有运营的邮局与派出所,居民生活在其中,此外,博物馆的工作人员八成以上是当地人,园区内的建筑以旧建筑物再利用为营造准则,并无为博物馆而增设的新建筑②。园区内主要的建筑整理如表1:

表1 黄金博物馆内主要建筑及其利用情况

名称	原建筑再利用	说明
游客服务中心	台湾汽车客运股份有限公司车站。	博物馆入口的第一栋主要建筑,一楼提供游客信息、折页索取及博物馆导览的集合点等相关服务咨询。
四连栋	据推测,四连栋应为30年代由日本矿业株式会社所兴建,提供给当时的日籍职员及其眷属居住。后改为台金公司的员工宿舍。	以场景展示的方式,搭配文物陈列摆设,分别展示日据时期与台金时期员工居住于此的生活样貌。
炼金楼	日据时期,曾是存放黄金的场所。台金公司时期,短暂作为炼金工厂,其后为办公室使用。	特展空间。
环境馆	约建于1974年,是台金公司的俱乐部及餐厅,后期一楼部分全改为餐厅,二楼规划一半的空间作为图书室,是当时金瓜石居民的休闲与饮食中心。	常设展展示金瓜石的人文环境与自然生态。

---

① 新北市立黄金博物馆[EB/OL].(2018-01-05)[2018-5-18].http://www.gep.ntpc.gov.tw/xmdoc/cont? xsmsid=0G246367080091891115.
② 施岑宜.黄金博物园区一个台湾生态博物馆的实验[EB/OL].(2018-01-05)[2018-5-18].http://ccnt4.cute.edu.tw/gec97/week/Week6.ppt.

续表

名称	原建筑再利用	说明
太子宾馆	日据时期,日本田中矿业株式会社为招待当时日本的皇太子(即后来的昭和天皇)预定视察金瓜石矿业,于1922年兴建的临时行馆。	2007年正式公告被认定为新北市市定古迹,目前仅开放外部庭园供民众参观。
本山五坑		包含总长约180米的新旧坑道,设计成坑道体验区,利用蜡像展示、模型、声光效果,带来生动的参观体验。
黄金馆	台金公司的采矿办公室。	常设展展示,一楼为采矿文物展示(如矿工工具、生活器具、日据时期与台金公司时期的文物等),二楼以"黄金"为主题,有一块220公斤的999纯金大金砖作为镇馆之宝。
金采卖店	台金公司时期的电话交换室。	一楼为矿工食堂,贩售特色餐饮,供参观民众享用,二楼为特展空间。

资料来源:新北市立黄金博物馆[EB/OL].(2018-01-15)[2018-5-18].http://www.gep.ntpc.gov.tw/xmdoc/cont? xsmsid=0G246370164689930266.

(二)黄金博物馆的经营特点

黄金博物馆以保存工业遗产的有形资产与无形记忆为目标,发展主轴如下:

(1)保存与再现矿业历史与人文特色。保存文化资产与聚落景观纹理,调查记录金瓜石水湳洞地区的历史记忆,建立数据库,为教育推广奠定基础。

(2)成为环境教育的自然场域,推广生态旅游。进行自然资源调查研究、生态地景的维护保存、原生植物复育、生态旅游推展、自然教育推广。

(3)推展黄金艺术及金属工艺,扩展创意产业。包括设立黄金知识及艺文相关研究调查数据库、金属工艺艺文数据库,进行教育推广,金属工艺创意产业推展,金属工艺人才培训。

(4)作为社区生态博物馆凝聚共识,鼓励当地人投入参与[①]。

---

① 新北市立黄金博物馆[EB/OL].(2018-01-15)[2018-5-18].http://www.gep.ntpc.gov.tw/xmdoc/cont? xsmsid=0G246367080091891115.

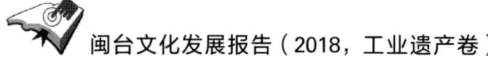

黄金博物馆开馆至今数十年,以生态博物馆为发展理念,致力于推动各种活动与计划,鼓励当地居民参与。例如,通过征集物件与口述历史,将矿区人文历史纳入博物馆典藏。以旧建物再利用的方式,保留工业遗产的建筑、坑道,使居民(包含新北市市民)能免费参观博物馆。博物馆也常举办各类教育推广活动,例如社区读书会、黄金小志工、专题地方校园课程、金属工艺体验课程等,这些课程皆以在地居民为主要参与对象。募集当地志工,邀请社区居民担任导览人员,举办"矿山文化健走",设计不同健走路线,在认识金瓜石的矿山地景外,举办净山活动,沿途捡拾垃圾,鼓励与发扬历史文化认知与生态保育精神。此外,博物馆曾用文化节庆的方式,举办夏季"矿山金采节"、秋季"矿山芒花季",邀地方居民参与①。

上述四点经营策略,皆围绕金矿工业遗产的主题发展,唯第三点"推展黄金艺术及金属工艺,扩展创意产业"看似与金矿工业遗产相关,实则以博物馆后来欲发展的创意产业为目标。黄金博物馆长期推广金属工艺创作与进行人才培育,举办"新北市国际金属工艺大赛",从2007年至今已举办六届,成为黄金博物馆重要的竞赛活动。然而,前黄金博物馆馆长蔡宗雄指出,金工产业与金瓜石在地矿工产业型态脱离,金工投入成本高、推广不易,这些因素都导致金属工艺产业在金瓜石的聚落无法成形②。

(三)黄金博物馆的机会与挑战

黄金博物馆所在的金瓜石以及周遭的九份、水湳洞地区,拥有台湾独特的矿业工业遗产,具有发展遗产观光的潜力,于2003年被台湾的文化主管部门确认为台湾世界遗产潜力点,名之曰"水金九矿业遗址"③,获得各界的重视,

---

① 周青青.生态博物馆如何面对文化资产保存与振兴地方观光的课题——以"新北市立黄金博物馆"为例[J].新北市立黄金博物馆,2012:37—46.

② 蔡宗雄.从矿业遗产到生态博物馆园区——新北市立黄金博物馆与金瓜石聚落保存的发展经验[J].文化资产保存学刊,2012(22):113—122.

③ 文化资产局[EB/OL].(2018-01-15)[2018-5-20].https://twh.boch.gov.tw/taiwan/index.aspx? lang=zh_tw.

为推动黄金博物馆的工业遗产保存,也为使工业遗产的价值为人所了解。博物馆的建设也面临挑战,从其生态博物馆的定位看,应与社区居民建立紧密友善的关系,但实际运作中,促进地方认同与社区参与是黄金博物馆的一大难题[①]。前黄金博物馆馆长施岑宜便指出:"黄金博物馆在筹备时即被列为当时台北县政府年度重要计划项目之一,在开馆时程的紧迫与期程压力下,以致无力进行社区参与的实践。同时,地方居民对地方文化馆营运后为地方带来经济效益的期待,都迫使黄金博物馆的社区之路难行。"[②]

的确,黄金博物馆面临的挑战正好呼应前节指出的问题。工业遗产博物馆化的过程,意味着机构化与专业化的引进,如同新北市市政府欲通过由上而下的文化政策力量,快速地筹建博物馆,却忽略地方认同的形成需要较长时间。此外,居民对于黄金博物馆带动周遭观光与产业复兴抱持期待,但若博物馆执着于参观人数与经济效益,其运营状态可能与生态博物馆理念相违。

发展遗产观光是黄金博物馆的机会与挑战,本文主张,工业遗产的观光发展,不应将经济发展与区域再生作为首要目标,而应关注永续观光发展,重视当地生态与居民生活福祉,以扭转过于注重经济发展,过度商业化的趋势。实际上,金瓜石居民对于邻近聚落——九份的商业繁华的情感十分矛盾,一方面期待金瓜石与水湳洞地区能够借由观光发展带动地方产业的活络,但却不希望金瓜石"九份化"而失去特色,不期望过度商业化[③]。如何发展永续观光,而非炒短线商业化?本文借鉴英国文化观光学者Robinson的观点,认为社区让观光业成功、永续有六个关键要素:

(1)有趣的故事——要用引人入胜、生动活泼的故事来包装。

---

① 施岑宜.博物馆如何让社区动起来?台湾地方文化馆政策中的社区实践——以金水地区为例[J].博物馆学季刊,2012,26(4):29-39.周青青.生态博物馆如何面对文化资产保存与振兴地方观光的课题——以"新北市立黄金博物馆"为例[J].新北市立黄金博物馆,2012:37-46.

② 施岑宜.博物馆如何让社区动起来?台湾地方文化馆政策中的社区实践——以金水地区为例[J].博物馆学季刊,2012,26(4):29-39.

③ 台北县黄金博物馆.台北县瑞芳镇金九地区文化资产环境保存及活化计划[M].台北县:台北县黄金博物馆,2008:79-80.

(2)地方感——与他地不同之处。

(3)愉快的体验——兼具教育与娱乐性。

(4)社区参与——热情好客且有跨文化对话的心态。

(5)市场意识——顺应不断改变的观光客需求。

(6)持续沟通——取得并保持与利害关系人的联系。

黄金博物馆发展观光过程中,由工业遗产讲述出引人入胜的故事,创造寓教育于娱乐的参观体验,同时形塑居民认同,且让居民能够一同参与,并在过程中扮演重要角色。值得肯定的是,经过数十年的推动,黄金博物馆已逐渐与社区居民建立良好关系,前黄金博物馆馆长蔡宗雄便指出,黄金博物馆创立之初,与居民关系冷漠,至今却"博物馆营运与当地居民、当地经济紧密的结合与合作"①,只要黄金博物馆持续致力于社区参与与认同塑造,相信居民认同会持续加深,工业遗产观光的永续才有可能。

结 论

工业遗产博物馆化的形式多元,不单只是现址转化为博物馆或生态博物馆,而可能是将工业遗产的物件纳入博物馆体系收藏,工业遗产的展示也因物件与场域的形式差异,分为静态展示、场景展示与故事性展示,博物馆应该寻找合适的展示方式诠释工业遗产。

工业遗产的保存应同时强调遗产的有形资产价值与无形非物质遗产价值,强化工业遗产的意义。遗产观光与地方认同,相辅相成,越重视永续观光,越能够塑造强烈的地方认同。黄金博物馆遵从生态博物馆的精神,进行工业遗产的保存,兼具有形与无形遗产的展示。黄金博物馆已成为金瓜石地区重要的工业遗产象征,期待黄金博物馆坚持其生态博物馆的经营理念,与居民共存、共生,让台湾重要的矿业工业遗产永续保存与发展。

---

① 蔡宗雄.生态博物馆经营与社区发展关系——以台湾新北市立黄金博物馆为例[J].新北市立黄金博物馆,2015:6-18.

理论篇

工业遗产与城市文脉传承

马培红[*]

摘　要： 工业遗产与城市文脉和谐共生，既包含厂房、机械设备等物质文化，也包含企业文化、生活习俗、精神崇拜等非物质文化。城市化进程中，工业遗产的拆毁造成城市文脉的断裂，致使城市失去特色，千城一面。目前，不少人都注意到保护工业遗产的物质文化，而忽视保护其所蕴含的非物质文化。本文发掘蕴含在工业遗产的物质文化和非物质文化的文脉价值，分析工业遗产保护方面存在表面化、缺乏文化核心等问题，认为城市文脉的传承不仅应关注工业遗产的保护和再利用，还应吸引公众参与，建立有效的保护机制，推动城市文脉的可持续发展。

关键词： 工业遗产；城市文脉；公众参与；可持续

随着城市的快速发展，工业遗产丧失原有功能，正在以肉眼可见的速度被破坏，取而代之的是大量、千篇一律的现代化建筑，地域特色逐渐丧失，城市文脉的识别功能式微。这些旧工业建筑，相比百年或千年文物而言，虽然历史较短，但它们同样是社会发展的有力见证者，延续着城市文脉。目前，国外对工业遗产的研究一方面倾向于用工业遗产保护和再利用的模式，大致有博览建筑、景观公园、综合体、文化创意产业园区、工业旅游开发等五种模式；另一方

---

[*] 马培红，厦门大学嘉庚学院教师，两岸语言应用与叙事文化研究中心成员，主要研究文化资源与文化产业。

面倾向于用工业遗产保护的方法强调吸引公众参与,建立社会保障机制等。国内对工业遗产的关注从2006年开始,一方面是从人类学、艺术设计等视角研究工业遗产的保护和再利用模式,另一方面研究工业遗产与城市文脉二者的相互关系。大多数相关研究认为工业遗产的物质文化非常重要,而相对忽略蕴含在工业遗产中的诸如企业精神、生活习惯等具有时代印记的隐性文化。城市文脉包括显性的物质文化和隐性的非物质文化,合理看待工业遗产的物质文化与非物质文化中蕴含的文脉价值,发掘工业遗产在城市文脉传承中的作用,促使城市文脉传承可持续,已是我国城市由功能城市转变为文化城市过程中无法回避的课题。

一、工业遗产的界定与文脉价值

我国对工业遗产的关注起步较晚。《无锡建议》是我国第一个倡导工业遗产保护的文件。2006年5月,国家文物局颁布《关于加强工业遗产保护的通知》,由此,工业遗产保护与利用在中国拉开序幕。

(一)工业遗产的界定

在世界范围内,对工业遗产有不同的认识,一般比较认可的是《下塔吉尔宪章》对工业遗产的界定。在中国,对于工业遗产一直没有清晰的认识,2006年颁布的《无锡建议》认为,工业遗产是"具有历史学、社会学、建筑学和科技、审美价值的工业文化遗存。包括工厂、车间、厂房、仓库、店铺等工业建筑物、矿山、相关加工冶炼场地,能源生产和传输及使用场所、交通设施、工业生产相关的社会活动场所,相关工业设备,以及工艺流程、数据记录、企业档案等物质和非物质文化遗存"[①]。《无锡建议》明确,"工艺流程、数据记录、企业档案"等非物质文化遗存也是工业遗产,这反映出我国对工业遗产的认识。与《下塔尔

---

① 无锡建议——注重经济高速发展时期的工业遗产保护[J].建筑创作,2006(8):19—20.

宪章》相比,我国对工业遗产的关注更为全面(表1)。

表1 工业遗产概念对比

名称	《下塔吉尔宪章》(2003)	《无锡建议》(2006)
历史时期	自18世纪后半叶工业革命以来至今,但不排除前工业时期和工业萌芽期的活动	鸦片战争以来
主体	工业文化遗迹	工业文化遗产遗存
价值	历史、技术、社会、建筑或科学价值	历史学、社会学、建筑学、科技、审美价值
物质文化	建筑、机器、车间、工厂、作坊、矿区以及加工提炼等遗址,用于能源生产、转换和利用的仓库、商店、运输工具和基础设施以及场所,还包括用于住房供给、宗教崇拜和教育等与工业相关的社会活动场所。	工厂、车间、房、仓库、店铺等工业建筑物,矿山、相关加工冶炼场地,能源生产和传输及使用场所、交通设施、工业生产相关的社会活动场所,相关工业设备。
非物质文化	——	工艺流程、数据记录、企业档案等物质和非物质文化遗存

资料来源:TICCIH.The Nizhny Tagil Charter for the Industrial Heritage[R].Paris:TICCIH,2003:12.无锡建议——注重经济高速发展时期的工业遗产保护[J].建筑创作,2006(8):32.

本文采用《无锡建议》对工业遗产的界定,认为工业遗产不仅有时间限制,是中国近现代工业时代的见证,而如古代的造纸作坊、陶瓷作坊,虽也是工业生产,但属于文物范畴,不属于工业遗产范围。同时,工业遗产不仅要有具体的工业遗址以展示过去的生产活动场所,还应该包含生产工艺流程、精神信仰、生活习惯等非物质文化。

(二)工业遗产的文脉价值

1.科技价值

工业遗产的科技价值表现在它记录工业技术的进步和发展,体现"工厂最初厂区规划、建筑物建设过程中材料、结构、工艺的独创性和合理性,以及生产工具的改进和产品制造工艺的不断创新、发展过程中表现的技术价值"[1]，反映了当时的工业技术和科学水平。工业遗产的科技价值揭示一定历史时期的科技成就，带有鲜明的时代特色。

2. 文化价值

工业遗产的历史文化价值是时代赋予的，既体现在工业遗产的建筑、机械等物质文化上面，也体现在企业的文化、经营理念和生产工艺流程、精神信仰、习惯等非物质文化上。这种非物质内容既蕴含在同一时期的影视作品、影像资料中，也蕴含在具有地域文化和时代特征的构筑物、建筑物风格、场地规划的结构布局和工人的生活方式中。如电影《钢的琴》就展示了20世纪90年代工人的生产生活状况。

3. 美学价值

工业遗产的艺术价值主要体现在建筑的空间格局上，"建筑通过各种空间组合、符合人类审美的结构造型、和谐的比例尺度、材料的色彩和质感共同体现出它在艺术上的价值。工业遗产的艺术价值体现场地中的建筑物、构筑物、机械设备和室内装饰等一切遗留下来的存在物从被创造产生到使用过程中，某一历史时期人们的审美情趣、艺术观念和时代精神特质"[2]。如原718联合厂建设时采用德国的包豪斯建筑风格，青岛啤酒厂也有保存完整的德式工业建筑，体现那个时代独特的建筑审美。

二、工业遗产在城市文脉传承中的重要性

"城市文脉是在历史的发展过程中及特定条件下，人、自然环境、建成环境以及相应的社会文化背景之间一种动态的内在的本质联系的总和"[3]，传承城

---

[1] 孙俊桥,孙超.工业建筑遗产保护与城市文脉传承[J].重庆大学学报(社会科学版),2013(3):16.

[2] 于淼,王浩.工业遗产的价值构成研究[J].财经问题研究,2016(11):11—16.

[3] 苗阳.我国传统城市文脉构成要素的价值评判及传承方法框架的建立[J].城市规划学刊,2005(4):40—44.

市文脉,凸显地域特色,有利于在对文脉的扬弃中塑造城市共有的信仰和象征,推动城市健康发展。保护工业遗产,对于城市文脉的延续,保护城市文脉的特色有重要意义。

(一)工业遗产塑造城市特色

工业遗产是近现代化进程中的特殊遗存,从清末洋务运动到民国时期的工业遗产,再到1949年后"一五""二五"等时期的工业遗存,鲜明的时代特色是这一时期工业遗产的重要特征,在城市文化的塑造上发挥重大作用,能有效推动城市文脉的延续。

表2 中国工业遗产历史时期一览表

工业遗产的历史阶段划分	代表性工业遗产
从清末洋务运动到民国时期	上海江南造船厂、开滦煤矿、大冶铁矿
抗日战争和解放战争时期	重庆兵工厂、东三省兵工厂、黄崖洞兵工厂
1949年后"一五""二五"等时期	沈阳铁西工业区、宝成铁路、南京长江大桥

资料来源:中华人民共和国工业和信息化部.关于公布第一批国家工业遗产名单的通告[EB/OL].(2017-12-20)[2018-04-26]. http://www.miit.gov.cn/n1146285/n1146352/n3054355/n3057292/n3057299/c5977535/content.html.

工业遗产具有鲜明的地域性,"一种产业的兴起取决于自然条件和人为条件的配合"[①]。当煤炭、冶金、炼钢成为社会需求时,这些资源富集的地方就会吸引大量人口参与发掘开采,人越聚越多,推动当地人口结构的调整,改变当地的生活方式。当煤炭、冶金等资源密集型产业衰落,这群人失去赖以生存的环境,纷纷离开,留下厂房、机械、住宅区等工业遗存,它们凝缩了采矿的集体记忆与生活经验,由此建构出地方产业景观,形成地方特色。这是历史过程中逐渐形成的,受环境和资源条件的限制,地域特色鲜明,如依托煤炭、铁矿资源而发展起来的辽宁(表3)。中国近代工业发展主要在沿海、沿江城市集中(图

---

① 张立群.工业遗产资源的文化价值及管理[J].长白学刊,2015(6):122-125.

1),如上海、广州、青岛、武汉。在国家公布的第一批工业遗产名单中,江苏有14个。

表3 各省市工业遗产情况举例

序号	名称
江苏	金陵机器制造局、南京长江大桥、南京下关火车渡口、中国水泥厂、江南水泥厂、浦镇机厂、永利铔厂、大生纱厂、永泰缫丝厂、和记洋行、民国首都电厂、国民政府广播电台、民国首都水厂、茂新面粉厂
辽宁	抚顺煤矿、本溪湖煤铁公司、阜新煤矿、鞍山钢铁公司、中东铁路、东清铁路机车制造所(大连机车厂)、旅顺船坞、东三省兵工厂、水丰电站、
北京	首都钢铁公司、京张铁路、二七机车厂、北京焦化厂、中国海军中央无线电台(491电台)、京师自来水公司东直门水厂、北京印钞厂(541厂)、718联合厂(华北无线电联合器材厂)
河北	开滦煤矿、唐山磁厂、唐山铁路遗址、滦河铁桥、启新水泥公司、耀华玻璃厂、唐胥铁路修理厂、京张铁路
山东	中兴煤矿、坊子炭矿、胶济铁路、济南泺口黄河铁路大桥、津浦铁路局济南机器厂、张裕酿酒公司、青岛啤酒厂
上海	江南机器制造总局、上海外白渡桥、阜丰面粉厂、福新第三面粉厂、上海杨树浦水厂、上海东区污水处理厂

资料来源:中华人民共和国工业和信息化部.关于公布第一批国家工业遗产名单的通告[EB/OL].(2017-12-20)[2018-04-02].http://www.miit.gov.cn/n1146285/n1146352/n3054255/n3057292/n3057299/c5977535/content.html.

(二)工业遗产促进城市文脉的可持续

工业遗产是城市变迁和历史发展的载体,反映不同时期的城市经济发展、市民生活变迁和工作方式蜕变等城市集体记忆,具有不可替代性和不可复制性。凡有深刻历史文化积淀的城市,其文化记忆都蕴藏在城市的肌理之中,深植于大街小巷组成的历史街区中,藏于地域形态、环境风貌内,乃至沉淀于生活方式、风俗习惯、居住形态、社会经济、价值观和审美观之中,形成独特的城市的个性和特征。"城市文化深深地印刻在当地工业建筑遗产物质载体之上,表现出深远历史文化影响,构成城市独特文化生活的真谛。由于工业建筑遗

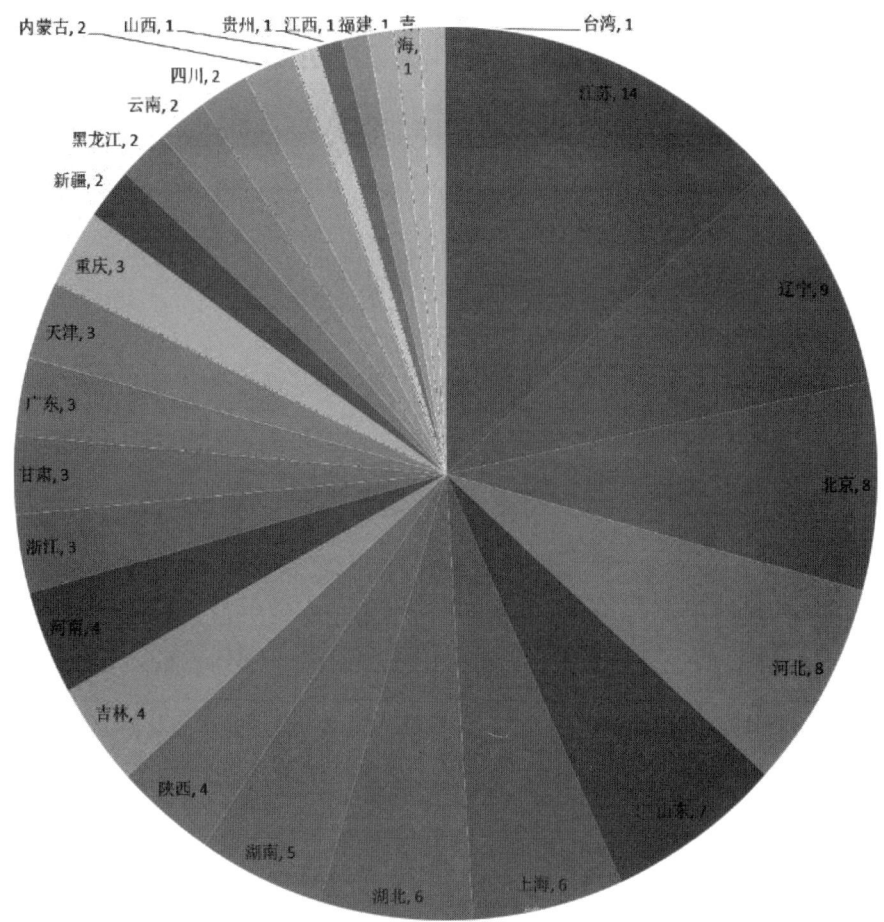

图1　第一批工业遗产数量分布情况

资料来源:中华人民共和国工业和信息化部.关于公布第一批国家工业遗产名单的通告[EB/OL].(2017-12-20)[2018-04-02].http://www.miit.gov.cn/n1146285/n1146352/n3054355/n3057292/n3057299/c5977535/content.html.

产的真实存在,城市发展便具有了文脉的延续。"① 虽然工业遗产已发挥不了

---

① 孙俊桥,孙超.工业建筑遗产保护与城市文脉传承[J].重庆大学学报(社会科学版),2013(3):6—7.

原有的价值,但依然是城市记忆的一部分,对于工业遗产的保护,有助于推动城市文脉的可持续发展。

三、工业遗产在城市文脉传承中存在的问题

城市化进程引发技术革新、城市产业结构调整,房地产开发随之跟进,许多有价值的工业遗产正面临不可逆的破坏,废弃厂矿、工业旧址正迅速消失。工业遗产保护的过程没能协调工业遗产保护与文脉传承的关系,致使城市文脉在传承过程中出现一系列问题。

(一)工业遗产的破坏致使城市文脉断裂

在城市化进程中,城市功能不断完善,城市布局不断调整,原本在城市占据中心地位的工业遗产丧失原有功能,变成城市发展的阻碍。人们关注厂房下面的土地,"过分注重经济的发展和物质层面的刚性需求,城市更新与改造出现许多'非理性设计'和'建设性破坏',忽视了文化城市的培育,造成城市文脉的断裂"①。在利益的驱动下,作为城市特色的工业遗产被推倒,如1905年兴建的重庆铜元局于2005年被拆除,旧址上建成楼盘"融侨半岛";1954年兴建的洛阳友谊宾馆于2005年被拆除;1920年兴建的民国首都电厂于2015年被拆除,这些具有文物价值的工业企业遭到毁灭性破坏。

(二)非物质文化保护的缺失致使城市文脉传承缺乏精神内核

工业遗产包含厂房、机械等显性物质表达,也包含工艺生产流程、生产生活环境、信俗等隐性表达。现在,越来越多的人认识到工业遗产在城市文化传承中的重要性,但仍然倾向于保护看得见的显性文化(表4),如北京798艺术区,改造原来的厂房,摇身一变成为全国知名的艺术中心;如中山市岐江公园,由粤中造船厂变成公园。这种对工业遗产的功能置换在一定程度上保护了工

---

① 李敬.新型城镇化进程中文脉传承问题研究[J].学习论坛,2018(1):81-85.

业遗产遗留下来的建筑空间,是对物质文化的再利用,是对原来工业遗产功能的活化。现在对工业遗产的保护与利用大多数忽视该建筑空间曾经承载的工艺流程、生产生活习惯等非物质文化内容,作为文化和经济发展的产物,工业遗产正处于被商业化的过程中。该过程往往造成对遗产的非物质属性的忽略,导致工业遗产资源的原真性和历史文化意义的损失。只重视物质文化的保存而不重视非物质文化的保存,是对城市文脉的误解。

表 4　工业遗产的功能置换举例

工业遗产名称	工业遗产原来的功能	工业遗产现在功能
718 联合厂(华北无线电联合器材厂)	电子元件厂	798 艺术区
粤中造船厂	造船厂	广东岐山公园
汉阳兵工厂	军工企业	创意园区
哈尔滨市机联机械厂	大型设备制造厂	商业综合体

资料来源:笔者根据网络资料搜集整理。

(三)工业遗产标准模糊,在城市文脉中的重要性没有被意识到

自 2006 年开始,我国在工业遗产保存方面进行了一系列探索和实践,但理论研究较为匮乏,对工业遗产的认识多追随政策变化(表5),并无明确的标准。工业遗产的标准模糊致使其在传承城市文脉中不能及时有效地认识自身的文化价值,而这并不是个别城市的个别现象。"根据天津目前工业遗产调查结果估计,从第二次全国文物普查至今的 20 年来,已经有不少于 30% 甚至达到 40% 的工业遗产消失,比如天津烟厂、自行车厂、棉纺二厂,等等"[1]。评估标准有待明确。并非所有的工业遗存都可以称为工业遗产。

---

[1] 李婷,吴越.工业遗产的灭失将导致文化遗产的断层[EB/OL].(2009-02-03)[2018-05-02].http://sh.people.com.cn/GB/134780/134795/9486571.html.

表 5　工业遗产在我国的发展历程

时间	事件
2006 年	无锡论坛召开,通过《无锡建议》
2006 年	发布《关于加强工业遗产保护的通知》
2007 年	第三次全国文物普查首次将工业遗产纳入调查范围
2017 年	发布《关于推进工业文化发展的指导意见》
2017 年	发布《关于开展国家工业遗产认定试点申报工作的通知》
2017 年	公布第一批国家工业遗产名单,共 100 项

资料来源:笔者根据网络资料整理。

四、工业遗产促进城市文脉传承发展的策略

工业遗产反映城市的历史、社会、思想的变迁,是今天触摸到的尚未消逝的历史真实。"曾经人声鼎沸、机器轰鸣的热火工厂,不应只化作很多人记忆里的一个片段"[1],应把"工业遗产看作城市生命历程中不可中断的链接,这种链接使今天的生活与历史、未来紧密地联系在一起,使城市人群的感情有了物质的依托"[2]。为促进城市文脉传承,应努力保护和开发工业遗产。

(一)基于工业遗产的城市文脉传承需要公众参与

工业遗产是城市文脉的重要载体,城市文脉只有在城市的空间环境和文化生活当中才得以延续。"无论是在时间和空间双重维度之下对特定城市的文脉变迁过程进行深入细致的爬梳整理,还是在对城市历史文化资源的创造性转化和创新性发展中,都需要将增强特定城市居民及社会公众对城市文脉

---

[1] 盛玉雷.擦亮尘封的工业遗产[N].人民日报,2017-7-26(5).
[2] 孙俊桥,孙超.工业建筑遗产保护与城市文脉传承[J].重庆大学学报(社会科学版),2013(3):6—7.

认同、理解放在首位"①,这是城市文脉延续的重要路径。

工业遗产不断遭受破坏,需要公众参与。在国外,公众参与已经"渗透到保护制度的方方面面,使得自下而上的保护要求和自上而下的保护约束能在一个较为开放的空间中相互接触和交流,并经过多次反馈而达成共识,使得民间自发的保护意识能够通过一定的途径实现为具体的保护参与"②。目前,遗产保护中公众参与的呼声和积极性越来越高,吸引公众参与,建立健全多方参与、综合评定的工业遗产公众参与机制,将公众的意见作为指导政府决策工作的重要依据。只有将工业遗产的改造更新密切结合市民生活所需,吸引公众参与,才能为其注入长期发展的活力,才能促进城市的经济复苏和文化繁荣。

(二)注重工业遗产的活化

中国工业遗产分布极广,各具特色,对工业遗产的保护"并不意味着让文化遗产凝固","通过保护和合理利用,发挥文化遗产在现实生活中的积极作用"将是工业遗产活化的推动力量③。

大量历史碎片景观并无文化价值,如果能将有意义的碎片、独特的场景作为线索,重新整合并形成符合现代审美观又不失传统特质的景观,可使濒于消失的工业遗存得到再生并重新焕发光彩。"目前上海78个创意园区中,有75个是由旧厂房改造而成的,总面积约30万平方米"④,但与巨大的老厂房存量相比,保护和合理利用工作还有很大的空间。目前,工业遗产再利用主要倾向于改造成博物馆、创意园区、艺术园区、旅游购物综合体、休闲公园等,应该探索更多的可能性。

---

① 刘涛,钱钰.城市文脉:人文城市建设中一个不可忽视的问题[J].中国名城,2017(12):59—64.

② 阮仪三、王景慧、王林.历史文化名城保护理论与规划[M].上海:同济大学出版社,1999:177.

③ 邱玥,刘坤.留住"年轻的遗产"——工业建筑遗产如何重焕生机[N].光明日报,2017-01-10(5).

④ 城市工业遗产多面临被拆命运 专家指出其历史内涵价值远超土地本身呼吁出台法规保护[N].法制日报,2009-07-29.

借力创意城市和智慧城市建设,推进创意开发和数字化,助力工业遗产活化,尤其是重视"非物质性"工业遗产的保护与再利用。工业遗产是发展创意产业的内容资产,创意产业是工业文化遗产保护的活化。推进工业文化遗产数字化,可以通过"运用全新的采集记录手段,如图文扫描、立体扫描、全息拍摄、数字摄影、运动捕捉等技术,全面、动态地记录工业文化遗产现象、场景、事件或过程,再现其文化空间,使公众达到身临其境的效果"[1],这样可以促使非物质文化内容再现。

(三)建立有效的工业遗产保护机制

工业遗产的保护离不开有效的保护机制。在我国,虽然保护工业遗产的实践一直在进行中,但关于工业遗产的保护机制却很少,多是附着在其他文化遗产或文物范畴内,只有2006年国家文物局下发的《关于加强工业遗产保护的通知》真正将工业遗产作为独立的保护对象,但其仅是国务院部门的通知,只对工业遗产保护问题作出原则性规定。2006年12月,沈阳市出台《铁西新区工业文物保护管理工业意见》,它是地方法规,却是我国首部工业文物保护专题地方性法规。对于工业遗产的保护,部分省市已经先行,对此,应该出台专门针对工业遗产保护问题的法律法规,提出具体的保护举措,对其评价标准进一步明确。

结　语

工业遗产属于城市的文化资本,保护工业遗产,不是为某些人牟利,也不是为了维持原有的生产生活方式,而是出于对历史的认识,对文化多样性的尊重。工业遗产的文脉价值体现在显性的物质文化与隐性的非物质文化,为了满足当前的需求只从过去中选择所需要的和有用的部分,实际上是对历史的

---

[1] 徐拥军,王玉珏,王露露.我国工业文化遗产保护与开发问题和对策[N].学术论坛,2016(11):149-155.

稀释和扭曲。对工业遗产的保护其实就是对城市文脉的保护,工业遗产的不同造就城市特色。例如,武汉"敢为人先、追求卓越"就是其工业遗产时代留下来的蕴含在城市肌理中的城市精神,形成武汉独特的城市文化。当然,基于工业遗产保护的城市文脉的传承需要公众的参与,这样才会形成广泛的文化认同。在创意城市背景下,城市建设不再单纯注重功能,更重视文化,这样才能够凸显城市特色,增加城市内涵,进而增强竞争力。

工业博物馆建设模式与问题探析

邢 峥*

摘　要： 在诸多工业遗产保护和活化更新的策略中，设立"博物馆"是广泛使用的办法。近年来，我国的工业博物馆建设方兴未艾，许多城市正在着手规划或大力重建自己的工业遗产博物馆，已建成并投入使用的工业遗产博物馆或类博物馆机构亦有相当数量。这些博物馆在工业遗产保存、城市文明建设和发挥教育功效上发挥着独特作用，但从专业角度审视，存在明显不足。本文关注工业遗产的博物馆化保存问题，从博物馆领域的发展历史、博物馆的不同范式出发，介绍工业遗产博物馆这一特有的博物馆类型及其职能，分析工业遗产博物馆模式保存的优缺点，讨论欧洲工业遗产博物馆的典型与其经验，对中国大陆和台湾现有的工业遗产博物馆进行梳理和分析。

关键词： 工业遗产；博物馆；保护；建设和运营模式

工业遗产保护和再利用的方式很多，而在工业遗产保护和活化更新的诸多策略中，设立"博物馆"是广泛使用的方式。这种方式在西方国家应用得比较早，著名的工业遗产博物馆有英国的铁桥峡博物馆、德国鲁尔区的工业博物馆群。发达国家拥有相当数量的工业遗产博物馆，反映国际社会对于博物馆化保存这种保护方式的认同。

---

* 邢峥，厦门理学院教师，研究方向为文化文创。

与社会历史、艺术类、自然类等方面的博物馆相比,工业遗产博物馆这一类型出现得较晚。近年来,我国的工业博物馆建设方兴未艾,许多城市正在着手创建或大力重建自己的工业遗产博物馆,已建成并投入使用的工业遗产博物馆亦有不少。

在国内,工业遗产博物馆并非新鲜事,现有的工业遗产博物馆往往是在国家或地方政府支持下,以原工业企业为主体建设,一般参照其他类型博物馆收藏、设计和陈列展出的经验,对工业遗产自身特性和遗产再利用等问题考虑不足。随着全世界对工业遗产认识的不断深入,人们渐渐意识到工业遗产不仅有物质层面的保存价值,也在精神层面铭刻近代工业发展的历史脉络,需要我们去认识、保护。它们也凝结着地方的记忆、人的情感,承载着各地独有的工业文化,蕴含着发展的力量。随着博物馆领域新思潮的发展,随着全球范围内文化旅游的蔚然成风,工业遗产的博物馆化保存有了许多新模式和思路。发掘工业遗产博物馆的特色,探索工业遗产博物馆更有效的建设和运营模式,是值得关注的问题。

一、工业遗产的博物馆保护模式

工业遗产的保护和开发有多种模式,目前全球比较常见的模式有对历史建筑和古迹进行保存,建设遗址或景观公园,建设文化或创意产业聚集园区,建设工业遗产博物馆。

(一)博物馆范式的转移与工业遗产博物馆功能

博物馆是工业遗产保存的形式,工业博物馆是工业遗产保护与博物馆事业结合的产物。工业遗产博物馆是晚近出现的博物馆类型,博物馆的范式经历了许多次转变。

梳理博物馆的发展历史,展示博物馆的不同范式可以更好地理解工业遗产博物馆这一特有的博物馆类型及其功能。

博物馆一词的原意是"祭祀希腊神话中缪斯女神的殿堂"。第一座博物馆,是公元前290年托勒密一世为纪念缪斯女神建造的"亚力山大博物馆",它是研究场所,内有收藏各领域藏品的图书馆、天文观测台和其他研究及教育的设备。① 此后,私人陈列室出现。欧洲贵族、富豪把私人收集的艺术品和其他珍奇物品收藏在陈列室中,这些藏品常具有特殊性、稀有性,常能给观众带来情绪上的反应和刺激,这种类型的博物馆强调藏品的价值和娱乐性,欧洲许多艺术博物馆的前身就是欧洲这些贵族的私人陈列室。而后,出现向社会大众开放的,具有公共场所意义的博物馆。1683年出现的牛津大学"阿什莫林博物馆"是西欧第一个自称博物馆的机构,也是第一座对公众开放的具有"现代博物馆"意义的博物馆。法国大革命后出现由政府设立的"共和国博物馆",该博物馆向社会大众展示历代君王的收藏品和法国在世界各地的战利品,博物馆开始承载"国家政治意义",成为向社会大众展现国力的场域。此后博物馆开始在内部进行分工并开放给大众参观,逐渐发展出我们今日所见的一般"现代博物馆"范式。

传统的"现代博物馆"范式在世界各地成熟发展起来之后,又出现"生态博物馆"范式。1971年法国博物馆学者利维埃提出生态博物馆的概念:"是一个反映地方族群本身的观念与形象的工具;是一面镜子,让地方族群用来提供给游客,让其更认识自己,同时争取值得重视的认同;是时间的表现与空间的诠释;是一个地方文化遗产的保存中心;是一个实验室,用来研究地方族群与环境的关系,展现及教育培养地方文化的尊严。由于各地方族群文化具有无限的多样性,因此生态博物馆的组成元素随着标本而异,生态博物馆也具有实验室、保存中心与学校等三位一体的功能,不是自我封闭的机构,它既接受也给予,不是一种静态的而是动态的演化性定义。"② 生态博物馆的理念把博物馆由从上而下的权威型转化为自下而上的草根型,认为博物馆不应被奉为"神圣殿堂",而应落到凡间,承担起"社会职能"。

---

① 博物馆这一行[M].张誉腾,译.台北:五观艺术管理,2000:24.
② 周佳桦.生态博物馆概念与法国源起之探源[J].博物馆学季刊,2014,28(1):31—49.

此外,始于20世纪中期的后现代主义思潮在20世纪70年代左右影响博物馆,而后"后博物馆"概念出现。后现代思潮强调人类所处的世界存在于多元秩序中,知识存在局限性,并非永恒的"真理",因此,全面、客观再现知识,用权威的声音讲述"真理",通过建立统一的秩序对观众实行"教化"不再是博物馆的目标。"后博物馆"主张激发观众的好奇心,培养辩证的思维方式,尝试展现多维度的意义,鼓励批判和自省。

从博物馆发展的范式来看工业遗产博物馆这一特殊类型,可以发现,工业遗产博物馆的发展也经历不同阶段,全球范围内工业遗产博物馆的功能在不断转变、扩充和完善。

在我国,工业遗产博物馆最初的形态是工业企业自己内部的"资料档案馆"或"场史馆",其源起可能是企业为记录自身发展历史,或彰显企业对国家、社会的贡献而收藏展出相关的文件与文物。维克托·丹尼洛夫提到,企业经营成熟,获利足够时,经营者或是运营的决策层通常会考虑设立企业博物馆或企业的展览中心,来展示企业发展的历史,或是为客户提供进一步了解企业经营内涵与文化的空间。

而后出现以保存工业遗产为目的专门博物馆,这些博物馆多以传统观念经营,主要作为文物资料收集和典藏的场所并且向公众开放,成为教育和工业、科技知识传播的机构。

随着博物馆观众需求的变化和文化旅游需求的兴起,博物馆开始成为文化旅游目的地,工业博物馆开始不唯展示至上,而强调提供体验、服务等,以"把游客放在中心"的理念来进行博物馆运营,以吸引游客。

晚近建立的工业博物馆,尤其是欧美、日本等发达国家的博物馆,以"生态博物馆""后博物馆"理念运行,不囿于展示室内展厅的收藏,而是设定工业文化资产的保护范围,对工业遗产进行整体保护,结合自身特点,强调博物馆当地的工业文化和独有的记忆,吸引当地居民对需要保存的工业文化资产进行讨论,达成共识,结合大众文化,寻找和展示自身的特色,生发出文化旅游和休闲观光的功能,结合地方文化产业,促进地方发展。

表 1　博物馆范式与工业遗产博物馆的功能

博物馆范式	工业遗产博物馆功能
内部陈列室/ 文物馆	文物典藏 展示
现代博物馆	研究 教育
生态博物馆 后博物馆	提供服务/文化休闲娱乐 多元沟通 塑造地方感/彰显地方特色 提升社区认同和共同参与 促进旅游观光/地方发展

(二)工业遗产博物馆模式保存的优缺点

相对于文创创意聚集园区、景观公园等方式,工业遗产的博物馆化更能够凸显工业遗产的文化价值,工业遗产的博物馆化保护具有理论上和技术操作上的优势。

首先,可发挥博物馆收集和典藏的传统优势,抢救、保存工业遗产。博物馆最突出的传统优势是文物的收集和典藏,在城市发展和经济转型过程中,与工业时代相关的建筑物、景观、产业技术设施和文件档案记录正在变化和消失,且速度很快,博物馆界已有的理论和技术为工业遗产的文物鉴定和典藏提供了基础。此外,工业遗产博物馆可以成为工业遗产调查、研究的主体,成为教育、传承的核心。

其次,博物馆模式能够化解城市发展和旧有工业遗存保护之间的矛盾。已经废弃的生产场地和工具常常被认为不合时宜,阻碍城市更新,建设工业遗产博物馆,把有价值的老旧元素化为值得保护的"馆藏",有利于改变消极观念,把城市发展的包袱转化成文化资源和历史资源,将工业发展的昔日荣光转化为文化观光资源,成为城市经济再生的催化剂。

再次,便于对工业遗产进行系统化、脉络化的整体保护。"整体保护"模式,即既保护工业遗产中的工业设施、建筑物、环境场所等物质内容,也保存与工业相关的文化和精神传统等精神内容。通过对有形遗产和无形遗产的保存,记录和展示工业文化和历史信息。

最后,在生态博物馆、后博物馆理念的指引下,工业遗产博物馆可在更大层面上发挥作用,有助于关联与表达工业遗产的文化意义。博物馆不只是文化机构或者是藏品展示地,也是个体认同与集体认同、历史与地方记忆、信息与知识生产互动的场所,能联结工业遗产、人与当地的自然、人文环境,动员本地居民参与,成为促进地方发展的力量。

此外,许多废弃的工业建筑本身具有内部空间大、净空高等特点,符合博物馆展示的要求,可加以改造后直接成为博物馆主体建筑,无须新建设。

与其他工业遗产保护模式相比较,博物馆保护模式也存在明显缺陷。缺陷首先表现在博物馆的性质使得其运营的经济利润空间有限。博物馆是社会公共文化机构,这一性质决定博物馆始终要把社会效益放在第一位,经营活动受到一定的限制。在我国,博物馆运行主要靠公共财政拨款和工业企业的经费支持,又常以"事业单位"的方式存在,体制上受到限制,博物馆的开拓创新动力不足,自我造血功能不足,创收甚至不足以弥补运营成本,长此以往容易成为包袱。

此外,我国的工业遗产博物馆往往由企业自行建设与运营,企业对公共文化事业(尤其是博物馆)运作不熟悉,博物馆的规范和管理运营上存在不足。

二、工业遗产博物馆发展的典型与经验

工业的生产发展、没落与转换是全球化趋势,工业遗产的博物馆保存在不同地域、不同情况、不同文化背景下有细微不同,但仍有很大的共通性。工业革命发源地的英国以及战后经历工业大发展的德国,在工业遗产博物馆化保存方面是先行者。

欧洲工业化进程始自18世纪,英国在19世纪时已取得工业化成果。1851年,以展示工业革命成果为主要目的的首届万国博览会在英国开幕,博览会闭幕后,组委会收藏了部分展品,为此专门设立伦敦科学博物馆,此后英

国又在各工业城市设立铁路博物馆等工业博物馆。英国的工业随两次世界大战兴盛,又于20世纪50年代到60年代逐渐衰落,大量工厂关闭后,工业考古及保存的意识随之兴起,因为工业设施、建筑体量巨大,无法或不适宜放在传统室内博物馆内展示,因此就效仿之前瑞典户外环境博物馆的做法,采用户外博物馆方式对工业遗产进行保护。

在英国,工业遗产保护多以博物馆的方式进行,这些工业遗产博物馆往往以文化创意产业的方式运营。英国工业博物馆以始建于20世纪60年代的铁桥峡博物馆最著名。铁桥峡是工业革命的发源地、世界文化遗产地,遗存包括采矿设备、工业生产设施、运输系统和传统的自然景观等。铁桥峡博物馆群的管理和运营模式非常特别,博物馆群下设的各馆所由1976年成立的铁桥峡博物馆信托进行统一管理并开展各方面工作,以创新方法进行运营,很早就提出"以消费者的眼光务实处理原址保存"的思路,认为博物馆不仅应保存与维护工业历史遗迹,还必须有足够的吸引力。博物馆采用原地保存的方式建设,保留部分旧有生产线,规划为展场,然后逐步扩大为区域化、群聚性的保存,串联周边城镇呈现维多利亚时期生活风貌,通过门票收入、筹款及商业活动获取资金支持。到今天,铁桥峡已经成为拥有10博物馆与历史纪念地在内的大型户外工业遗址博物馆群,成为著名工业遗产文化旅游景观。

德国的工业遗产博物馆分布于鲁尔、柏林、法兰克福、科隆等地,其中鲁尔区的工业遗产博物馆最著名。鲁尔原本是世界最大的工业区,拥有多个工业城市和一批大型煤炭和钢铁公司,被称为"德国工业的心脏",但也被人们认为极度缺少文化气息。20世纪中叶,随着工业的衰退,鲁尔区走向没落。从衰退且缺少文化气息的工业区成功转型为休闲文化服务之都的过程中,鲁尔区采用"博物馆式更新"等模式,发挥工业遗产的文化价值,打造博物馆、展览、休闲、文化等功能集聚的综合区域,成为工业遗产博物馆保护模式的典型。

鲁尔区目前有200余个博物馆,从总体上规划建设了一条"工业遗产线路",串联起16个重要的博物馆以及9个带有展览性质的工业景点,在这些地点,原有的工业遗迹被当成地标,工业厂房、设施等被精心保留,用精妙的设计,结合工业氛围与当代审美,使"现代"和"历史"碰撞,在博物馆中展现地区工业记忆。鲁尔区"博物馆式更新"的主要经验是超越城市的界限,聚合相互联系的多个工业城市进行整体开发,形成新的区域文化形象,通过新的文化活动带动地方新气象,开辟崭新的文化产业与价值。通过一系列努力,鲁尔工业区"缺少文化"的印象被扭转,在2010年还一举被评选为"欧洲文化之都"。

三、中国大陆和台湾的工业遗产博物馆

近年来,受政策鼓励,中国大陆兴起工业博物馆建设热潮,已建成并投入使用的工业遗产博物馆或类博物馆机构亦有相当数量。在台湾,过去十几年间,工业博物馆的建设也取得明显的成绩,积累了独特的经验。

(一)中国大陆的工业遗产博物馆

近年来,我国经济社会迅猛发展、城市化进程加快,一部分传统工业陷入困境,面临"关、停、并、转"的窘境,城市工业布局正经历调整规划,许多工业区成为明日黄花或日渐废置,工业建筑和相关遗产正在迅速消失,众多工业遗存面临重要抉择,工业遗产的认定和保护成为既紧迫又不可回避的现实问题。

在这种背景下,中国大陆的工业遗产保护开始起步。2001年,工业遗产首次正式成为全国重点文物保护单位,2006年,文物局公布的第六批重点文物保护单位中,有9项是工业遗产。同年中国首部工业遗产保护文件《无锡建议——注重经济高速发展时期的工业遗产保护》诞生。2016年,工信部与财政部联合印发《关于推进工业文化发展的指导意见》,提出推动工业文化建设,增强工业综合竞争力的重要思路,要求培育和发展工业文化产业,重点做好工业遗产、工业旅游、企业文化建设等领域的工作,利用工业博物馆、工业遗产、产业园区等资源培育工业文化的新业态,探讨工业旅游发展的思路和路径。

在中国大陆,近代工业遗产的主体是鸦片战争后国外资本在华兴建的近代工厂、洋务运动时期官办以及民间兴办的民族工业、1949年后工业企业留下的具有特色的工业遗存。近年来,在政策鼓励下,工业遗产保护进程中出现了一股遗产博物馆热。我国的工业遗产博物馆事业虽仍处于草创探索阶段,

但已建成的博物馆、纪念馆、工业企业展馆等类博物馆机构相当多,从第一批"中国工业遗产保护名录"收录的100个工业遗产项目名单来看,绝大多数工业遗产项目内都有博物馆或类博物馆机构。

表2 中国工业遗产保护名录(第一批)收录的工业遗产及其博物馆

中国工业遗产保护名录(第一批)收录的工业遗产名称	博物馆/类博物馆项目名称	所在地
江南机器制造总局	江南造船博物馆	上海市
福州船政	中国船政文化博物馆	福建省福州市
大沽船坞	北洋水师大沽船坞遗址纪念馆	天津市
东三省兵工厂	庆华军工遗址博物馆	辽宁省沈阳市
黄崖洞兵工厂	黄崖洞兵工厂展览馆	山西省黎城县
开滦煤矿	开滦博物馆	河北省唐山市
中兴煤矿	中兴文化博物馆	山东省枣庄市
大冶铁矿	大冶铁矿博物馆	湖北省黄石市
水口山铅锌矿	水口山工人运动陈列馆	湖南省常宁市
萍乡煤矿	安源路矿工人运动纪念馆	山东省潍坊市
坊子炭矿	坊子炭矿博物馆	山东省潍坊市
抚顺煤矿	抚顺煤矿博物馆	辽宁省抚顺市
本溪湖煤铁公司	本溪(溪湖)煤铁工业遗址博览园	辽宁省本溪市
大同煤矿	大同煤炭博物馆	山西省大同市
阜新煤矿	蒸汽机车博物馆	辽宁省阜新市
汉阳铁厂	张之洞近代工业博物馆(在建)	湖北省武汉市
鞍山钢铁公司	鞍钢集团博物馆	辽宁省鞍山市
首都钢铁公司	首钢博物馆	北京市
重庆钢厂	重庆工业博物馆	重庆市大渡口区
唐山铁路遗址	(拟建)中国铁路源头博物馆	河北省唐山市
中东铁路	中东铁路博物馆	内蒙古扎兰屯市
滇越铁路	云南铁路博物馆	云南省昆明市
京张铁路	詹天佑纪念馆	北京市
芭石铁路	中国铁道博物馆四川嘉阳科普体验基地	四川省乐山市

续表

中国工业遗产保护名录(第一批)收录的工业遗产名称	博物馆/类博物馆项目名称	所在地
胶济铁路	胶济铁路博物馆	山东省济南市
启新水泥公司	中国水泥工业博物馆	河北省唐山市
华新水泥公司	湖北水泥遗址博物馆	湖北省黄石市
耀华玻璃厂	秦皇岛市玻璃博物馆	河北省秦皇岛市
延长油矿	延长石油博物馆(在建)	陕西省延长县
独山子油矿、克拉玛依油田	克拉玛依矿史博物馆	新疆克拉玛依市
玉门油矿	玉门石油博物馆	甘肃省玉门市
大庆油田	大庆油田历史陈列馆	黑龙江省大庆市
唐胥铁路修理厂	唐山地震遗址纪念公园、抗震纪念馆	河北省唐山市
协同和机器厂	协同和动力机博物馆	广东省广州市
第一汽车制造厂	长春汽车博物馆	吉林省长春市
天津碱厂	天津碱厂厂史馆	天津市塘沽区
大生纱厂	大生纱厂陈列室	江苏省南通市
永泰缫丝厂	中国丝业博物馆	江苏省无锡市
大华纱厂	大华工业遗产博物馆	陕西省西安市
杭州丝绸印染联合厂	中国丝绸博物馆	浙江省杭州市
宇宙瓷厂	景德镇陶瓷工业遗产博物馆	江西省景德镇市
张裕酿酒公司	张裕酒文化博物馆	山东省烟台市
青岛啤酒厂	青岛啤酒博物馆	山东省青岛市
通化葡萄酒厂	中国山葡萄酒博物馆	吉林省通化市
上海杨树浦水厂	上海自来水科技馆	上海市
京师自来水公司东直门水厂	北京自来水博物馆	北京市
民国首都水厂	南京自来水历史展览馆	江苏省南京市
石龙坝水电站	石龙坝水电博物馆	云南省昆明市
丰满电站	丰满水电博物馆	吉林省吉林市
221厂	原子城纪念馆	青海省海北州
酒泉卫星发射中心	酒泉卫星发射中心历史展览馆	甘肃省酒泉市
苗栗油矿	台湾油矿陈列馆	台湾省苗栗县

(二)台湾的工业遗产博物馆

在台湾,"工业遗产"的常用同义词是"产业文化资产",相对"遗产","资产"一词的含义更积极。经济结构变迁下,台湾面临工厂关闭、迁移的问题,工业遗存的去留同样是问题。2002年来,台湾执行产业文化资产清查计划,举办许多文化资产清查的讲习活动,以促进社会转换心态,培育清查人才,近十几年来,台湾产业文化资产保护风气渐盛。产业文化资产保存实践中,台湾各地以工业遗产保存为目的的博物馆陆续而生。台湾以博物馆方式保护文化资产的做法大致包括以下三种:第一,以科技或工艺博物馆的方式来保存;第二,以露天博物馆的方式保存;第三,建设生态博物馆对文化资产进行现地整体的系统保存。此外,台湾产业博物馆的发展计划和台湾地方的社区营造计划、地方文化创意产业计划结合,其中一部分博物馆在收藏、展示、教育和研究的基本功能外,亦扮演着"承载地方记忆""建立地方特色""发展观光产业""经营社区关系"媒介的角色。

台湾现有主要工业遗产博物馆整理如表3所示:

表3 台湾现有工业遗产博物馆(类博物馆)名录

年份	项目名称	所在地	企业名称/管理单位
1970年	台湾糖业博物馆	台南	台湾糖业股份有限公司
1981年	台湾油矿陈列馆	苗栗	台湾中油股份有限公司
1996年	埔里酒厂酒文化馆	南投	台湾烟酒股份有限公司
2000年	新北市立莺歌陶瓷博物馆	新北	新北市政府
2000年	台中酒厂文物馆	台中	台湾烟酒股份有限公司
2000年	自来水博物馆	台北	台北自来水事业处
2001年	石油展示馆	台北	台湾中油股份有限公司
2002年	台湾盐博物馆	台南	台盐实业股份有限公司
2002年	新平溪煤矿博物园区	新北	新平溪煤矿公司
2003年	苗栗铁道文物展示馆	苗栗	台湾铁路管理局

续表

年份	项目名称	所在地	企业名称/管理单位
2004年	黄金博物馆	新北	新北市政府
2005年	菁桐矿业生活馆	新北	新北市政府
2006年	台塑企业文物馆	桃园	台塑集团
2006年	台湾糖业博物馆	高雄	台湾糖业股份有限公司
2010年	猴硐煤矿博物园区	新北	新北市政府
2015年起筹建中	台北机场铁道博物馆园区	台北	台湾文化资产局

以园区化的方式来运营博物馆是台湾工业遗产博物馆的重要趋势。如台湾煤矿博物馆更名为新平溪煤矿博物园区，黄金博物馆又名黄金博物园区，此外还有菁桐矿业生活馆、猴硐煤矿博物园区，正在筹建中的台北机场博物馆也被命名为台北机场铁道博物馆园区。建博物园区有助于把遗产所在地的自然环境、历史文化资源、产业转型发展以及社区发展纳入整体考虑，这些博物园区以"生态博物馆"的理念运作，其发展注重与当地社区居民合作，广泛调动社区力量参与，让博物馆成为凝聚地区共识的平台，成为有机动态发展的生命体。

四、大陆地区工业遗产博物馆存在的问题和发展建议

《下塔吉尔宪章》突出强调工业遗产的认定和抢救性整理工作的重要性，提出，"各国必须对其需要为后代保留下来的工业遗迹予以认定、记录和保护"。认定、记录和研究工作相辅相成，互为补充和支持。工业遗产博物馆的保护有助于工业遗产的科学认定、准确记录、深入研究，甄别和抢救濒危工业遗产，进行工业遗产的宣传与教育，促进工业遗产的保护性再利用。

就我国而言，工业遗产保护是文化遗产保护领域的新课题，博物馆是工业遗产保护利用的重要途径。近年来中国各省市地区已设立不少工业遗产博物馆，规划中和在建的博物馆也相当多，在工业遗产保存、城市文明建设和发挥

教育作用上发挥独特作用，但从专业角度审视，我国工业遗产博物馆存在明显不足，主要表现在以下方面：博物馆陈列展示单调化、藏品缺乏、博物馆人员的专业化程度不足、博物馆功能单一化、管理体制僵化、缺乏社区互动等。

以往工业遗产的博物馆化保存多着重于物件，博物馆固然应该保持其"收藏与保存"的性质，但不应对其进行乡愁式的"保存"，博物馆应更关注历史发展脉络与环境纹理的关联，在过去与现在、未来的产业演化中找出彼此关联的纽带，作为活化再利用的发展潜能。

工业遗产博物馆是工业历史体验场所，有许多令人兴奋的故事，当代博物馆的挑战是利用这些故事和相关的事物，给今天的人们以价值和意义。因此工业遗产博物馆建设应兼顾开放性、易达性、文化性及互动性，也应转型成互动体验教学、学习的组织，促进地方记忆凝结和地方发展的机构。工业遗产博物馆应重视与教育部门、研究中心及其他社会组织合作，重视社会参与、重视沟通的效果与功能，以彰显地方产业特色。

地区中能够保持活力的博物馆数量有限，愿意参观博物馆的旅游者也有限。因此，设立博物馆只是保护工业遗产的方法之一，博物馆保护模式应和其他保护模式相结合，根据不同工业遗产的性质，探索更合理的保护和发展方式。工业博物馆建设需要在更大范围内跨地区进行协调和合作，应以国际视角审视和研究当地的工业文化，掌握未来的发展趋势，在整合、创新中实现保护和发展。

福 建 篇

福建工业遗产现况及价值分析

邢峥*

摘　要： 福建的手工业自古发达，在我国近现代轻工业发展历史上也有一定地位，福建的工业遗产见证并记录了其社会在近现代中的变革与发展。本文梳理福建工业发展脉络和各城市重要工业遗产，分析其价值，为全面科学的价值评估与提出针对性的保护更新策略提供参考。本文还关注福建各地对工业遗产进行更新的举措和初步成果。

关键词： 工业遗产；福建；现况；价值

在城市化进程加快、城市规模不断扩大、产业结构调整以及城市功能需求发生巨大变化的背景下，新兴工业项目开始向城市外扩展，传统工业企业面临"关、停、并、转"，城市中曾经见证发展的老旧工业区成为被更新的对象。进行合理评估，对有价值的工业遗产进行保护和更新成为紧迫任务。

在各地工业遗产保护实践的促动下，2006年，我国通过首部关于工业遗产保护的共识性文件《无锡建议——注重经济高速发展时期的工业遗产保护》，明确工业遗产保护的基础问题，政府介入并主导工业遗产的保护。近几年来，我国更是掀起工业遗产保护以及再利用的热潮，许多城市已着手制定工业遗产保护的相关政策法规，推进工业遗产的保护和更新再利用。

作为东南沿海地区，福建自古手工业发达，在我国近现代轻工业发展历史

---

* 邢峥，厦门理工学院教师，研究方向为文化文创。

上有重要地位。福建省的工业遗产见证并记录福建在近现代经历的社会变革与发展,从整体上把握福建工业遗产的特点,了解福建省各城市工业遗产的现状,认定其价值,是福建省工业遗产保护政策制定的基础,也是福建各城市保护工业遗产,进行工业遗产更新再利用的基础工作。

本文梳理展示福建工业发展脉络和各城市重要工业遗产,对其进行介绍,对价值进行初步分析,为进一步全面科学的价值评估与提出有针对性的保护更新策略提供参考。

一、工业遗产及其价值构成

工业遗产不仅指工业物质遗产,也包括非物质遗产。从时间上看,国际上认定的工业遗产主要指18世纪工业革命后的工业遗存。在我国,工业遗产主要涉及的历史时期是19世纪后半叶近代工业诞生以来至现代,但也关注前工业时期和工业萌芽时期,涉及我国洋务运动以来的中国民族工业、半封建半殖民地时期的国外资本工业以及1949年以来的现代工业。[1] 从我国两次国家层面的工业遗产申报通知中对相关资料的要求看,我国把"1980年前建成的厂房、车间、矿区等生产和储运设施,以及其他与工业相关的社会活动场所"认定为工业遗产,认定它们是我国"工业文化的重要载体,记录了我国工业发展不同阶段的重要信息,见证了国家和工业发展的历史进程"[2]。

对工业遗产价值的认识一直在深化。综合《下塔吉尔宪章》、国家工业遗产申报要求及国内外学者的观点,工业遗产应有下列五种价值。

(1)历史价值。工业遗产见证了过往工业活动对历史和今天的深刻影响,是记录经济社会、产业发展、技术发展的载体,工业遗产记录着特定历史时期

---

[1] 单霁翔.关注新兴文化遗产——工业遗产的保护[J].中国文化遗产,2006(4):10-45.

[2] 工业和信息化部工业文化发展中心.工业和信息化部办公厅关于开展工业遗产、工业博物馆摸底调查的通知[EB/OL].(2018-02-05)[2018-03-08].http://www.bjsanda.com/_d276940271.html.

社会的变革,与重要历史事件及人物相关。

(2)科技价值。工业遗产是工业技术及其发展的见证,工业遗产可以反映行业、地域或历史时期的技术创新、技术突破对后续科技发展的重要影响。工业发展的核心在于技术,从工业遗产中可以了解科技发展的情况和脉络。

(3)社会价值。工业遗产项目记录工业发展历史阶段的社会风貌,记载产业工人的历史贡献,其中有劳动群众(尤其是工人们)难以忘怀的人生轨迹,蕴含着务实创新、锐意进取等精神,是社会认同的来源和情感的归属,也能让人们更好地理解工业时期人们的生活和工作方式。

(4)艺术及审美价值。工业遗产项目体现工业规划、设计的成果,体现独特的建筑风貌和美学品质。与其他类型的建筑、空间不同,工业建筑和工业空间往往有机械时期简洁、明快的特征,许多工业遗产是城市地标,工业建筑、设施等构成特有的城市工业景观,体现工业时代的美学价值。

(5)经济和使用价值。工业遗产中的厂房车间、仓库等建筑的建设时间距离现在较近,而且一般坚固耐用、内部空间大,利于变更调整。此外,工业遗产所处地块也具有再利用的潜在价值,可以用建设工业景观和发展文化产业等方式对其进行开发和再利用。

二、福建近代工业发展的历史脉络

福建省的近代工业始于鸦片战争前后,当时主要为农产品加工业。1866年,马尾船政局创立,但长期以来造船工业未能得到充分的发展。直到1949年前,福建省的工业基础仍然十分薄弱,总的来说,福建省近现代工业发展道路曲折,企业规模很小,以轻工业为主,以农林产品粗加工为主。

(一)近代工业基础薄弱

清末左宗棠创建马尾船政局以来,福建近现代工业经历了曲折的发展过程。

抗日战争以前,福建沿海兴办有修造船厂、电厂、火柴厂、制茶厂、制糖厂、罐头厂及纺织厂等工业企业。抗战期间,福州、厦门沦陷,沿海地区被封锁,工业随之内迁,在福建西北部山区新建工厂,以南平最为集中。

抗战结束后,战时的各项工业衰落,同时,受洋货倾销影响,糖、盐、纸、茶等产量锐减。1949年前,福建省内只有寥寥数家规模小的私营工厂从事工业生产,基本没有近代工业企业。1946年年底的统计数据显示,全省符合工厂法规的各行业工厂只有10家,集中分布在福州、厦门等人口稠密的少数城市。1949年,福建全部工业产值仅占工农业总产值的0.83%。[①]

福建近代工业企业规模小,轻工业占绝大多数,工业生产设备简陋。1950年全省工业企业中,个体手工业占95.18%,全省所有工厂平均每年产值仅5 000元。全省呈轻工业展占优势的工业结构,轻工业中以农业产品为原料的工业产值占81.8%,所谓重工业,实际上是锯木、机修、电力及砖瓦。[②]

(二)1949年以来至改革开放前,以轻工业为主

1949年以来至改革开放前,福建工业发展速度加快,取得巨大成就。1953年第一个五年计划开始,福建进入有计划的工业建设阶段,重点发展糖厂、罐头厂、造纸厂等能发挥优势的轻工业。总体来说,因处于海防前线,福建长期以来不是国家建设的重点地区,没有重点工业项目。

这一阶段,经过四十年的建设,福建基本形成以轻型结构为主的工业体系,小型企业多,集体所有制工业企业比重很大。在轻工业中,食品、纺织工业是全省的主要工业类型。食品工业发挥福建处于亚热带的资源优势,发展迅速,最具特色的是制糖、卷烟、制茶、粮油加工、罐头食品,其中,罐头食品和茶叶也是出口的重要产品,纺织产品很多也进入国际市场。

1949年以来,福建的工业布局也有所改变。中华人民共和国成立初期,福建省的工业基本集中在以福州为中心的闽江中下游沿海城镇和以厦门为中心的厦门、泉州、漳州等少数城市,新建工业中大部分集中在沿海地区。此后,在内地山区鹰厦铁路沿线建设了一批材料企业,如三明钢铁厂,出现三明、龙

---

① 陈佳源.福建省经济地理[M].北京:新华出版社,1991:229.
② 陈佳源.福建省经济地理[M].北京:新华出版社,1991:230.

岩、南平、邵武、永定等工矿城市以及顺昌、漳平等工业点,仙游、莆田、福清、惠安、晋江、漳浦、云霄、龙海、宁德的轻工业也发展起来。

三、福建工业遗产的价值及利用情况

从以上分析可见,福建工业发展曲折,近现代工业整体水平较为落后,工业结构中,以轻工业为主,机械化程度较低。

(一)福州的工业遗产、价值及利用情况

福州的手工业自古发达,鸦片战争结束后,福州成为中国最早开埠的五个城市之一。开埠通商后,福州早期手工业受外国资本工业的冲击,被迫开始近代工业探索,因地处沿海,拥有地理优势,兴建起船舶修造工业和加工工业。洋务运动展开后,1866年,左宗棠在福建建造马尾造船厂,创办福建船政局,为中国近代工业留下重要一笔。福州工业的规模、技术、实力都相对薄弱,直至1949年前,工业发展相对曲折。中华人民共和国成立初期,福州的工业开始恢复发展,一批国营工业企业先后建成,逐渐建立起城市工业体系,轻工业发展走在前列,到改革开放后开始大规模迅速发展。到20世纪80年代末,福州有一定实力和规模的企业包括福建化纤工厂、福州第二化工厂、福州供电局、福州棉纺织印染厂等。

目前福州现存的早期工业厂区成片状分布,多已停止运营或面临拆迁,部分临近城市商圈,位置相对隐蔽,被城市其他建筑包围。

福州各类工业遗产的社会历史价值、开发利用价值差异较大,福州现存的重工业遗产包括以下三类。

1.具有重要历史价值的工业遗产

福州马尾造船厂、福建电气公司办公楼是福州近代工业发展过程中最有代表性的官办与民办工业的遗产,有显著的历史价值。

福州马尾造船厂(福建马尾船政)是福州最具历史价值的工业遗存。造船厂始建于1866年,是清末洋务派在中国创办的第一家专业机器造船厂,也是

当时远东规模最大、影响最深、设备最完整的造船基地，目前为全国重点文物保护单位，在中国历史或行业历史上有标志性意义，对中国历史和社会变革有重要影响。主要包括轮机厂、绘事院、法式钟楼。其中轮机厂于1867年建成，现已辟为"马尾造船历史陈列馆"；绘事院位于轮机厂二楼，于1986年辟为厂史陈列馆。

福州电气公司是辛亥革命后民族资本工业的代表企业，是当时福州最大的工业企业。从1911年开始，电气公司向福州市民供电，福州的电气时代开启。企业创办初期，刘氏建设了西式风格厂房和办公楼，后为福建电力公司办公楼，这是中国电力历史上时间较为久远、保存完整的办公楼。

2. 具有重要科技价值的工业遗产

建于1957年的福建新华印刷厂，具有显著科技价值。印刷业由"光与电"取代"铅与火"的过程中，新华印刷厂整体格局的演变适应生产工艺的发展导致的一系列变化，仓库数量不断增加、功能进一步完善，填补胶印和制版技术的空白，形成全省最大的综合性书刊印刷厂，成为福建省重要的出版印刷基地。

3. 具有经济或使用价值的工业遗产

从2009年起，福州市文化创意产业迅猛发展，一些厂房区被选定为改造对象，成为发展文化创意产业的载体。如福州丝绸印染厂、福州第一家具厂、福建省电影机械厂，具有经济或使用价值。

表1　福州市部分已更新利用的工业遗产

名称	建立时间	更新现状	更新类型
福州船政（马尾造船厂）	1866年	船政文化园区	遗产旅游园区
福州电气公司办公楼	1915年	福州电力博物馆	博物馆
福州市丝绸印染厂	1958年	福百祥1958	文创产业园
福建省电影机械厂	1958年	福建影视文化创意园	影视文化创意园
福州八一钢铁厂	1959年	万科金域荣郡	居住区
福州大学机械厂	60年代	福大怡山创意园	文创产业园

续表

名称	建立时间	更新现状	更新类型
福州第一家具厂	70年代	芍园一号	文创产业园
同春药业药材库房	80年代	东方漆空间	文创产业园
金山工业园区	1992年	福州海峡创意园	文创产业园
合泰制鞋厂	90年代	橘园创意广场	文创产业园
新店镇旧厂房	90年代	闽台A.D.创意产业园	广告创意产业园

(二)泉州的工业遗产、价值及利用情况分析

泉州的近现代工业,延续明清时期发达的传统手工业类别,主要是农副产品加工业和工艺美术工业。1949年后,食品加工、纺织、化工、冶金等行业门类也得到进一步的发展,但完全无法与近代工业城市的相比。泉州主要发展满足地方经济建设和人民生活需求的工业。泉州的食品工业发展迅速,成为工业支柱产业,制盐工业表现突出,成为全省的盐主产区,产量占全省的1/3。制糖业在1949年后也得到迅速发展,1954年建立的泉州糖厂是全省首家机制糖厂。民国初期创建的源和堂蜜饯厂生产持续至今,为泉州的百年老字号。泉州的制茶业、酿酒业也有突出表现。

总的来说,泉州近现代工业的特点是以轻工业为主、重工业为辅,轻工业中,以食品工业、纺织工业为主、工艺美术工业独树一帜。

泉州历史城区内有40家厂区,主要集中在古城西片区、北区和东南片区,其中代表性的老厂包括泉州源和堂蜜饯厂、泉州麻纺织厂、泉州面粉厂、泉州第一轻工机械厂、泉州工艺美术用品厂。

1.泉州源和堂蜜饯厂

"源和堂"原为1916年私人创办的企业,经过近百年的发展,从私人小作坊发展为地方性大型国营工业企业,是泉州近现代工业食品工业发展的典型代表,其产品源和堂蜜饯被列为泉州八大特产之首。厂区位于泉州古城区产业历史地段的中心地段,总用地面积达5.3万平方米。

2.泉州麻纺厂和泉州面粉厂

泉州麻纺织厂位于泉州市西街,是国有麻纺织企业,创建于1952年,停产于1992年。占地面积4.21万平方米,建有若干大型车间,拥有具独特风貌的单坡屋顶建筑。与泉州麻纺织场毗邻的泉州面粉厂,建于1957年,为泉州近现代工业发展的典型代表。厂区面积4.91万平方米,整个厂区以高大的制粉车间为核心,建筑是典型工业风,具有力量美,其他功能建筑穿插建设,整体建设布局清晰。

3.泉州第一轻工机械厂

泉州第一轻工机械厂建于1966年,企业占地面积2.47万平方米,建筑面积1.27万平方米。全厂设四个大型车间,厂区内建筑主要为厂房,配有少量办公场所。

4.泉州工艺美术用品厂

泉州工艺美术用品厂建于1953年,由政府文化馆牵头,由六位泉州民间艺人创立,后经过多次改制、组建,形成占地面积12.8亩,建筑面积7 543平方米的厂区,1965年改制组建成竹编厂、脱胎漆器厂、塑料工艺厂、综合工艺厂和雕刻厂等,设置竹编、脱胎漆器、塑料工艺、综合工艺和雕刻等厂房,大部分为20世纪50年代建成,整个厂区呈围合状布局。

在工业遗产的各价值项目中,泉州历史城区的工业遗产的价值主要在其厂区建筑及空间再利用的价值和其工业厂房特有的审美价值,相对于历史价值、社会价值、科技价值,泉州历史城区的工业遗产的产业经济和艺术价值更为突出。

泉州于2008年提出打造"现代科工贸旅游文化名城",后来又提出打造"海西创意名城",泉州工业遗产的更新伴随城市提升和文化策划创意产业发展。近年来,泉州历史城区中出现大量工业遗产再生的案例。2010年源和堂蜜饯厂更新项目运营,进行多步骤改造,改造原有工业建筑建成"源和1916创意产业园",吸引200多家文创企业入驻。泉州机电厂改造成六井孔音乐文化创意园。泉州海滨竹木制品厂改造为"T淘园"文创园区。此外,泉州政府制定"古城文化复兴计划",目前正着手对泉州麻纺场和泉州面粉厂、油厂一带进行整体规划更新。

表2 泉州历史城区工业历史厂区一览

编号	厂区原名	编号	厂区原名
1	泉州市麻纺织厂	19	福建省泉州市橡塑制品厂
2	福建省泉州面粉厂	20	福建省泉州市第一皮件厂
3	福建省油厂	21	福建省泉州市副食品厂
4	福建省泉州糖烟酒站仓库	22	泉州人民电器厂
5	福建省泉州源和堂蜜饯厂	23	福建省泉州市第二衡器厂
6	泉州电视机厂	24	福建省泉州市乐器厂
7	福建省泉州试验机厂	25	福建省泉州市皮件二厂
8	泉州市药厂	26	福建省泉州电机厂
9	福建省泉州光学仪器厂	27	福建省泉州针织厂
10	福建省泉州线厂	28	福建省泉州半导体器件厂
11	福建省泉州市豆制品厂	29	福建省泉州纸品厂
12	福建省泉州市皮革厂	30	福建省泉州电子仪器厂
13	福建省泉州市工艺美术公司雕刻厂	31	福建省泉州机床厂
14	福建省泉州市工艺美术公司脱胎漆器厂	32	福建省泉州拖拉机配件厂
15	福建省泉州市工艺美术公司金银首饰工艺厂	33	福建省泉州市机电厂
16	中国烟草总公司福建省公司泉州雪茄烟厂	34	福建省晋江地区轻工机械厂
17	福建省泉州市海滨竹木制品厂	35	福建省泉州农业机械厂
18	福建省泉州市海滨印刷机器厂	36	福建省泉州衡器厂

(三)厦门的工业遗存、价值及利用情况

厦门近代工业的规模狭小,1938年沦陷后,近代工业更无发展,直到抗战胜利后,近代工业才复苏发展。厦门现存工业遗存不多,目前正在改造闲置的

工业厂房。

1.厦门的工业遗存及其价值分析

近代厦门城市工业基本上集中于三个部门：一是公用事业，二是食品工业，三是化学工业。厦门电灯公司、厦门电话公司和厦门自来水公司，在20世纪30年代有厦门三大公用事业之称。

1949年后，因处于海防前线，厦门工业投入少，基础非常薄弱，主要发展轻工业，有一定规模和效益的工业企业包括厦门卷烟厂、厦门工程机械厂、厦门罐头厂、厦门橡胶厂、厦门市纺织厂、厦门新华玻璃厂、厦门造船厂等。

如按照"1980年前建成的厂房、车间、矿区等生产和储运设施，以及其他与工业相关的社会活动场所"的工业遗产标准，厦门现存工业遗产少之又少。此外厦门岛内土地面积有限，寸土寸金，搬迁、废弃后的工业土地，很快被再次开发使用，在城市发展过程中，工业遗存几乎未能存留。厦门真正的工业大发展，始于1980年成为经济特区后。因此厦门经济特区设立后，厦门工业大发展而后产业转型、工厂继续向岛外迁移的过程中，为厦门这座城市留下一批历史不长，但同样有显著价值的工业遗存，其价值主要在审美方面，次则为厂区建筑及空间再利用的经济价值。

2.厦门工业遗存再利用情况

在积极发展文化创意产业的思路下，厦门一批闲置的工业厂房被改造和再利用，如厦门沙坡尾冷冻厂被改造成文化园区"艺术西区"，龙山工业区的小工厂被统一改造，重新规划，成为"龙山文创园区"。近年来，厦门湖里区的老工厂以文创方式进行再生利用，是厦门工业遗存再利用的典型。

厦门湖里工业区是厦门特区的发祥地，经历过工业时代的辉煌，工业企业外迁后，逐渐转型。在政府的引导下，湖里老工业区进行优化升级，以文化创意和文化旅游结合的方式进行打造，工业厂房变身为文化创意产业园区，成为城市文化创意产业发展的聚集空间。

2012年，湖里区老工业厂房文创园区成为国家级闽台（厦门）文化产业试验园区核心二期。启动海峡建筑设计文创园和联发华美空间文创园。2016年。厦门湖里区政府提出打造"特区1980"湖里创意产业园发展战略。规划面积 1.53 平方公里,总建筑面积 130 万平方米,共有厂房 128 栋。目前,创意产业园内,已有华美空间文创园、海峡建筑设计文创园、海西工业设计中心、文创口岸、两岸客家文化创意产业基地五大园区,2017 年,五大园区引进企业 380 余家,其中文创企业近 200 家,实现营收 26.9 亿元,税收 6 082 万元,湖里区工业遗存的经济效益明显。

表3 厦门湖里老工业区厂房改建项目

项目名称	建筑面积	项目定位	运营时间
联发华美空间文创园	5.6 万平方米	时尚设计中心的花园式文创园	2015 年
海峡建筑设计文创园	3 万平方米	以建筑设计为核心	2012 年
海西工业设计中心	4 万平方米	以工业设计为主导	2018 年
海峡两岸客家文化交流基地	1.8 万平方米	以客家文化创意和设计服务业为主导的文创综合体	2017 年
联发文创口岸文创园	3.4 万平方米	文化产业园	2017 年

资料来源:本研究制表,2018 年 5 月。

(四)三明的工业遗产、价值及利用情况

三明是福建省的老工业基地。50 年代末,三明工业城崛起,这是福建地方工业发展的重要标志。

三明以工业建城,城市发展是先有重工业才有城市。中华人民共和国成立初期,三明市原为山区小县,三明市的工业建设开始于"一五"时期。当时福建急需化肥厂、钢铁厂,位于内地山区的三明被定为联合建厂厂址。1959 年,三明钢铁厂建成并投入生产。在三明钢铁厂及其配套工程建设期间,三明化工厂、冶金矿山设备厂、东站水泥厂以及邮电、医院、学校等社会公益设施也陆续兴建。到 1960 年,三明拥有三明钢铁厂、三明化工厂、三明重机厂、三明电热厂、三明自来水厂等 13 家大中型企业,三明重工业基地成形。1985 年,全市工业总产值仅次于福州、厦门,居全省第三位。重工业产值居全省之首。

三明现有很多家曾经辉煌现今落寞的老工厂,分布于市区和列西街道。现存的早期工业厂区中,最重要的是三明钢铁厂、三明纺织厂、三明化工厂、三

明重机厂、三明印刷厂,老厂房多已停产荒废。这些老工厂见证了三明城市发展建设的历史,承载了三明的记忆,具有突出的历史价值。三明工业建城过程中体现的自力更生、艰苦奋斗的创业精神,同样是工业建设留下的宝贵精神财富,具有突出的社会价值,各厂区的建筑及空间具有再利用的经济价值和使用价值。

2017年,三明市提出规划打造"1958文化创意园"产业项目,拟对三明钢铁厂、三明纺织厂和三明化工厂等共计约12公顷用地进行统一规划设计,预计投资1.2亿元,系统整合三明老工业基地的历史文化资源。

(五)福建其他地区工业资产情况

除福州、厦门、泉州、三明之外,福建其他地区也分布着诸多工业企业。根据1991年《福建经济地理》收录情况和1988年福建省排名前50家工业企业的评价结果,福建曾经规模较大或在行业中有突出地位的,包括以下工业企业(表4)。这些企业是福建工业的重要组成部分,其今日现状和再利用情况也有待于进一步调查和关注。

表4 福建省各地区历史上主要工业项目

地级市名称	主要工业项目
漳州市	漳州糖厂、漳州钟厂、漳州香料场、漳州市制药厂
莆田市	仙游机制厂
龙岩市	龙岩卷烟厂、漳平电厂、永定矿务局、龙岩矿务局、长汀纺织厂、漳平煤矿
南平市	南平造纸厂、南平针织厂、南平纺织厂、邵武煤矿机械厂、南平铝矿
宁德市	古田溪水力发电厂

福建工业遗产与城市文化初探

吴 珞[*]

摘　要： 工业遗产与城市文化相互影响，工业遗产再利用应体现城市文化的精髓，促成城市品牌化。工业文明曾对福建地区的发展做出重大贡献，福建的工业遗产是近现代工业化的记录，是近现代史的重要见证者。近年来，在经济全球化和国家政策的主导下，福建一批工业遗产被开发为创意产业集聚区或旅游区，许多工业遗产得到"活化"和再利用，推动了现代城市的发展。本文对福建近现代工业遗产整体风貌进行审视，对工业遗产经典改造案例进行考察，探讨工业遗产与城市文化之间的互动关系，分析工业遗产之于现代城市的价值，提出建设性的意见和建议。

关键词： 工业遗产；城市文化；再利用；活化；创意产业集聚区

在中国，工业遗产的保护和利用经历了从民间呼吁到国家重视的过程。有效保护工业遗产，探索其利用发展的新模式，有助于推动城市建设。

一、福建省工业遗产概况

工业和信息化部把工业遗产限定为"1980年前建成，具有重要或较高历史价值、科技价值、社会文化价值和艺术价值的厂房、车间、矿区等生产和储运

---

[*] 吴珞，厦门大学嘉庚学院教师，英国伦敦大学硕士，主要研究方向为文化产业管理。

设施,以及其他与工业相关的社会活动场所"①。随着生产方式的不断变革,处理好遍布城市的旧工厂,使之与城市文化发展相适应,一度成为城市建设的难题。作为记载工业文明历史的特殊文化遗产,工业遗产具有历史、科技、美学、经济、教育和精神等价值。工业遗产关注自18世纪后半叶工业革命以来至今,但不排除前工业时期和工业萌芽期的活动。自近代开埠之后,外国资本兴建的近代工厂、洋务派官员以及民间资本家兴办的中国民族工业、中华人民共和国的社会主义现代工业,都留下各具特色的工业遗产,它们构成中国工业遗产的主体。

福建的工业遗产主要有三种类型:

第一类工业遗产是在近代工业发展过程中产生的。福建地处东南沿海,拥有近代中国最早的五个通商口岸中的两个——福州和厦门。近代工业起步较早,主要经历三个时期:早期外国资本在福建开关,近代工业为贸易服务;洋务运动之后,官办近代工业兴起;辛亥革命之后,民营工业迅速发展。其中,在洋务运动中出现的福州马尾船政局是中国近代工业化的开端代表(表1)。

表1 福州马尾船政局在我国近代工业遗产中的地位

兴办主体	行业划分	代表案例
清政府洋务派经营	军事工业 (军火、船舶)	安庆内军械所
		江南制造局
		福州(马尾)船政局
		金陵制造局
	民用工业 (煤矿、金属矿、纺织工业等)	台湾基隆煤矿
		开平煤矿
		贵州青豀铁厂
		汉阳铁厂与大冶铁矿

福建近代工业遗产的形态、材料、结构、建筑风格,取决于其工业的性质。

---

① 张辛欣.工信部将对全国工业遗产、工业博物馆摸底调查[EB/OL].(2018-02-05)[2018-05-11].http://www.sohu.com/a/222845464_160246.

半封建半资本主义的官办产业性质决定了它既有中国传统建筑群的特点,又有西方工业区功能主义为主导的特点,除了具有传统建筑形式外,还有多元化倾向,或沿用福建当地的民居形态;或把西方的建筑元素加在传统建筑上;或从国外完全引入新型建筑。福建近代工业遗产的美学价值体现在其独特的空间结构所蕴含的"技术美学",城市产业结构调整可借鉴之,为城市文化的塑造提供资源。

第二类工业遗产是中华人民共和国成立后的工业建筑。2016年4月,漳州五更寮土高炉群作为"大跃进"时期我国土法炼钢运动的特殊见证物,跻身全国重点文物保护单位。五更寮土高炉群是我国偏远山区保存数量最多、最为集中的现代工业遗产,土高炉的筑基由块石组成,炉基部位圆径约2米,炉身则全部用红砖浆砌而成,高约5米,高炉的内壁至今仍留着厚厚的一层残存的焦壁层。漳州结合农业生态旅游观光,把五更寮土高炉群规划为以土高炉为主题的"大跃进"炼钢炉遗址观光园,兴建文物保管所和南靖炼钢铁专题陈列馆。由于年代较近,此类工业遗产的利用在省内不占主流。

第三类工业遗产是各个历史时期遗留下来的老厂房,相当一部分也是工业遗产,但大都未被当成历史建筑保护单位。在现代化城市建设迅速发展的情况下,此类工业遗产同样面临或拆除,或保留,或利用的问题。

综上所述,福建省内有代表性的工业遗产主要有两类:福州船政建筑、五更寮土高炉群等全国重点文物保护单位;鼓浪屿自来水公司旧址等省级文物保护单位。2018年开展的省级文物保护单位申报评审,省文化厅将鼓浪屿电话公司旧址、鼓浪屿英国亚细亚火油公司旧址等工业遗产列入推荐名单报省政府核定。

表2 福建省内较有代表性的工业遗产的地域分布

城市	工业遗产
福州	福建船政局
漳州	五更寮土高炉群
厦门	鼓浪屿电话公司旧址,鼓浪屿英国亚细亚火油公司旧址

在工业遗产与城市文化相结合方面,福建省积极开展工业遗产的活化利

用,促进城市品牌的打造。做法主要有三种:

其一,将工业遗产打造为工业博物馆,改建成景观公园或综合开发利用。例如,福建船政建筑修缮后向社会开放,配套建设船政文化博物馆,进行爱国主义和历史、科普教育。

其二,对"三旧"(旧城镇、旧厂房、旧村庄)采取改造扶持政策,鼓励企业利用旧厂房、旧厂区举办文化创意产业园。泉州源和1916创意产业园、厦门龙山文创园就是利用"三旧"改造而成文创产业园区。

其三,借鉴台湾发展经验,引入"观光工厂"概念,创新使用"工厂+景区""工厂+旅行社""工厂+旅游商品"等模式,争取效益最大化。

二、福建工业遗产与城市文化融合的问题与建议

和北京、上海等地相比,福建省的工业遗产保护还存在一些问题。一是重视不够,工业遗产列入各级文物保护单位的比例较低。二是家底不清,对工业遗产的数量、分布和保存状况心中无数;界定不明,对工业遗产缺乏深入系统的研究,保护理念和经验严重匮乏。三是认识不足,认为近代工业污染严重、技术落后,应退出历史舞台。四是措施不力,"详远而略近"的观念偏差,使不少工业遗产首当其冲成为城市建设的牺牲品。工业遗产在国家的立法和标准中缺乏地位,工业遗产纳入城市发展规划的方式不成体系,缺少行业规范作为支持依据。

在结合城市文化特色对已有工业遗产的合理利用方面,福建省也存在着诸多不足。对城市的工业建筑缺乏历史研究,对其历史价值缺乏认识,对工业遗产重视不足。

此外,福建省工业遗产的保护利用主要是对国外主题博物馆、公共休憩空间、创意产业园等开发模式的效仿,缺乏原创,不能很好地与工业遗产特性和城市特色文化相结合,也不能很好地与城市改造、现代服务业发展相促进。保护开发的资金投入单一也是重要掣肘。主要依靠政府投入,缺乏通过市场机制引入的社会资本,资金有限,难以取得较好的效果。在城市化迅猛发展过程中,尤其是房地产土地供应日趋收紧的形势下,对工业遗产的拆与留、遗弃与

保护存在激烈争论,付诸的行动也大相径庭。

福州、厦门、泉州等城市,是东南的中心城市,历史悠久,英才荟萃,名人辈出,地理位置优越,文化沉淀深厚。目前福建省城市建设和发展中存在的带共性的问题是"特色危机",千城一面,趋同现象十分普遍,造成特色危机的根本原因是缺少文化个性和文化品位。受制于城市规划,福州市城市品牌塑造上明显存在视觉要素雷同、城市品牌个性塑造不足等缺点。

在全球化、城市化进程不断加速的背景下,福建省各大城市可以根据自身特性,结合工业遗产的开发和利用,不断开展展现自己风格的城市品牌建设实践。

(一)强化文化参与

工业遗产是与城市更新密切联系的新型文化遗产,正在成为发展构建创意城市的重要途径。建设创意城市正在成为新一轮城市竞争的核心命题,产业结构升级所带来的城市更新为创意城市的发展提供了成长空间。在创意城市背景下,由工业企业外迁留下的大批工业遗产天然地成为以创意为核心的创意产业的肥沃土壤。作为城市公共空间的重要组成部分,工业遗产的活化利用不断改变传统城市空间的格局。工业遗产是连接城市记忆与新生创意的交汇领域,是城市物理空间和文化空间的结合点。工业遗产改造形成的新的城市空间可用于凝聚文化活动,是构建文化认同、重塑文化生态的重要场域。工业遗产的保护和现代城市文化的重构、大众审美情趣的转变,都给重新利用工业遗产带来契机。工业遗产保护腾出的空间大致可改造成城市开放空间、旅游度假地、博览馆与会展中心和创意产业园这些空间类型在一定程度上有交叉和融合。

(二)把工业遗产成为文创产业的肥沃土壤

"创意"概念近年来迅速崛起,与之相关的创意产业、创意阶层、创意城市等在全球经济与社会发展中成为热议话题。作为蕴含独特价值的新型文化遗产,工业遗产在创意城市理念下成为构建城市文化多样性的重要元素,创意产业的发展则为工业遗产的价值激发提供重要契机。随着城市中心区的价值成本升高,许多工业企业从市区迁往郊区,留下大批工业建筑。这些工业建筑遗产在传统企业外迁后仍能保持较好的结构形态,可用于创意。

(三)把工业遗产演变为福建省的都市文化新地标

将工业遗产改造为文化空间极为可行。未来的空间将完成从园区化到街区化到社区化的演进,互动式的动态空间可供工作、生活、消费休闲,也可为创意生态体的形成和创意社群集聚服务。历史文化名城福州、泉州文化底蕴深厚。应提炼工业遗产中的历史文化、自然地理等条件中富有文化特色的部分,使城市发展呈现鲜明的闽文化和与现代优秀文化相融合的特质,使之成为独特的人文和自然景观。

(四)加强工业遗产的保护,保持福州、泉州等主要城市的古城神韵

工业遗产中的历史资源是城市文化品位的重要表现,是城市成为名城的独特优势。城市在工业发展过程中沉积了丰厚的文化遗存与结晶,很容易形成城市特色,保留这些城市的历史痕迹本身就可展示。

三、典型案例——福州(马尾)中国船政文化城

在工业遗产与城市文化相结合方面,福州(马尾)中国船政文化城是典型代表。

(一)福州(马尾)中国船政文化城的建设概况

清末闽浙总督左宗棠创办的福州船政局,是政府经营的制造兵船、炮舰的新式造船企业,也称马尾船政局,它是近代中国创办的第一家专业机器造船厂,也是当时远东规模最大、影响最深、设备最完整的造船基地。鸦片战争以后,西方列强用炮火轰开中国的大门,中国开启自强的洋务运动,其中就包括设立建船厂,造兵舰,办学堂。这座位于福州的船政局主要由铁厂、船厂和船政学堂三部分组成。

规划建设的福建船政文化城位于马尾新城核心位置,北靠鼓山,南接闽江,其东北侧是马尾中心城区,占地规模约1平方公里。现存的历史遗存主要集中在福建船政文化城内,具体包括:作为全国重点文物保护单位和省级文物保护单位的船政轮机车间、绘事院、船政钟楼、官厅池;一号船坞、二号船坞;承载马江海战历史的前坡炮台、中坡炮台、昭忠祠、马江海战烈士陵墓、船政天后宫、天主教堂以及相关碑刻;其他相关历史建筑,如罗星塔、马限山圣教医院、英国副领事署。

船政文化城以船政文化为主题,集历史遗产保护、文化旅游、休闲度假、商业办公、生态居住于一体的港口复合型活力中心,试图成为"中国船政文化传承发展国家基地""中国文化旅游发展示范基地",成为集文化创意、旅游、商业、居住等多种功能为一体的城市特色文化片区。目前,"船政文化街区""福建船政天后宫复建""船政衙门及前后学堂复建""马限山景区整体提升""马限山环山车道建设"等子项目已先期启动。在马尾新城的规划中,船政文化是未来文化品牌的重要依托,成为推动福建文化走出去和扩大文化影响力的主要品牌。其中,以船政文化遗址区为主体,收储、整合造船厂,连接船政文化博物馆、马江海战纪念馆、船政街区及婴脰山的船政天后宫、天主教堂、前坡炮台等周边景点资源作为船政文化城的核心景区,将以AAAAA景区标准进行创建。作为船政文化城延伸区重要内容的罗星塔公园也将全面整修。

表4　福州马尾船政文化城的规划方案

近期	(1)先行启动马江古渡的保护工作,充分利用现存历史建筑,发展马江古渡历史文化展示旅游,同时作为马尾船政旅游的西入口;(2)启动船政衙门及前后学堂等配套建筑的复建;(3)进一步整合罗星塔周边公园旅游资源、修复山体;(4)推进马尾造船厂搬迁,建设船政文化创意园,开通船政文化景区至福州市区闽江观光游艇线路。
中期	(1)建设船政文化景区中部游艇码头,实现"镜清号"1∶1模型展示;(2)积极推进马尾港搬迁,利用腾出的土地建设船政文化广场、相关展示建筑、文产大厦,建设以船政文化为内涵的滨水休闲开放空间;(3)合理组织马尾造船厂内船政遗迹游览线路,将马江古渡、造船厂内历史遗存、马限山、婴脰山通过便捷的旅游线路联系起来。

续表	
远期	(1)拓展与船政相关联的闽安及闽江口的景点建设;(2)成为串起三坊七巷、长乐旗营、闽安及闽江口军事设施的龙头;(3)通过合理的旅游线路组织,促进文化景区五个地块衔接,与福州市区范围内的其他景区形成良好的互动关系。集滨江餐饮、游艇码头、研发设计创意、文艺演出、资讯策划创意、时尚消费创意、船政文化旅游配套商业休闲街区等"吃、住、行、游、购、娱"为一体的船政文化特色观赏路线将于2020年向市民开放。

福建省历史悠久、人文荟萃,闽南文化、客家文化、妈祖文化、海丝文化、红色文化、船政文化、闽越文化、朱子文化、茶文化等特色鲜明、内涵深刻,文化旅游资源丰富。多元丰富的福建文化,为工业遗产的改造和利用提供丰富不竭的源泉。福州(马尾)船政文化城体现福建三大特色文化中的船政文化和妈祖文化。

表5　福建省的三大特色文化

妈祖文化	妈祖是我国沿海地区盛行的民间信仰,我国许多沿海地区都有妈祖崇拜的风气。作为信仰,妈祖的生平事迹具有重要的教化意义。在妈祖文化的起源地福建,妈祖文化更是不可或缺。福州(马尾)船政文化城的船政天后宫就体现了这一文化。
船政文化	福州马尾福建船政的辉煌时间甚短,但却展现近代中国先进科技、高等教育、工业制造、西方经典文化翻译传播等丰硕成果,孕育了诸多仁人志士及其先进思想。
客家文化	客家民系有着极为鲜明的特色,它继承中华民族众多优秀传统品质,又最具开放性,最善于吸收其他民族优秀文化。客家先民来到闽粤边区和当地土著民族杂居,一方面与当地人友好相处,吸收土著文化、外来文化、海洋文化的长处,一方面顽强地保持着中华民族的传统文化,为振兴中华做出卓越贡献。

(二)寻找城市文化与福建工业遗产的平衡点

城市文化涵盖物质文明、精神文明、政治文明三个领域,包括政治、经济、文化、生态以及市容市貌、市民素质、社会秩序、历史文化等诸多方面。城市文化的定义有两种:其一是从文化的定义推理演绎,将城市文化定义为人类生活于都市社会组织中,所具有的知识、信仰、艺术、道德、法律、风俗。其二是从城市本身的特征出发进行定义,认为城市文化即"都市文化",是市民共同创造的具有城市特点的文化模式,是城市生活环境、生活方式和生活习俗的总和,具有集聚性、开放性和兼容性。

福州(马尾)中国船政文化城体现福州特有的城市文化,具有显著优势。它拥有早期建设的开创性工业景观,标志该工业门类在中国的发端;拥有与重大历史事件相关联的文化内涵(清末洋务运动);规模上和技术上在同行业中曾经占据主导地位,代表历史上的先进生产力水平;标志工业生产技术变革或管理形式创新;对福建地区经济增长和城市化产生深远影响;体现特定历史时期工业生产衍生的特定审美取向。

福州(马尾)中国船政文化城不是单纯的文创产业园或单纯的博物馆,而是能带动周边城区"有机更新"的综合体。通过对工业遗产进行"原汁原味、最小干预"的保护与利用,把它作为城市原有工业活动的重要记忆以及社会生活的载体,在展示城市文化个性,拓展城市空间结构,提高城市生活品质,构建城市宜居环境、推进城市有机更新等方面发挥重要作用。

表6 福州(马尾)中国船政文化城的多元化功能定位

城市开放空间模式	马尾造船厂旧厂区经过改造后形成若干外部开放空间,不再是原有厂区的堆场,而是具有游览、休闲、运动等实质功能的场所。改造过程中利用厂区遗存,例如烟囱、龙门吊,同时穿插以现代景观环境小品,运用景观设计学的处理手法,展现产业美学特征。设计保留场地原有的榕树,驳岸处理、植物栽植等方面也体现自然、生态的原则。
博览馆与会展中心模式	福州马尾船厂部分保留旧有的厂房和设备形态,展示造船工业的历史与文化价值。船政绘事院(即船舶设计所)目前已作为厂史陈列馆。厂史陈列分为近代部分(船政)与现代部分(造船厂),陈列沙盘、舰模、图片、实物等,另外,马江海战纪念馆、中国近代海军博物馆、船政精英馆在建。
创意产业园模式	创意文化产业和商业娱乐构成基地的主要职能。其中,船政工业博览以原有近现代工业遗存以及罗星塔公园、马限山公园为载体;创意文化产业园则以非历史文物保护建筑的改造和新建创意文化建筑为依托。

市场导向的城市品牌构建要能够体现城市战略发展方向和城市建设目标,找到与其他城市不同的优势特征,定位、形象系统构建避免雷同,突出差异化优势,强化认知,建立原则鲜明、细节可调的城市品牌形象系统。城市文化

规划是名牌城市发展成果而产生的系统规划,是层层展开的有机系统。

我国从工业化时代进入后工业化时代,生产方式、生活方式都发生巨大变化。后工业化时代的城市讲究功能混合、空间灵活多样及绿色环保。工业遗产是复杂的生命体,曾经长期负担重要的职能,应该针对具体工业遗产的特征,选取历史价值、文化价值、技术价值、经济价值、美学价值等具有典型特征的因子进行价值评判,促使工业遗产建筑物、构筑物进行"有机更新",进而推动城市的"有机更新",要找到工业遗产保护与本地城市文化的最佳平衡点,体现城市特色。

马尾造船厂旧厂区地块对周边城市区块的"激活"主要在四个方面:

1. 老工业建筑激活

对原有建筑进行评级分类,不同历史价值的建筑分别给予合理的保护、保留、修缮、改造,对允许改建的建筑植入创意产业等功能。新建筑应满足场地总体规划,顺应原有的场地肌理植入地块,承担展览、创意、办公、商业娱乐、服务等功能,增强场地功能的复合性。

2. 外部开放空间的激活

福州马尾造船厂旧区规划研究改善了厂区内的空间品质,可成为城市防灾避灾点。

3. 地下空间的激活

马尾造船厂旧厂区原以工业生产为主,地下空间几乎未利用。改造后的地块将具有复合多样的城市功能,地下可用以停车,开设商场等,将有力地增强地块的负荷能力。

4. 滨水空间的激活

对生产码头驳岸分别进行滨水湿地修复和游船码头改造,将生硬的滨水岸线打造成滨水湿地滩涂公园和适于市民游赏亲水的城市滨水开放空间。以滨水商业带、工业遗址公园、船坞运动广场、船台露天影院为主,结合工业参观路线,贯连而成娱乐设施。

马尾船政局在保存城市文化方面也有许多不足。例如,仅对其两个厂房(轮机车间、绘事院)进行保护和再利用,参观者感觉偌大一个如此有历史价值的近代工厂却仅有两栋建筑遗存,历史感下降。对马尾船政局工业遗产的发掘远远不够;缺乏对工业构筑物(例如船坞、船台、码头等)的保留和改造。工业遗产保护过分强调物质层面,对非物质文化层面关注不够,如福州闽江沿岸的妈祖祭祀信仰未得到保护。另外,工厂区内的雕塑、壁画、标语等人文景观鲜明而生动地展现时代特色和企业文化,起烘托氛围的装饰作用,是工业景观资源中不可缺少的部分,也应该得到保护。

结　论

工业遗产合理再利用可成为城市文化的名片,这样不仅可以提供新的就业空间,其新增的城市功能也可控,由城市的"负担"转变为"富矿"。

合理利用文化遗产就是保护,在经济高速发展的当下,随着城市产业结构和社会生活方式的变化,传统工业或迁离城市,或面临"关、停、并、转",留下很多工业旧址、附属设施、机器设备等工业遗存,加强工业遗产的保护、管理和利用,对于保护和彰显城市的底蕴和特色,推动地区经济社会可持续发展,具有重要意义。一方面,城市需要文创产业;另一方面,闲置的工业用地和厂房为文创园提供理想的物理空间。同质化是重要问题,系统而有特色的工业遗产再利用模式是关键。

要让工业遗产保护渗透到日常生活里,相关专业人士应开展更广泛、更深入的研究工作。工业遗产不同于普通的文化遗产,也不同于一般的地产改造项目,多学科间的协作必不可少。工业遗产保护还要重视公众参与和全民教育,唤起公众对工业遗产的兴趣以及对其价值的认同。工业遗产的保护一定要以对工业发展过程、场地环境特征有充分认识为基础,通过刚性和弹性相结合的评价体系,对工业遗产保护的优先级别和可以重新利用的空间进行合理界定,形成梯队状的保护与利用结合的体系,不同的工业遗产,其保护的严格程度和再利用的兼容性应有所不同。

新媒体技术驱动下福建工业遗产传承与发展

马培红[*]

摘　要： 福建地处东南,中原文化、海洋文化、山地文化交互融合,其工业遗产独具地域特色。随着新媒体技术的发展,传统的文化传播方式开始变革,为工业遗产的传承提供契机,拓宽工业遗产传播的广度和深度。本文关注福建工业遗产,研究新媒体技术在福建工业遗产中的重要作用,认为福建工业遗产的发展应与新媒体技术结合,发掘新媒体技术在福建工业遗产的数据采集、存储、展示、传播等方面的作用,推动福建工业遗产传承。

关键词： 新媒体技术;福建;工业遗产;传承

工业遗产是文化遗产的重要组成部分,是城市文化软实力的重要表现。随着城市的快速发展,工业遗产正在以肉眼可见的速度被摧毁。相比百年或千年文物而言,这些旧工业建筑历史较短,但同样是社会发展的有力见证者。福建工业遗产的研究主要集中在福州船政文化方面,其他工业遗产受到的关注不足,新媒体在工业遗产中的运用涉及较少。新媒体技术是工业遗产传承发展的重要驱动力量,因此,研究新媒体技术在福建工业遗产保存中的运用,促进工业遗产与新媒体技术的融合,成为工业遗产传承的重要话题。

---

[*] 马培红,厦门大学嘉庚学院教师,两岸语言应用与叙事文化研究中心成员,主要研究文化资源与文化产业。本文为2017年度福建省中青年教师教育科研项目成果。

一、福建工业遗产传承现状与问题

工业遗产是现代化进程中的特殊遗存,是地域文化的重要载体。福建地处东南,中原文化、海洋文化、山地文化交互融合,其工业遗产独具地域特色。

(一)福建工业遗产传承现状

福建的工业遗产十分特殊,拥有闽南文化、客家文化、妈祖文化、红色文化、船政文化、朱子文化等特色鲜明的资源,多元丰富的福建文化使其工业遗产带有鲜明的地域特色,福州(马尾)船政工业遗产就鲜明体现福建的船政文化和妈祖文化。

福建的工业遗产有些是由华侨创办的,如庄杰赶、庄杰茂兄弟创办的源和堂蜜饯厂,黄浴沂创办的众兴面粉厂,黄奕住创办的鼓浪屿自来水公司(表1),见证了20世纪初归国华侨对国内工业发展所做的突出贡献。

表1 华侨投资经营的近代工业企业举例

创设年份	企业名称	创始人	侨别
1916年	源和堂蜜饯厂	庄杰赶、庄杰茂兄弟	——
1921年	厦门鼓浪屿自来水公司	爱国华侨黄奕住	印尼
1929年	福建造纸股份有限公司	陈天恩、陈希庆	菲律宾
1947年	众兴面粉厂	黄浴沂等	新加坡

资料来源:吴亚敏,邹尔光.近代福州及闽东地区社会经济概况[M].北京:华艺出版社,1992:435.

福建各地积极推进工业遗产的发展,厦门思明区于2015年发布《鼓励扶持龙山文化创意产业园发展若干规定》,鼓励改造龙山片区的老旧工业厂房。龙山文创园成为推进老旧厂房改造利用的典范。2017年4月,省经信委转发工信部、财政部发布《关于推进工业文化发展的指导意见的通知》,要求"做好工业遗产的摸底调查,建立资料库,争取我省的工业遗产进入工信部工业遗产名录"①。在工信部发布的第一批国家工业遗产名单上,福州船政(现为马尾船厂厂区及船政文化园区)入选,是福建省内目前唯一入选的工业遗产。该工业遗产包含轮机厂、绘事院、二号船坞、储材井;马江海战炮台、烈士墓及昭忠祠;钟楼、天主堂、粤东山庄、海军练营、飞机滑道等,是福建唯一全国重点文物保护单位、全国工业旅游示范点。2018年,省政府出台关于加快全省工业数字经济创新发展的意见,强调工业和数字经济的结合,为工业遗产数字化传承利用指明方向。

福建工业遗产传承与发展的形式多样,主要有文创园区、博物馆、共享空间,具体如表2所示:

表2 福建工业遗产传承与发展的形式

类型	举例	依托的工业遗产
文创园区	源和1916创意产业园	泉州市源和堂蜜饯厂
	华美文化产业园	华美卷烟厂
	厦门艺术西区	厦门水产品加工厂
博物馆	中国船政文化博物馆	福州船政局
	上李水库大坝	上李水库大坝
	鼓浪屿自来水公司旧址	鼓浪屿自来水公司
共享空间	路灯计划	废旧厂房

(二)福建工业遗产传承中存在的问题

福建工业遗产的传承与发展虽然已经起步,但存在不少问题。

部分工业遗产破坏消失。在城市化进程中,城市功能不断完善,城市布局不断调整,原本在城市占据中心地位的工业遗产原有功能丧失,变成城市发展的阻碍,一一被破坏改造。福州制造局附设8个工厂,生产品种齐全。有步枪

---

① 福建省经济和信息化委员会.关于推进工业文化发展的指导意见的通知[EB/OL].(2017-04-17)[2018-05-11].http://www.fjetc.gov.cn/zfxxgk/newsInfo.aspx? newsID=108199.

厂、炮弹厂、枪弹厂，还有造币厂，隔江还建有无烟药厂，范围颇大。现福州机器局已不复存在，仅能从福州历史地图上看到位置。

工业遗产中非物质文化保护缺失。多数工业遗产保护针对建筑，忽视了该建筑空间曾经承载的工艺流程、生产生活习惯等非物质文化内容，作为文化和经济发展的产物，工业遗产正处于被商业化的过程中。该过程往往造成对遗产的非物质属性的忽略，导致工业遗产资源的原真性和历史文化意义的损失。《无锡建议》中认为，"工艺流程、数据记录、企业档案"等非物质文化遗存也是工业遗产，反映我国对工业遗产的认识独具特色。工业遗产的文脉价值包含显性的厂房、机械等物质表达，也包含工艺生产流程、生产生活环境、信俗等隐性表达。将工业遗产改造成文创园区、艺术区、共享空间，保护工业遗产建筑空间，是对物质文化的再利用，但忽视其非物质的属性。福建船政工业遗产就注重物质文化保存，并不关注非物质文化如口述历史、船政文学（表3）。

表3 福建船政工业遗产的文化类型

文化类型	文化具体类型	文化具体形态
物质文化	不可移动文物	轮机厂、绘事院、官厅池、一号船坞、钟楼、马限山梅园建筑、潮江楼、马尾旧街道船政工人生活聚落，船政法国天主堂，船政天后宫等。
	可移动文物	船政官界碑、船政执照、船政机床等和仍散落民间的各种船政生产工具、船政学堂教科书、学生手稿等。
非物质文化	非物质文化	船政工人生产技艺、口述历史、船政文学、由船政而来的当地习俗。

资料来源：福建船政工业遗产[EB/OL].（2016-06-21）[2018-05-11], http://news.fznews.com.cn/node/11221/20160621/5768ede5da775.shtml?list=xwaun.

二、新媒体技术对工业遗产传承的促进作用

近几年来，基于数字技术、网络技术和通信技术而形成的新媒体技术，是工业遗产传承的重要载体，拓宽了工业遗产传播的广度和深度。

新媒体相对于传统媒体而言，是利用数字技术、网络技术，通过互联网、无线通讯网、卫星等渠道，使用电脑、手机、数字电视机等终端，向用户提供信息

和娱乐服务的传播形态。新媒体涉及的关键技术主要是新媒体信息获取与输出技术,新媒体信息处理与生成技术(计算机图像、图形和动画技术),流媒体技术,新媒体传播技术(计算机网络技术、移动通信技术),新媒体信息存储、发布与检索技术,虚拟现实技术,云计算与大数据技术以及新媒体信息管理与安全技术等,这些构成新媒体复杂的技术体系。①

新媒体技术已经融入网民生活,与广大网民的生活深度对接,为新媒体推动工业遗产传承提供了良好的群众基础。中国互联网络信息中心第41次《中国互联网络发展状况统计报告》显示,截至2017年12月,中国网民规模达7.72亿。网民上网时长呈现继续增加态势。从2011年的一周18.7小时增加到2017年的一周27小时,对互联网的依赖很严重。

作为工业遗产传承的重要载体,新媒体技术拓宽了工业遗产传播的广度和深度。

新媒体技术有助于讲好中国工业故事,促进工业遗产价值的实现。相对于文物古迹而言,工业遗产虽没有悠久的历史,但具有技术价值、历史价值、文化价值、美学价值、经济价值等。工业遗产的价值既体现在工业遗产的建筑、机械等物质文化上面,也体现在企业的文化、经营理念和生产工艺流程、精神信仰、习惯等非物质文化上。这种非物质内容既蕴含在同一时期的影视作品、影像资料中,也蕴含在具有地域文化和时代特征的构筑物、建筑物风格、场地规划的结构布局和工人的生活方式中。新媒体的发展虽是以技术为支撑,但以内容为王。工业遗产中的物质和非物质文化都是讲好中国工业故事的重要素材,将新媒体技术应用于工业遗产中,可以有效促进工业遗产的保存,进而通过不同形态讲好中国工业故事,促进工业遗产价值的实现。

新媒体技术促使工业遗产形态的多样化。基于新媒体技术而普及的互联网,降低信息发布门槛,受众不再被动接受信息,而是广泛参与信息生产,成为信息传播中的一员;人们可以随时、随地自主地选择各类媒体。在新媒体环境下,一次内容,多次加工,成为常态。每个人都可以成为工业遗产信息的发布

---

① 洪杰文、归伟夏.新媒体技术[M].重庆:西南师范大学出版社,2016:12.

者,如抖音、快手等APP的使用者可以自己发布工业遗产信息。工业遗产中的物质文化如厂房、雕塑、档案,可以用视频、动画、图像、扫描等方式呈现,非物质文化内容如生产工艺流程、生活习俗,可以通过录音、虚拟现实技术等呈现。新媒体的发展,促使工业遗产的呈现形态更加多样化。

新媒体技术拓宽工业遗产传播范围。新媒体技术使得工业遗产的传播突破时空界限。原来只有在实地才能看到的文化,在新媒体技术推动下,可在网络上了解。虚拟现实技术、人机交互技术、全景技术、三维动作捕捉技术等快速发展并应用于文化领域,视频、虚拟博物馆、APP、网站等为文化传播构建可视化、移动化、互动化的立体化传播体系,人们可以随时随地了解工业遗产。

三、新媒体技术在福建工业遗产传承中的运用

新媒体技术改变传统的信息传递方式和文化传播方式,成为文化发展的强大驱动力,为工业遗产的传承提供了契机。实际中,除了中国船政文化网、中国船政文化博物馆运用新媒体技术之外,福建其他工业遗产鲜少用到新媒体技术。因此,运用新媒体技术采集、存储、展示、传播工业遗产尤为重要。

(一)工业遗产信息采集方面

工业遗产凝聚集体记忆,对工业遗产的信息采集有助于还原记忆。"运用全新的采集记录手段,如图文扫描、立体扫描、全息拍摄、数字摄影、运动捕捉等技术,全面、动态地记录工业文化遗产现象、场景、事件或过程,再现其文化空间,使公众达到身临其境的效果"[1]。

1.信息记录方面

工业遗产资料众多,二维、三维扫描可以将留存的手稿、老照片、档案资料转化为图片,对资料进行数字化记录。建筑、生活空间可以通过后期的摄影、

---

[1] 徐拥军,王玉珏,王露露.我国工业文化遗产保护与开发问题和对策[J].学术论坛,2016(11):149-155.

摄像、录像、实地测量等方式记录。工业遗产比较年轻,有些工作人员还健在,可通过采访、摄影、录像、录音等方式采取相关数据,保存对工作场景的记忆。

2.在工业遗产信息还原方面

随着城市的快速发展,一些近代工业企业已经消失,有些工业企业变成工业遗产,但是侧重于物质文化如建筑空间的保存,非物质文化很少受关注。对此,可以用新媒体技术还原其文化。动作捕捉技术可以还原工人劳动的场景,工业遗产中的非物质文化则可以使用3DMAX、Maya、Unity3d等三维软件直接进行建模,构建虚拟工厂空间和劳动场景,为人们了解工业生产提供全新的手段。

(二)在工业遗产信息存储上的应用

遗产信息传统上都存在于工业遗产自身,新媒体技术让工业遗产的信息存储有了更多选择。云盘、磁盘、数据库(档案库)等是工业遗产信息存储的重要载体。云盘可以实现工业遗产信息的上传与共享,不易丢失。创建工业遗产资源数据库可以将摄影摄像、数字录音、激光扫描、三维建模等各种新媒体技术采集的信息放置到数据库里,实现信息的存储,是保护与传承工业遗产的重要方式。比如,福建船政文化是中国工业遗产的典型代表,可以创建船政文化数据库,将工业遗产的数字化信息分门别类的存储在数据库里面,便于整理、方便查找。

(三)在工业遗产信息展示上的应用

工业遗产是人类共同的财富,不少人都在探寻工业遗产和新媒体技术的深入结合,为新媒体技术应用开拓空间。新媒体技术在工业遗产展示方面的运用尤其多,突破了以静态展示为主的传统展示方法,集视觉、听觉、动态、虚拟等多种展示形式于一身,为人们提供全新的感官体验。

在工业遗产实物展示方面,网站是公开信息和资讯展示的重要途径。可以设立工业遗产博物馆官网,如福建的中国船政文化博物馆官网,主要展示藏品,介绍博物馆功能,发布博物馆馆藏精品,介绍学术园地,提供参观指南。中国船政文化网主要发布相关新闻,介绍百年船政,举办主题活动,向人们展示船政文化。借助APP、微博、微信公众号,不定期展示工业遗产,也是工业遗产保护单位正在做的事情。

图3　中国船政文化博物馆

图片来源:中国船政文化博物馆[EB/OL].(2015-10-15)(2018-05-11),http://www.zgczwhbwg.com/.

在虚拟影像展示方面,工业遗产中非物质文化很难实景再现其发展过程、制作流程、工作原理,但二维电影、动画的展示,3D、4D数字化影像的展示,可以将存储的文化信息转变为数字化影像,提供立体化的临场感体验。中国船政文化博物馆里已有通过360全景技术实现全景漫游的数位博物馆(图4)。立体投影技术可以不借助任何设备将制作好的三维虚拟影像投射出来,营造虚拟而又真实的工业生产环境,使人产生身临其境的感受。AR增强现实技术是"利用计算机生成虚拟图像,并将其显示于数字屏幕中,实现虚拟与真实的叠加与融合效果"[①]。在参观工业遗产展品的同时,可以使用手机实时获取展品的背景信息。VR虚拟现实技术可以"通过计算机构建一个包括视觉、听觉、触觉等全方位感官在内的三维立体化虚拟世界,让参展者犹如身临其境般

[①] 雷月.数字技术在展示设计中的辩证思考[D].东华大学硕士论文.2014:15.

获得沉浸感的独特体验"①。基于虚拟现实技术构建与真实博物馆一致的数字化3D场馆可以将用户带入历史事件或不同时期的工业遗产中,了解不同时间的建筑、人物、景点等文化。

图4 中国船政文化官网首页

图片来源:中国船政文化网[EB/OL].(2015-10-11)(2018-05-11).http://www.czwh.org.cn/.

(四)在传播上的应用

新媒体时代,文化信息传播不能单纯依托某一媒介,构建强大的文化传播,网络必不可少。网站、微信、微博、APP、数字化虚拟博物馆和移动终端都是工业遗产信息传播的重要途径。2017年7月24日,为弘扬福建工匠精神,福建省工业文化协会发布《关于举办首届福建省"工业文化杯"摄影大赛的通知》,用摄影加强对福建工业文化的关注,加强工业文化传播。2018年5月,福建省《八闽工匠》播出的工业微纪录片,用镜头的语言探索、挖掘并传承福建工业文化基因。

在新媒体环境下,一次内容,多次加工,成为常态。福建船政工业遗产展

---

① 刘音.新媒体技术在数字展馆设计中的应用研究[D].北京邮电大学硕士论文.2016:23.

览,也可以通过将展览拍成视频、图片放进 APP 里,在虚拟博物馆中加入电子展览,进行实景展览重现,可以将用三维投影技术展示出来,还可以用网络新闻、微信、微博等进行信息传播。

四、新媒体技术驱动下福建工业遗产传承的思考

工业遗产是城市变迁和历史发展的承载物,反映不同时期的城市经济发展、市民生活变迁和工作方式蜕变等城市集体记忆,是今天可触摸到的尚未消逝的历史真实,"曾经人声鼎沸、机器轰鸣的热火工厂,不应只化作很多人记忆里的一个片段"[①]。对此,新媒体技术在工业遗产传承中的应用空间极广。当然,应该理性看待新媒体技术与工业遗产传承。

(一)加强福建工业遗产的文脉传承

工业遗产的文化蕴含在地域形态、环境风貌内,乃至沉淀于生活方式、风俗习惯、居住形态、社会经济及人们的价值观和审美观之中。对工业遗产的"保护并不意味着让文化遗产凝固,通过保护和合理利用,发挥文化遗产在现实生活中的积极作用"[②],新媒体技术在工业遗产传承中的运用,尤其重视在工业遗产的非物质文化上的运用,在一定程度上促进了工业遗产的文脉延续。

(二)理性看待技术与工业遗产的融合

工业遗产传承中应该恰当地融合新媒体技术,不断丰富新媒体的文化内涵。文化是媒体传播行业发展的内核,新媒体的发展应与文化传承及发展同步与协调。当然,发展新媒体技术的同时也应该看到,新媒体技术所运用的全新的传播方式使传播内容碎片化,无法迅速拼凑出完整的某一工业遗产全貌。

---

① 盛玉雷.擦亮尘封的工业遗产[N].人民日报,2017-7-26(5).
② 邱玥,刘坤.留住"年轻的遗产"——工业建筑遗产如何重焕生机[N].光明日报,2017-01-10(5).

新媒体技术的运用给用户带来感官体验,也导致身体不适,如立体眩晕症,在虚拟现实技术中,用户借助工具使视觉、听觉和触觉等感觉器官沉浸在虚拟世界的活动中,实际和虚拟的差别会导致用户出现生理上的眩晕症状,这也是目前虚拟现实技术和设备普及遇到的困难。

(三)工业遗产传承需要全民参与

目前,遗产保护中公众参与的呼声和积极性越来越高。政府应建立健全多方参与、综合评定的工业遗产公众参与机制,将公众的意见作为指导政府决策工作的重要依据。鼓励更多的人参与工业遗产保护与传承中来,树立人人都是传承者的意识,形成对工业遗产保护的强烈的社会认同感,进而形成文化自觉。工业遗产的保护需要影视艺术编剧和导演、画家、作家、音乐家、数字媒体专业人士等,发挥其各自的专业优势,相互取长补短,形成不同类型的作品,再借助新媒体技术进行传播。当然,政府部门也要通过活动向公众普及工业遗产的知识,这样才能多管齐下,增强公众对工业遗产的认识,形成全民参与的局面。

工业遗产是较为年轻的遗产,在工业遗产的传承中,面临着工业遗产消失、其非物质文化缺失等问题,新媒体技术可以通过对工业遗产资料进行采集、存储、展示、传播进行还原。新媒体技术依靠其全新媒介技术手段,使工业遗产形态由单一静态转变为多维动态,使工业遗产传承突破时空界限,这是新媒体技术带来的便利,同时也应该看到,在新媒体技术驱动工业遗产传承中,技术只是手段,要讲好中国工业故事,塑造国家工业新形象,仅仅依靠新媒体技术是不够的,更重要的是创作出更多更好的工业遗产内容。

近代华侨资产遗存与福建城市文化重塑

林江珠[*]

摘　要： 福建城市是我国新海丝战略的重要节点，海外华侨回乡投资兴业是近代福建城市化的关键因素，近代华侨资产遗存是福建城市工业遗产重要资源。华侨文化能够重塑福建城市文化，以华侨资产历史与情感价值为基础，再生城市历史街区生命力；以华侨跨国产业发展经验，探索福建新型城镇化之路；从侨资产业遗存的美学与艺术价值，塑造福建城市文化符号；复兴福建华侨人文精神，为福建城市产业转型发挥作用。

关键词： 福建城市；华侨资产遗存；城市文化

中国城市文化遗产，不论是形成过程、遗产类型、价值特征以及保护的策略和模式，都有一定的地区差异。华侨为中国近现代化发展建设做出过不可磨灭的贡献。福建华侨华人与祖（籍）地血脉相连，不同时期、不同区域的福建移民发展历史，建构出福建侨乡的文化资源。闽侨历史文化与"一带一路"沿线国家共同构成人类文化空间。

一、近代福建华侨资产遗存状况

福建拥有华侨华人资源，其中，福州、泉州、厦门和漳州是我国最著名的侨

---

[*] 林江珠，厦门理工学院新丝路时尚学院副教授。

乡。福建城市是国家"一带一路"发展倡议的主要节点,福州、厦门、泉州、漳州自宋元起陆续成为中国东南沿海对外贸易重要港口,为"海上丝绸之路""海上茶路""瓷器之路""香料之路"起点和通道。鸦片战争后,福州、厦门成为"五口通商"的主要口岸,因此,福州、厦门、泉州、漳州是福建渔业港湾、港口贸易和新兴工商业发展较早地区,是近代工商业文化遗存较完整的城市。华侨通过资本运作,把外来商品、市场规则与本土习惯融合形成城市。

福建华侨资产遗存,指各侨乡留存至今的近代福建华侨华人投资或创建,与百姓生活相关的所有生产与生活的历史遗迹的总和。庄为玑、林金枝《福建华侨企业调查报告》的数据显示,1871—1949年福建华侨投资省主要城市金额折合人民币约1.4亿元,具体各城市华侨投资户数、投资额和所占比率见表1。

表1 1871—1949年福建华侨投资省主要城市金额

类别	投资户数	投资额(元)	占全省比例(%)
福州市	30	6 828 925	4.90
厦门市	2 668	87 486 598	62.88
泉州市	1 224	22 120 424	15.9
漳州市	38	12 423 809	8.92
其地	65	9 572 760	7.00
合计	4 055	139 189 807	100

资料来源:庄为玑,林金枝.福建华侨企业调查报告[J].厦门大学南洋研究所庆祝建国十周年专辑,1959:58.

福建华侨已深层次介入近代福建城市的发展变化过程。从数据看,华侨投资相对集中于厦门。

(一)华侨跨国实践形成福建华侨资产类型

近代福建城市经济的成长和社会变迁,与华侨华人纷纷回乡投资兴业息息相关。如近代厦门有一个极其特殊的消费市场——闽南华侨消费市场,它由两个部分组成:一是海外汇款即侨汇,用于国内亲属的指定购买消费;二是华侨返乡携带款项,用于投资与消费,形成具有投资性质的消费市场。"厦门是中国市场与南洋沟通点,南方市场包括曼谷、新加坡、马六甲、槟榔屿、爪哇、苏门答腊、婆罗洲、马加撒等地。在爪哇、西贡、新加坡、马来亚、槟榔屿等的中国人大部分来自福建。这些人自然希望能够用上本国生产、制作的产品"。

(二)华侨引领近代福建城市消费时尚之风气

福建华侨对近代侨乡建设发挥重要作用,传统上,海外捐资与华侨投资是福建外向型经济的重要形态,对引领侨乡消费风气和改变居民生活方式产生直接影响。如在厦门鼓浪屿,规模较大的别墅或洋楼全部是近代闽南华侨主持设计和建造的私人住宅。比如黄家花园,其主体由一个大花园与三幢豪华别墅组成,欧陆风格和南洋风格相互融合,每个房间内置镜子上都挂有剃刀、须刷和掏耳筒等理发用工具,主人警省后人毋忘创业源头。它是南安籍印尼华侨黄奕住的家。再如海天堂构、容谷别墅,是晋江籍菲律宾华侨黄秀烺、李清泉的私家院落;亦足山庄,是同安籍越南华侨许汉的私家花园。另外,据民间史料记载,"汀、漳人悍嗜利,不若邵、延淳简,而兴、泉地产尤丰,若文物之盛,则甲于海内矣"。因此,遍布于厦、漳、泉等侨乡传统集市或商业街中的南洋风格骑楼式商住楼群,有商品集散与货物信息交流功能。

总体上,福建沿海港口以及周边侨乡,因频繁的货物和人员流动,发展出商业中心和货币流通中心的城市功能。

(三)福建华侨投资资产构成近代福建城市样貌

自汉代以来,福建民间下南洋渐成风气,历史上,形成重要商贸网络和闽商集团势力。明清时期,福建侨乡市场呈现数量不断增多、分布日趋密集局面。华侨商人受近代西方文化和市场化意识影响,为了顾及国内宗族亲属的生活,利用往返于侨居地和侨乡的机会,投资跨国贸易与建立资产运营渠道,实现积累财富的目的,直接或间接促进侨乡生活方式与生产发生结构性变化。福建侨乡基本都具备交易市场,根据南安县地方志记载,明弘治年间全县只有2个集市,到万历时增加至4个集市,清乾隆时期全县已有14个集市。集市的增加意味着贸易扩大以及交易人群数量增多。商品交换与提供消费的相关服务业成为华侨投资主要方向。商品交易、置业与房地产、银行、侨汇、侨批信局(水客)、西式工厂、提供公共用水、用电和电话业务等事业日益发达。

总体上,华侨资本直接或间接地参与福建城市的发展,以厦门为中心的闽南华侨消费市场形成,再以圈状方式由内向外推进至漳州、泉州、福州,形成以基层市民活动为主的城市文化格局。

二、福建主要城市华侨资产遗存与城市文化关系

唐宋时期,沿海的福州、兴化、泉州、漳州民间贸易相当发达。宋元时期,泉州以海上贸易为基础,成为福建最先发展起来的港口城市,百姓富庶程度领福建之冠。兴化和漳州虽发展较晚,但在宋元时期也已颇具规模,古书里描绘漳州艺人们的生活,用"筑棚于居民丛萃之地,四通八达之郊,以广会观者"来形容。厦门从事通商口岸贸易,鼓浪屿上出现"国际社区",城市化达到一定程度,近代闽侨回国在厦门投资发展,成为社会地位象征。厦门是典型商业城市,城市社会内部最具影响力者,首推商人阶层,"解放前的福建工业,尤其是厦门一地,大都为华侨所办"[①]。近代华侨投资福建,主要集中在城市发展需要的产业上,如初级工业、商业、房地产业、交通运输业。

(一)厦漳城市区

五口通商,厦门开埠以后,厦门的港口城市经济获得长足发展。厦门西连九龙江下游三角洲,与漳州、泉州两地为依托,以闽南三府(泉州府、漳州府、汀州府)、二州(永春、龙岩)为腹地,成为闽南华侨进出的主要通道。因此厦门的发展主要依靠经济腹地大量的人流、物流。近代城市发展初期,厦门的金融业、工商业、房地产业、公用事业完全依赖于海外华侨投资,商业的发展带动城市的繁荣。

---

① 周子峰.近代厦门城市发展史研究(1900—1937)[M].厦门:厦门大学出版社,2005:174.

1.侨资、侨汇兴办城市金融业,形成城市产业聚集带

据中国银行福建分行统计,"本省侨眷150万～220万人,主要在闽南等地,主要侨区的侨眷人数占当地的总人数比重很大,本省侨眷中60%～80%人口,全部或部分依靠侨汇生活"。福建华侨90%以上在南洋,来自南洋华侨的侨汇主要解决侨眷的生计问题,帮助侨乡人民安排生活。民国期间修撰的《同安县志》载:"究之邑人士,侨居海外,美雨欧风,涵濡有素,国体变更而后,侨民多欲汇资以整理祖国,使政府能广招徕,实力而保护之,则同邑僻处海疆,以之振兴实业,指顾间耳。"①大量侨汇汇入,则须有一定的金融机构保证资金的正常流动。华侨在厦门创办民信局、银行、钱号、钱庄、当铺等形式多样的金融企业,满足华侨汇款回侨乡实际需求。

19世纪中叶,厦门的钱庄业务逐渐繁盛,至民国后期,其业务被民信局兼并或替代。1912年,在厦门拥有十万元以上资本的钱庄有建兴、建源、美源、豫丰、心记,主要业务是在厦门买卖外国汇票和处理来自新加坡等地的汇款。1929年前后,侨资大量涌入,存款业务猛增,各种票据、金银买卖需求量激增,钱庄公会业者达87家。

厦门市中国银行退休干部林春森提供的信息显示,侨批局、民信局经营方式分为头盘、二盘、三盘三种。头盘,指直接在海外收信并独立经营;二盘,指接受海外信局委托,办理转驳内地信件;三盘,指受国内信局委托,专营派送内地侨信侨批业务。利润来自按侨信数量计费和按侨汇金额计算的"批佣"和手续费。据统计,1882—1891年,在厦门登记营业的民信局有23家,1912—1921年,有64家。因1928—1931年厦门大兴建设,加之银价大幅度下跌,华侨汇款回国利润更高,华侨竞相汇款投资房地产开发与其他工商业。厦门成为华侨出入的口岸和国际邮递口岸,是闽南经济和金融的中心城市。

2.南洋华侨投资兴办城市工商业,形成区域消费市场

1875—1949年,在厦门开设商号的华侨投本,主要经营进出口贸易,经销

---

① 中国地方志集成.福建府县志辑.民国同安县志(第18卷)[M].上海:上海书店,2000:321.

茶叶、棉布、五金、化工、医药、客栈、粮油加工等,有近20种行业①。如海澄籍马来亚华侨邱明昶出洋致富后,于1890年与人合作在厦门创办万记商行,主要经营进出口贸易,投资7万银元建设厦门的码头,是早期厦门十分重要的贸易企业。灌口籍缅甸华侨张永福,1913年在厦门创办永福米行,专门经营进口洋米业务,兼营侨批。

华侨在厦门投资,首选棉布商业。因华侨与侨眷家庭的生活支出高于厦门市民平均水平,对中高端棉布的需求远超普通市民。华侨回国,一般要从厦门购买棉布作为主要礼品,用于馈赠亲友。华侨与侨眷家庭对棉布的需求十分坚挺,这对厦门棉布经营能力产生直接影响。

其次是食品制造工业。近代厦门第一家规模较大工业企业,为归侨杨格非于光绪三十四年(1908年)创办的淘化罐头食品厂。直至1931年,华侨资本虽热衷于投资实业,但因市场辐射范围有限,工业资本主要集中在食品、化工、纺织、小型机械等与民生有关的轻工业。

3.南洋华侨投资房地产,投入厦门城市公共设施建设

因1929年爆发大规模的经济危机,华侨在南洋的生意遭受严重打击,需要为资金寻找合适的投资渠道。20世纪20年代,华侨侨汇资金多集中于房地产行业。华侨资产分为房产置业、投资性地产和市政建设三类。房产置业,如印尼华侨黄奕住投资的黄聚德堂。投资性地产,如菲律宾华侨李民兴的置业公司。南洋华侨有"落叶归根"的想法,农村治安混乱,厦门治安环境相对较好,在此置产置业,厦门因此成为大部分华侨回国居住投资首选。1927—1932年,厦门大规模进行市政建设,这为华侨提供投资新渠道,近代厦门城市三大公用事业——厦门电灯电力公司、厦门自来水公司和厦门电话公司②均由南洋华侨投资规划与经营,厦门三大公用事业总资本合计约440万元(银元)。具体见表2:

---

① 洪卜仁.厦门华侨志[M].厦门:鹭江出版社,1991:157.
② 福建档案馆.福建华侨档案史料(上)[M].北京:档案出版社,1990:629-632.

表 2　1927—1932 年厦门市政建设基础设施详细情况

公共设施建设	时间	发起人	地点	城市建设贡献	规划细节
厦门市政会	1920 年	林尔嘉		发出倡议：开山填海，拆除旧城，兴建新城	出现第一条现代马路开元路，设计仿英国麦加顿式
厦门电灯电力公司	1911 年	陈祖琛 黄庆元 陈耀煌	厦门港沙坡尾	1913 年，厦门第一台 500 千瓦汽轮发电机组投产发电，惠及 7% 居民、碾米、铁厂、戏院、锯木及其他工业	1938 年厦门沦陷期间被日军强占，其线路多被日军拆散变卖
厦门市自来水公司	1920 年	黄奕住 洪鸿儒 陈实甫 叶孚光	鼓浪屿	1927 年，全部工程完成，蓄水池最高水量为 2.8 亿加仑，可供全市 20 多万居民 9 个月之用。1929 年，鼓浪屿日光岩和鸡冠山分别建造高低水池两座，备有大小运水船 3 艘，拖船 1 艘，每天将厦门的自来水由船运至鼓浪屿	
厦门电话公司（德律风公司）	1907 年 1921 年	林尔嘉创建 黄奕住接承盘活		1922 年，铺设厦门至鼓浪屿的海底电缆；1924 年 1 月，实现厦鼓通话；1930 年，海沧、石码、海澄、浮宫、南靖等地设立交换所，初步建成厦门与漳州的长途电话通信网	1937 年开通厦漳长途电话
创建厦门大学	1921 年	陈嘉庚		楼群包括囊萤、同安、群贤、集美、映雪楼	中国近代著名高等学府
兴建中山公园	1926 年	周醒南（汕头华侨）	厦门中山公园	规划面积 16 万平方米，内有居民 124 户，另建百家村安置	全园勘定和设计由新加坡华侨周醒南主持
建设鹭江道	1926 年	李氏兴业置业公司		厦门第一码头至厦门港	菲律宾李清泉家族经营

(二)泉州为核心城镇地区

近代以泉州为核心的多级城镇地区,形成自主发展城市格局。因泉州市场发育较早,华侨和军政要员成为重要的投资者,涌现一批经济比较发达的小城镇,如原晋江的青阳镇、安海镇、石狮镇和东石镇。泉州核心城镇地区有锯木厂、碾米厂、罐头厂、炼乳厂、机器修造厂、染织厂之类工业企业,满足地方经济建设和人民生活需求。泉州的城市建设,华侨资本参与其中,如旅日华侨周起谦在泉州城南岳街家中开设纺织工场,设有木纺织机10余台,为泉州设备较完整的近代纺织手工业之开端[①]。鸦片战争后,福州、厦门两个口岸被开放,泉州外商在福州、厦门口岸设置工厂和兴办企业,将近代工业带入并散播至周边地区,形成以泉州为核心的多级城镇化。由于地缘性制约,泉州的工业发展极其缓慢,主要凭借华侨资金优势和海外信息,清宣统二年(1910年),泉州华侨郭桢祥等人集资45万元,在南安水头镇创建制糖厂,日榨蔗量80吨,成为福建第一个工业制糖厂。黄传扶在泉州清源山脚创办清源种茶公司,安溪华侨林格存开设宝华制瓷厂。民国二年(1912年),华侨吴资深集合侨商组织创办福建永安铁矿股份有限公司,在安溪、德化、永春购置煤矿山,测绘铁路及矿区明细图。泉州地方绅士集资10万银元,设立泉州电气股份有限公司,在新门外菜洲建发电厂,于民国六年(1917年)发电营业。马来西亚华侨李辉芳等在永春县创办太平华兴种植公司,制作"虎巷佛手名茶",茶叶销往东南亚各国。民国四年(1915年),官督商办永德安煤铁股份有限公司成立,总资本600万元。1912—1936年,泉州的私营工业资本迅速发展,主办为乡绅、归国华侨企业家和部分官僚,企业以华侨投资为主,以轻工业为起点,发展以满足市场需求为动力,侨资企业多为劳动密集中、小型企业。在这一背景下,轻工业取得一定的成就,重工业非常薄弱。

---

① 泉州地方志编撰委员会.泉州市志(第一册)[M].北京:中国社会科学出版社,2000:32.

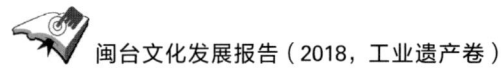

(三)福州城市反哺华侨侨眷的社区建设

近代福州城市建设,官办企业占绝对优势,华侨资本和民间资本较弱。19世纪60年代,左宗棠创办当时远东最大的造船厂——福建船政局。除福建船政局和机器局外,还有官督商办的民办工业,如福州糖厂、面粉厂、石竹山铅矿。民间资本单一,只有极少侨批与侨汇业务。福州侨批局始于光绪末年。1903年,新加坡侨商在福州设立福泰和等民信局①,主要收汇地点为印尼、新加坡、马来亚、缅甸、菲律宾;派送地区主要是福清、闽侯、福州、闽清、长乐和连江。近代华侨资本对福州城市功能形成作用不显著。

福州为华侨侨眷划定社区居住,这成为福建城市建设特例。福州地区海外华侨、华人多达300余万人,散布在五大洲的102个国家及地区,归侨、侨眷人数多达200万。1950—1960年曾出现闽籍华侨归国潮,福州兴建华侨新村。福州的华侨新村是当时建设规模较大,独立划分的城市空间社区。留存至今,这类历史建筑成为华侨在福州留下的历史痕迹,其建筑风格和空间环境展现福州城市华侨文化社区建设价值。

三、利用华侨资产遗存重塑城市文化

福建城市文明激发华侨华人回乡的积极性,华侨华人通过回乡投资兴业与置办私产,经营公共事业性质基础产业,为城市建立相对完备的民生产业链,为城市文化塑造发挥重要作用。

(一)以华侨资产为基础,再生城市历史街区生命力

再生,并非从零开始,而是要把根植于本地产业的人文遗产的精神挖掘出来,从历史街区的公共设施、公共活动以及象征城市记忆的空间中寻求产业基因改良的可能性,如厦门的华侨饭店、厦门海关、鹭江宾馆、大同路;泉州的城

---

① 福建省地方志编纂委员会.福建省志·金融志[M].北京:新华出版社,1996:74.

南社区;福州的五四路等与华侨华人回乡有关区域,旨在激活市民的活力,将城市建设重心转向以人为本的、柔性的社会再生。以华侨资产的历史与情感价值为基础,将华侨的符号转换成现代城市内涵,为城市选择定位时,从根植于本地的产业、人文遗产等文化资源库内,顺藤摸瓜地找出城市建设肌理,确定城市标志,获得外界的认可。如西班牙的毕尔巴鄂原是港口工业城市,再生为博物馆之城。

华侨资产遗存,记录福建近代城市发展脉络,成为福建城市重要的文化组成部分。福建城市是中国新海丝发展战略的重要节点,从港口选址、城市基础设计,再到历代街区建设,华人文化与福建城市文化相伴共存。如厦门开埠贸易与鼓浪屿"国际社区",吸引数量可观的南洋富商投资兴业,这些在东南亚及世界各国有生存经验的人群在厦门港频繁流动,使近代厦门城市化程度极高。

(二)借鉴华侨跨国产业发展经验,探索福建新型城镇化之路

在新型城镇化实践中,福建省推行就地城镇化政策。就地城镇化,指城市周边农村人口不向城市迁移,原自然村、行政村合并组成新社区,然后完善新社区的基础设施,发展生产,改变生活方式。海外华侨华人投资建设城市公共文化设施,华侨资产涵盖侨乡社会,在新型城镇化中发挥重要作用。

表3 福建华侨华人捐建的部分城市公共文化设施

名称	捐建人	地点	时间	建筑面积
陈延奎图书楼	菲律宾华侨陈延奎、蔡琼霞	晋江市区	1991年开工 1993年竣工	4 000平方米
福州郊区楼顶店图书馆	美籍华人郭时杰捐资30万	福州郊区郭宅村	1994年建成开馆	5层混凝土结构
晋江溜江文化中心	海外乡亲王、陈两人捐资70万元	晋江	1987年动工 1988年竣工	1 800多平方米
龙岩市社兴活动中心	美籍华人苏年湘、黄阿娇夫妇捐资30万	龙岩环城公路东侧	1992年动工 1993年竣工	1 100平方米
南安市吕振万体育馆	港胞吕振万捐资100万元建主体工程	南安市水头镇	1993年竣工	3 350平方米

续表

名称	捐建人	地点	时间	建筑面积
石狮文化中心	海外乡亲蔡氏捐资100万元兴建	石狮市	1989年竣工	7层建筑
同安县苏宋科技馆	海外乡亲捐资60多万元兴建	同安县	1988年开放	2 400平方米
永春县文化中心	海外乡亲郑氏捐资170万元兴建	永春县	1986年动工 1989年竣工	5层大楼,占地7亩

福建华侨跨国产业发展经验丰富,以侨乡形成与发展最为典型,侨乡形成独特的民俗文化,侨汇多,侨资多,华侨、华人、归侨和侨眷人口占比高、涉侨组织在当地有明显的影响力。理解华侨资产的历史与情感价值中所蕴涵的华侨精神,能够为城市文明发展提供素材,这种谋求民生产业可持续发展的民间力量,是福建城市发展的原动力。

(三)从侨资产业遗存的美学与艺术价值,塑造福建城市文化符号

城市的文化特色不会凭空出现,而要经历漫长的岁月逐步发展而成。福建城市的文化符号体系,应该从城市形成历史与发展肌理中寻找。福建沿海地区港口多,物资、侨汇侨批、华侨于此集散而成为经济、航运、贸易中心的港口城市,深深地打上华侨的烙印。华侨文化营造出大航海时代氛围,使得福建的工业文明、城市文化别具一格。市民受华侨所塑造城市艺术熏陶,形成理解、认同和消费的文化潜意识。城市中骑楼式建筑,不仅彰示商业热情,也成为市民感受美和进行艺术鉴赏的对象。福建可以从侨资产业遗存提炼城市文化符号。

(四)复兴福建华侨人文精神,为福建城市产业转型发挥作用

福建城市主要依托传统侨乡人口的国际迁移、贸易交往、返乡投资兴业等方式形成。华侨华人的观念决定和影响着城市最初的形态,近代华侨华人参与厦门港口、市政设施的规划与建设,直至今天仍在发挥作用;海外华侨华人

从产业获利后,回乡投资创建公益事业,赈灾,修桥,办学,建善堂,乃至于修家庙,建寺宇之习惯,形成社会风气。如1907年,清政府筹建漳厦铁路,派农工商部侍郎杨士奇作为钦差大臣巡视南洋,赴爪哇向华侨招股集资,当地福建华侨华人"捐集巨款,踊跃乐输"①。华侨以文化反哺,在侨乡的公共事业建设中发挥重要作用。通过复兴华侨人文精神,保护和利用近代华侨资产遗存与非物质华侨民俗文化,为福建城市产业转型发挥重要作用。

---

① 陈翰笙.华工出国史料汇编(第一辑)[M].北京:中华书局,1985:283.

台　湾　篇

台湾工业遗产历史与现状

李兆翔*

摘　要： 台湾多样化的地理特性与生态环境造就丰富物产条件,不同时期采用不同的政经政策,留下具多元风貌的产业文化资产,这些地景呈现人与土地互动的成果,揭示产业文化资产的重要技术演进。由于产业技术更新迅速,产业文化资产保存与再利用为台湾各界所关注。不同于西方,台湾的工业遗产有自己的产业发展脉络、技术文化与价值体系。本文梳理台湾产业文化资产的发展历程、类型分布与经营现况,揭示台湾产业文化资产的价值认定、保存范畴与运作模式,厘清台湾当前产业文化资产保存体系面临的挑战。

关键词： 工业遗产；产业文化资产；文化观光；博物馆；文化创意

台湾的文化遗产保存观念可追溯至19世纪末[①],1982年"文化资产保存法"公布至今,台湾有形文化遗产有4 000余案[②],其中属于广义工业遗产范畴者近800处,占总数五分之一,主要集中于大台北地区,交通、农业与粮食生

---

* 李兆翔,台湾中国科技大学文化资产研究中心博士后研究员。
① 林一宏.台湾文化资产保存历程概要(二).[S/OL].(2010-10-15)[2018-05-20].http://blog.xuite.net/evanhoe/balihun/21924040.
② 古迹、历史建筑、纪念建筑、聚落建筑群、文化景观、史迹、考古遗址、古物、自然地景与自然纪念物等类别[Z/OL].(2017—07)[2018-05-20].https://nchdb.boch.gov.tw/assets/overview.

产、水利设施是三大主要组成。台湾于1992年认定首座工业遗产,正式的法定工业遗产指定登录类别,则迟至2005年"文化资产保存法"修订才出现,该法案增订"文化景观"类别时将工业地景纳入。目前,台湾的工业遗产多数为公共部门所有,分别属于不同机关组织,以不同经营模式运作,多以保存维护或文化馆舍(园区)形式呈现;民间的工业遗产则以产业经济转型与活化再利用为主。

一、台湾产业文化资产历史沿革

台湾产业自明清时期开始发展,1860年淡水与安平开港后,茶、糖、樟脑的海上贸易逐渐繁荣。台湾北部的丘陵与山地是茶叶的重要产地,淡水河及其上游水系汇流处出现许多茶业贸易基地,如大稻埕、三角涌、大溪、坪林、深坑。1895年以前,台湾的制糖企业分布散乱,浊水溪以南的糖廊各自产销。台湾曾为世界上最重要的樟脑外销地,产地集中在台湾北部与中部的丘陵与山区,北部主要的樟脑聚落有三峡、大溪,中部则是东势、集集。20世纪以后,台湾的产业逐渐走向现代化,新式糖厂、茶厂与樟脑厂等不断引进,铁道、港口等交通运输不断革新,灌溉水利、电力系统的兴建加速。至60年代,钢铁、造船、炼油等重工业粗具规模,台湾的近代化产业革命逐步实现,随着工业遗产保存意识的抬头,各行各业的有形遗构与无形叙事成就今日台湾产业文化资产保存的多样化与多元面向。

台湾产业文化资产发展可概分为三大阶段,第一阶段:1997年以前的观念引介与萌芽期;第二阶段:1999—2012年的百家争鸣与融合期;第三阶段:2012年迄今的国际协作与深化期。

(一)1997年以前:观念引介与萌芽期

20世纪初期,战事纷扰与政治动荡,台湾的文化资产保存一度停滞。战后,台湾优先发展经济,70年代,"十大建设"包含六项交通运输建设,三项重工业建设,一项能源建设,这一系列措施让台湾渡过全球性的经济衰退,经济及社会的发展加速,成就经济奇迹。此一时期,交通与重工业建造物成为台湾近代化遗产群组的重要组成。随着经济起飞,1979年再启动"十二项建设",首度将文化建设——博物馆列入重大建设项目,经营绩效优异的中油公司率先于1981年在苗栗县出磺坑设立中油油矿陈列馆,这是首座公营事业产业文化馆舍。自然科学博物馆筹备处亦于同年成立,历经六年筹备、建造,于1986年正式开馆,这是台湾首座科学博物馆。1993年,该馆开设人类文化厅,展示中华科学技术与文明发展。

在保存实践方面,由于文化发展与遗产保存的意识与观念强化,1930年颁布的"古物保存法"已不敷使用,遂于1983年为"文化资产保存法"所取代,工业建筑保存的理念首见于1994年的《台闽地区近代历史建筑调查》。随后的十余年,官方与民间陆续推动产业文化资产保存与落实相关作为,尤其是在铁道遗产保存领域。1983年,基于观光需求,林务局重启阿里山森林铁路眠月线路段的运营,这可视为铁道遗产动态保存之滥觞。1990年,南投县集集支线因运输功能式微而面临废线,地方人士发起成立保护集集铁路促进委员会(现南投县集集铁道文化协会),这是台湾民间首次发起产业文化资产保存倡议。1995年,由铁道文化协会等12个文史团体发起成立"推动台湾火车站保存再生行动联盟"[1],串联起跨新竹、台中、台南及高雄等地的台湾西部重要火车站保存行动。

1992年,高雄县美浓竹仔门电厂(建于1908年)被列为三级古迹(于2003年指定为法定重要古迹),这是台湾第一座法定产业文化资产,该遗产综合展示日本建造、台湾人工、德国—瑞士机组(已停机)以及西班牙—日本机组(运转中)的技术融合,完美诠释亚洲工业遗产脉络与跨域融合。此外,民间亦已出现产业文化资产保存力量,1993年,由退休矿工成立之九份金矿博物馆是台湾首座民间产业文化资产馆舍。

---

[1] 洪致文.台湾铁道文化志[M].台北:远足文化事业有限公司,2011:2.

(二)1997—2012年:百家争鸣与融合期

台湾产业文化资产保存特色鲜明——其与当代艺术文化、美学、创意经济等交织汇聚。因水质问题,台湾省烟酒公卖局台北第一酒厂于1987年迁移至桃园,位于台北的华山旧酒厂闲置;至1997年,表演艺术团体——"金枝演社"于该地演出舞台剧引发争议①,在省政府文化处与烟酒公卖局协商下,华山艺文特区得以建立;1999年起,该特区委托"艺文环境改造协会"经营,艺文界人士将闲置十年的酒厂再利用为多元发展的艺文展演空间。适逢2001年当局推动闲置空间再利用计划,隔年,当局考虑到"创意文化专用区"可发挥集聚、扩散、示范与文化设施等多项功能,将台北、花莲、台中、嘉义等酒厂旧址及台南仓库群等五个闲置空间规划为"创意文化园区"②,这启发日后松烟(旧制烟工厂)、台铝(旧制铝工厂)、驳二(旧港埠仓库群)与中兴(旧制纸工厂)等文创园区的设置。1998年,为鼓励县市政府活化再利用铁道外围闲置之旧仓库,寻找艺术家创作之替代空间,省政府文化处亦推动"铁道艺术网络计划"。2002年,当局设立产业文化资产调查小组,清查公营事业体与关连组织;推动世界遗产十八处潜力点计划,涵盖六处产业遗址③。前述发展足见台湾文化资产保存之观念,已从传统古迹、历史建物与古物扩及对近代化产业文化资产价值的鉴赏与重视。2004年《机关机构学校文化性资产清查作业要点》《各机关机构学校文化性资产清查评估原则》的公布,以及《文化性资产清查操作手册》的出版,更有助公营事业体与公有产业文化资产落实清查与价值评估作业,成为后续推动保存与修复之基础。

前项所提之"文化性资产清查"操作共分机具文物类、口述史料类、文化与

---

① 金枝演社.古国之神——祭特洛伊[Z/OL].(1997-12-09)[2018-05-20].http://www.goldenbough.com.tw/2006/theatre_6.html.

② 五大文化创意产业园区营运管理[Z/OL].(2017-06-19)[2018-06-02].https://www.moc.gov.tw/information_302_34100.html.

③ 台湾世界遗产潜力点[EB/OL].(2013-01-11)[2018-05-20].https://twh.boch.gov.tw/taiwan/index.aspx?lang=zh_tw.

自然景观类、建筑与土木设施类、遗迹及聚落类、文献资产类、无形文化资产类及群体类七大类,兹以林务局及其所属机关与台糖公司之文化性资产清查成果为例,整理出表1。

表1 林务局与台糖文化性资产清查成果之比较

清查总计		七项清查类别统计	
林务局	869项	1.机具文物类 240项 2.口述史料类 121项 3.文化与自然景观类 66项 4.建筑与土木设施、遗迹及聚落类 108项	5.文献资产类 329项 6.无形文化资产类 2项 7.群体类 3项
台糖	17 924项	1.机具文物类 3 375项 2.口述史料类 606项 3.文化与自然景观类 309项 4.建筑与土木设施、聚落、遗址类 309项	5.文献史料类 9 832项 6.无形文化资产类 40项 7.群体类 78项

资料来源:文化资产[EB/OL].(2015-01-11)[2018-06-06].https://www.boch.gov.tw. 林务.[EB/OL].(2015-01-11)[2018-06-06].https://conservation.forest.gov.tw.

　　林务局亦于2001年在花莲县林田山林场设立首座林业文化园区,利用现存林业文化空间,展开保存、复旧、再利用行动,借以活化历史记忆,陆续设置台中东势、宜兰罗东、嘉义阿里山林业村及桧意森活村等共四处林业文化园区,另有乌来台车博物馆、内湾林业展示馆、阿里山与太平山森林铁道等设施。作为公营事业,台糖积极配合2006年启动之"产业文化资产再生计划",加速旧糖厂厂区再开发利用,型塑文化教育观光场域,陆续计有溪湖、虎尾、新营、桥头、旗山、台东及糖业研究所等厂区得到相关部门的经费及资源。晚近的其他公营企业亦陆续参与文化资产清查作业,例如台电2016年启动"文化资产保存运维项目",系统清查保存近130年来台湾电力事业累积的史料、机械设备、建造物与集体记忆等文化资产。

　　除了将旧有产业空间转为园区的经营模式,生态博物馆概念的导入与产业文化资产保存实践结合,催生2004年设立台北县(现新北市)立黄金博物馆,这是首座以产业文化资产为主题的生态博物馆①。同年,科学工艺博物馆的"保存台湾产业图谱"展览揭幕,这是台湾首次以产业文资为主题的大型特展。2005年,产业文化资产迎来法理制度上的认定,该年修订的"文化资产保存法"增加"文化景观"类别,首度将工业地景纳入文化资产类别认定范畴,宜兰乌石港旧址于2006年登录为首座产业文化景观。截至2018年5月,台湾以文化景观类别指定登录者计有62处,其中产业文化资产群组即占有半数,达31处,以水利设施为大宗,如表2。

表 2 台湾指定登录之产业文化景观列表

序号	个案名称	产业文资分类	文资种类	地点
1	坪顶古圳(坪顶旧圳、坪顶新圳、登峰圳)	水利设施	水利设施	台北市
2	二结圳	水利设施	水利设施	宜兰县
3	八芝兰番仔井	水利设施	水利设施	台北市
4	白冷圳	水利设施	水利设施	台中市
5	来义乡二峰圳	水利设施	水利设施	屏东县
6	乌山头水库暨嘉南大圳水利系统	水利设施	水利设施	台南市
7	乌石港旧址	水利设施	水利设施	宜兰县
8	神冈浮圳	水利设施	水利设施	台中市
9	深沟水源地	水利设施	水利设施	宜兰县
10	暖暖净水场	水利设施	水利设施	基隆市
11	旧南屯溪	水利设施	水利设施	台中市
12	原朴子上水道头文化景观	水利设施	其他场域	嘉义县
13	谈文湖铁道砌石边坡	交通—铁路	交通地景	苗栗县
14	胜兴车站铁道文化景观	交通—铁路—车站	交通地景	苗栗县

---

① 猴硐煤矿博物园首座产业生态博物馆2010年开馆.[Z/OL].(2010-05-11)[2018-05-20].https://tour.ntpc.gov.tw/zh-tw/Attraction/Detail? wnd_id=60&id=110748.

续表

序号	个案名称	产业文资分类	文资种类	地点
15	阿里山林业暨铁道文化景观	林业	交通地景	嘉义县
16	罗东林场	林业	工业地景	宜兰县
17	北门驿与阿里山森林铁道	林业	农林渔牧景观	嘉义市
18	后里马场	牧业	其他场域	台中市
19	日本第六海军燃料厂（中油宏南宿舍群）	能源与电力	其他场域	高雄市
20	出磺坑	采矿	工业地景	苗栗县
21	瑞芳区台金濂洞炼铜厂烟道	采矿	工业地景	新北市
22	虎尾镇台湾广播电台虎尾分台	通讯	军事设施	云林县
23	池上新开园老田区	农业与粮食生产－米	农林渔牧景观	台东县
24	吉哈拉艾文化景观	农业与粮食生产－米	农林渔牧景观	花莲县
25	后龙外埔石沪群	农业与粮食生产－渔业	农林渔牧景观	苗栗县
26	七美双心石沪	农业与粮食生产－渔业	农林渔牧景观	澎湖县
27	石沪文化景观－吉贝石沪群	农业与粮食生产－渔业	农林渔牧景观	澎湖县
28	台糖公司花莲糖厂（盐水港制糖株式会社花莲港制糖所大和工场）	农业与粮食生产－糖业	工业地景	花莲县
29	云林县斗六糖厂糖业文化景观	农业与粮食生产－糖业	工业地景	云林县
30	蒜头糖厂文化景观	农业与粮食生产－糖业	工业地景	嘉义县
31	桥仔头糖厂文化景观	农业与粮食生产－糖业	工业地景	高雄市

资料来源：台湾文化资产数据［EB/OL］.（2015-01-11）［2018-06-06］.https://www.boch.gov.tw.

2006年,科学工艺博物馆之台湾工业史迹馆正式开幕,这是台湾第一座以近代产业文化资产为主题的专业展馆。同年,当局启动"产业文化资产再生计划",以协助推动表征台湾产业(工业)近代化发展且具有特定历史意义与贡献之产业文化资产(包括产业生产脉络、产业文化地景、产业科学技术、相关机具文物,以及与产业相关之地方文化、在地记忆等有形及无形文化)之保存与活化再利用为主轴,迄今已辅导、补助再生点30余处。

距金枝演社在华山酒场演出十年之后,2007年,击鼓表演艺术团体——十鼓,将前台糖仁德车路墘糖厂修复再利用为鼓乐主题艺术村①,结合文资保存、影视创作、极限运动与鼓乐教育的多元发展,更于2015年、2017年办理两届工业遗产国际论坛,推广产业文化资产的保存与再利用实践。设立于1901年的高雄桥仔头糖厂厂区于2008年被认定为文化景观,其沿革可追溯至2001年,桥仔头文史协会与艺术家倡议将此历史工业遗址改建为文化保存聚落,开展艺术家驻村活动;至2008年,桥仔头白屋股份有限公司和台湾艺术发展协会共同向台糖公司租下原招待所空间与数栋仓库,以"白屋艺术村"为名,将文化资产、环境教育、常民美学、艺术典藏作为主题,持续推动艺术家驻村②;同年,台北县(现新北市)瑞芳水湳洞的在地艺术家们成立社区美术馆——山城美馆,作为艺术家发表与互相交流的场域,为历经矿业兴衰的聚落——水金九③的居民提供学习、探索美学的生活空间,更进一步于2010年成立台湾类博物馆发展协会,借用艺术的力量活络社区,解决社区问题,让繁华落尽的黄金山城展现新风貌。另一表演艺术团体——优人神鼓,亦于2014年向台电承租"本山矿场"作为其"本山亘古剧场"之基地,艺术、产业(人文)与自然文化的交融与激荡,成为台湾产业文化资产保存的特色。

2008年,针对台湾传统产业升级与转型,台湾当局启动"观光工厂计划",辅导有潜力有意愿的"工厂"发展观光,协助制造业创新发展,促使其转型成为"观光工厂",透过产业旅游,让社会大众或学校团体的休闲得以包含活动体验及学习,增加产业教育推广及观光景点,带动地方观光资源流动,转化为经济

---

① 台湾糖业.高雄桥头糖厂园区[Z/OL].(2010-01-11)[2018-05-20].https://tendrum.com.tw/TpElecsTicket/ct.花莲文创产业园区(旧公卖局酒厂)[Z/OL].(2014-01-11)[2018-05-20].http://www.a-zone.com.tw/.

② 桥头白屋.白屋艺术村2012年正式通过环境教育场所认证,是台湾唯一以"艺术与生态"通过认证的场所[Z/OL].(2012-01-11)[2018/05/20].https://www.facebook.com/bywood99.

③ 水金九,指位于新北市北海岸的三个地区,即水湳洞、金瓜石与九份。

成长动力,相对增加原产业及厂地、建筑物之使用价值。同年,档案管理局陆续出版台湾产业经济档案系列丛书。2010年,高雄劳工博物馆成立,这是台湾唯一以劳工为主题的馆舍,对应国际上对工业遗产的关照,涵盖劳工生活与常民文化之发展。

(三)2012年迄今:国际协作与深化期

2012年是台湾产业文化资产保存发展重要的一年,第十五届"国际工业遗产保存委员会会员大会暨学术研讨会"在台北举办,这是该会自1973年成立以来首次于亚洲举办,此四年一度的盛会,除成功促成国际会员间的交流外,更将台湾产业文化资产引介给国际专业人士,会上发表《亚洲工业遗产台北宣言》,该《宣言》强调亚洲地区工业遗产的特殊性,申明其保存维护的必要性与重要原则,在国际公约与宣言的基础上提出建立亚洲工业遗产网络。该年会活动以展览及教案等增进台湾大众对产业文化资产保存的理解,会后出版台湾产业文化资产系列丛书。

2013年,为延续并深化台湾产业文化资产保存与实践成果,相关部门启动台湾产业文化资产体系与价值调查阶段计划(至今已陆续完成烟、茶、糖、煤矿与铁道等主题)。2011年发生台北机厂保存事件,原因是台湾铁路管理局将此车辆维修与改装基地(旧台北铁道工场)迁至桃园市富冈车辆基地,旧厂区的存废引发争议。2015年,台北机厂被指定为重要古迹,启动建设台湾铁道博物馆,这是台湾铁道遗产保存史上的新篇章。2016年,相关部门为落实"厚植文化力,带动文化参与"之核心理念,打破过去单点、单栋的、个案式的文化资产保存,提出以"再造历史现场"为"重大公共建设投资计划",透过结合文化资产保存与地方空间治理,整合地方文史、文化科技,跨域整合各部会发展计划或各地方政府整体计划,建立文化保存整体政策,确保文化保存于民众生活。目前推动中的"再造历史现场项目计划"共有22案,其中有9案与产业文化资产保存息息相关①。

继2012年国际工业遗产保存委员年会通过《亚洲工业遗产台北宣言》后,2018年当局正式于台中文化创意产业园区设置"亚洲产业文化资产信息平台中心",促进亚洲地区产业遗产团体间的横向联系与合作,逐步梳理亚洲产业遗产的共同价值与论述,与欧美产业遗产保护团体进行对话。在此同时,台湾的公营事业体纷纷认识到保存产业文化资产乃一持续性作为,是企业文化与精神延续的关键,缘此台湾经济主管部门所属事业机构诸如台湾电力公司、中油公司、台湾自来水公司、台湾糖业公司等亦于2017年起陆续招聘文化资产专业人员,协助推进历史悠久的公营事业所属文化资产进行修复与活化再利用。兹将台湾产业文化资产保存三阶段发展与年份对应整理如表3。

表3 台湾产业文化资产保存发展年表

阶段	年份	关键事件
第一阶段:1999年以前的观念引介与萌芽期	1981	中油油矿陈列馆成立;首座公营事业产业文化馆舍出现
	1983	"文化资产保存法"颁布;林务局阿里山森林铁路眠月线复驶
	1990	成立保护集集铁路促进委员会;首次民间倡议
	1992	相关部门公告竹仔门电厂为三级古迹(2003指定为法定重要古迹)
	1993	自然科学博物馆人类文化厅落成(科学与技术主题展);九份金矿博物馆:首座民间产业文资馆舍
	1994	台闽地区近代历史建筑调查:提出工业建筑认定
	1995	推动台湾火车站保存再生行动联盟:首次系统性产业文资保存行动
	1997	科学工艺博物馆落成(中华科技展示厅)
	1998	推动铁道艺术网络计划

① "再造历史现场项目计划":花莲市太平洋临港廊道历史场景再现计划、兴滨计划哈玛星港滨街町再生、乌山头水库暨嘉南大圳再造历史现场中长程计划、蒜头糖厂历史现场再造计划、台中文化城中城历史空间再造计划、清法战争沪尾之役历史场域重现计划、千帆入港再造鹿港历史现场、新竹日本海军第六燃料厂与眷村聚落历史现场再造与活化计划、中兴纸厂宜兰兴自造等9案[Z/OL].(2017-01-11)[2018-05-20].http://www.rhs-moc.tw/index.php? inter=project&id=0.

续表

阶段	年份	关键事件
第二阶段：1999—2012年的百家争鸣与融合期	1999	台北酒厂转型为华山艺文特区
	2001	闲置空间再利用试办计划；林务局开设林田山林业文化园区
	2002	设立产业文化资产调查小组；旧酒厂/仓库闲置空间推动五大创意文化园区；世遗十八潜力点计划包括六处产业文化资产
	2004	相关机构学校文化性资产清查作业要点；台北县（现新北市）黄金博物馆成立；首座产业生态博物馆；科学工艺博物馆保存台湾产业图谱展；首次产业文资主题特展
	2005	"文化资产保存法"增订"文化景观"类别，首度将工业地景纳入文资范畴
	2006	启动产业文化资产再生计划；宜兰乌石港旧址；首座通过认定之产业文化景观；科学工艺博物馆之台湾工业史迹馆设立
	2008	启动观光工厂计划；出版台湾产业经济档案系列丛书
	2010	高雄劳工博物馆成立；唯一以劳工主题馆舍
第三阶段：2012年迄今的国际协作与深化期	2012	国际工业遗产保存委员会年会首度于亚洲举办，发布《亚洲工业遗产台北宣言》；出版台湾产业文化资产系列丛书
	2013	启动台湾产业无化资产体系与价值调查
	2015	台北机厂被指定为法定重要古迹，启动建置台湾铁道博物馆
	2016	启动再造历史现场计划，22案中有9案与产业文化相关
	2018	设立亚洲产业文化资产信息平台

资料来源：作者整理，2018年5月。

三、台湾产业文化资产的类型与分布

台湾现行的"文化资产保存法"将文化资产区分为14大类，本文针对台湾产业文化资产分类,参酌现行与国际分类,重新归类为 9 项;一一介绍台湾 6 个直属城市以及台湾省下辖 14 个县市的产业文化资产分布。

(一)台湾产业文化资产的类型

依据台湾 2016 年修订之现行"文化资产保存法",截至 2018 年 5 月,台湾目前已通过认定的有形文化资产为 4 180 案,无形文化资产为 487 案,14 项[①]分类细项统计如表 4。

表 4　台湾已指定登录之有形/无形文化资产(2018.05.31)

(单位:案)

项目	有形										无形					保存技术及保存者
	文化							古物	自然		传统表演艺术	传统工艺	民俗	口述传统	传统知识与实践	
类别	古迹	历史建筑	纪念建筑	聚落建筑群	文化景观	史迹	考古遗址		自然地景	自然纪念物						
数量	908	1 379	2	13	62	1	47	1 732	31[a]	5	185	135	167	0	0	13
小计	2 412								36		487					13
总计	4 180															

a:9 座地质公园尚未正式公告。

资料来源:文化资产局.台湾文化资产数据库[EB/OL].(2015-01-11)[2018-05-20].https://www.boch.gov.tw.林务局.自然保育网[EB/OL].(2015-01-11)[2018-05-20].https://conservation.forest.gov.tw.

本文认定的有形文化资产[②](不含古物与自然遗产)分为四类:一般文化

---

① 业务统计(自然地景、自然纪念物同属一类;保存技术及保存者为鼓励性质,未包括在 14 大类之内)[EB/OL].(2015-01-11)[2018-05-20].https://www.boch.gov.tw/informationlist_153.html.

② 业务统计(即古迹、历史建筑、纪念建筑、聚落建筑群、文化景观、史迹与考古遗址之总和:2 412)[EB/OL].(2015-01-11)[2018-05-20].https://www.boch.gov.tw/informationlist_153.html.

资产,即传统认定上的古迹、遗址,与产业文化无直接关联;核心与延伸产业文化资产,即与产业之产销制程直接相关或为某一产业生产流程所必经的程序关联物件;附加产业文化资产,即属于产业制成品之消费或交易发生地;军事文化资产,即有部分坐落于产业文化资产所在地域,但基于军事设施遗迹之特殊性,故特别予以区隔。

经统计分析,台湾核心与延伸产业文资数量有 525 案(其中 25 案为法定重要古迹)、附加产业文化资产 246 案、军事文化资产 126 案,一般文化资产有 1 515 案,合计为 2 412 案,分布比例如图 1,台湾产业文化资产占全部有形文化资产总数的 22%。进一步探究台湾产业文化资产类别,文化景观计有 31 案、历史建筑 341 案、古迹 150 案,聚落建筑群与考古遗址各 1 案,以历史建筑为大宗。过去对于产业文化资产的认定多数基于单一据点。

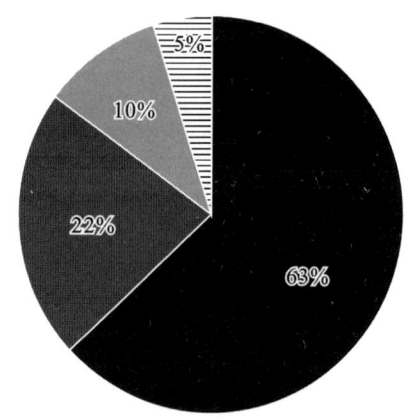

图 1 台湾文化资产数量分布

2016 年为完成《产业文化资产再利用咨询分析与精进辅导计划成果报告》①所进行的研究调查显示,台湾有 181 处产业文化资源(群组)可进行再利用资源分析,此产业文化资源中有 95 处涵盖 131 案已通过认定的法定文化资

---

① 产业文化资产再利用资源分析与精进辅导计划成果报告书[R].台中:文化资产局,2016:15.

产。该报告将181处产业文化资源分为五大产业类型(能源、交通土木、重工业、轻工业、农林渔牧加工)与21细项,包含:能源、水利、交通、矿业、石化、军需、糖、盐、茶、烟、酒、咖啡、纺织、纸业、灰窑、砖窑、制陶、樟脑、林业、农业及其他;本文同时参考国际工业遗产保存委员会的工业遗产22项分类,包括:农业和粮食生产(渔牧)、桥梁、运河、陶瓷和重黏土工业、化学制品、通讯、能源与电力、玻璃、全球/本地群组(系列遗产)、水电和电化学、钢铁、皮革、海运、机械工业、冶金、采矿、纸、铁道、纺织、观光、水利、林木,检视台湾文化资产分类现况[①],将台湾已通过认定之525案产业文化资产重新汇整为水利设施、交通、农业与粮食生产、能源与通讯、陶瓷与黏土、林牧与制纸、机械/采矿与化工、其他八大类,如表5。

表5 台湾产业文化资产分类表

(单位:案)

产业类别	次项分类(数量)	总数
1.水利设施	/	58
2.交通	公路(8);海运(13)与灯塔(16);铁路(118);一般桥梁(42)	197
3.农业与粮食生产	茶(10);酒(15);烟(14);渔(6);糖(38);盐(9);稻米(24);其他(24)	140
4.能源与通讯	能源(22);通讯(20)	42
5.陶瓷与黏土	/	18
6.林牧与制纸	林业(31);制纸(3);牧业(4)	38
7.机械/采矿与化工	采矿(17);化学工业(3);机械(4)	24
8.其他	造船、焚化厂、漆、纺织、制石、纽扣、河运各1案	7

---

① 文化资产保存法施行细则[EB/OL].(2017-07-27)[2018-05-20].https://www.boch.gov.tw/information_161_66415.html.

(二)台湾产业文化资产的分布

台湾的产业文化资产的地理区分布较广,目前全台计6个直属城市(台北市、新北市、桃园市、台中市、台南市、高雄市)以及台湾省下辖11个县、3个市,依台湾目前四大区域划分,北部地区为台北市、新北市、桃园市、基隆市、新竹县市、宜兰县,合计有产业文资205案,数量为全台最多;中部地区为苗栗县、台中市、彰化县、南投县、云林县,合计有产业文资115案;南部地区为嘉义县市、台南市、高雄市、屏东县、澎湖县,合计有产业文资137案;东部地区为花莲县、台东县,合计有产业文资63案;另在金马地区的产业文资有5案,数量为全台最少,详如表6。

表6 台湾产业文化资产县市分布表

(单位:案)

区域	总数	县市	数量	产业文资特色
北部	205	台北市	74	铁路、酒
		新北市	42	采矿、桥梁
		基隆市	16	海运、铁路
		桃园市	16	/
		新竹县市	16	铁路
		宜兰县	41	铁路、林业
中部	115	苗栗县	28	铁路、能源
		彰化县	14	铁路
		南投县	9	/
		台中市	45	农业与粮食、铁路、水利
		云林县	19	糖、铁路
南部	137	嘉义县市	29	铁道、水利、林业
		台南市	45	糖、盐
		高雄市	36	铁路、农业与粮食、水利
		屏东县	14	/
		澎湖县	13	海运、水利

续表

区域	总数	县市	数量	产业文资特色
东部	63	花莲县	40	林、糖、铁路
		台东县	23	农业与粮食、桥梁、铁路
离岛	5	金门县	2	/
		马祖	3	

根据表6，除桃园市、南投县、屏东县与离岛地区的产业文化资产类型分布不明显或较少之外，各县市都有1～3项数量较为突出的产业文化资产类别，可作为该县市发展产业文化资产主题叙事的参考。除前述525案已通过认定之核心与延伸产业文化资产，依台湾博物馆学会名录[①]，台湾尚有69所产业类与52所工艺类之公私立博物馆舍，有工业局评鉴通过之132家观光工厂[②]。

四、台湾产业文化资产的保存与活化现况

如前述所及，台湾的产业文化资产大多数为公部门所有，可概分为三大类：由所属公部门全权负责经营管理与维护运作；由所属公部门委托第三方负责经营管理与维护运作；由所属私部门自行负责经营管理与维护运作（或申请公部门资源挹注）。兹将台湾产业文化资产的相关主管机关单位整理如表7。

---

① 博物馆学会.博物馆名录[EB/OL].(2015-01-11)[2018-06-06].http://www.cam.org.tw/museumsintaiwan/.

② 工业局.观光工厂[EB/OL].(2015-01-11)[2018-06-06].http://taiwanplace21.org.tw/Factory.php.

表7 台湾的产业文化资产相关主管机关单位表

部会		单位	与产业文资相关内容
公部门	文化主管部门	文化资源部门	公私立产业博物馆主管机关
		文化资产部门	产业文化资产指定登录等
		文创发展部门	五大文创园区
		台北机厂铁道博物馆园区筹备小组	铁道文化资产保存、展示等
		台湾博物馆（南门馆、铁道部馆）	樟脑/铁道产业文资保存、展示等
		台湾历史博物馆	产业文化资产保存、展示等
	教育主管部门	自然科学博物馆	中华科学与科技展馆
		科学工艺博物馆	台湾产业史迹馆
		海洋科学博物馆	为前北部火力发电厂之再利用
		公立大专院校	附属之产业相关展示馆舍等
	经济主管部门	工业局	创意生活产业、观光工厂等
		公营事业	台电、台糖、台水、中油等
		矿务局	与采矿相关规范与矿区管理
	交通主管部门	观光局	风景区产业相关馆舍（水利、林业）
		铁路局	铁道相关建造物、各地展示馆舍
	农业指导部门	林务局	林业文化园区、森林铁路、馆舍等
	地区发展部门	档案局	产业档案文献管理等
	区域研究部门	台湾史研究所	产业档案文献研析等
		近代史研究所	产业档案文献研析等
	地方政府	新北市政府	金矿、茶业、煤矿等馆舍园区等
		台北市政府	烟厂、瓦斯、仓库、糖廊等
		基隆市政府	海运码头
		桃园市政府	木艺博物馆
		新竹市政府	玻璃工艺博物馆
		宜兰县政府	中兴文创园区——纸业
		高雄市政府	驳二艺术特区——海运、糖等
		屏东县政府	烟厂再利用等
其他		水利会、农会所属设施；高铁公司与台北捷运公司展示馆舍；私部门的观光工厂、产业博物馆（例如：新平溪煤矿博物馆）、企业博物馆、再利用园区与艺术村（例如：台铝、十鼓、白屋）等	

作为见证并参与台湾经济奇迹的一份子，许多自70年代创设迄今的台湾传统制造企业，面对21世纪的产业结构变革，往往面临关厂、转型或迁厂的命运，此一趋势同样对许多公营事业产生冲击。2002年，"产业文化资产调查小组"设立，针对公营企业民营化的转型，展开多项"产业文化资产清查成果及再生计划"，亦对本土那些历史悠久的产业——台糖、台盐、水泥业与化工业等——积极展开保存及相关运动。2006年起实施的"产业文化资产再生计划"提出台湾产业文化资产的保存与再利用的参考模式，如表8。

表8 产业文化资产保存及再利用模式参考表

模式	说明
原貌动态保存	该场域内仍维持产业原机能之运作及生产，借由动态运作模式之正常运作及维护，进行产业技术之保存与传承。
产业脉络式保存	以尚存之厂房机具或空间进行原产业脉络保存、展示与再生主轴，并延伸出相关议题与再生内容。
主题串联式保存	将区域内特定主题之产业文化资产群进行串联之保存模式，以地方史与产业史为轴心，以区域内相关联之产业主题进行整合与连结，共同保存、展示相关产业主题。
产业意象保存	保留旧有产业空间（如建筑物、构造物、产业设施、户外景观空间等），导入符合原有产业空间特性之新机能，延续其空间使用状况。
环境复育式保存	以自然生态复育为主，呈现工业遗址残迹保存，不进行大规模修复或再利用工程，空间使用以不增加环境负担之活动为主。

资料来源：1995—1997年产业文化资产再生计划辅助作业原则[S/OL].(2017-01-11)[2018-06-06].https://www.boch.gov.tw/information_162_78844.html.

该"产业文化资产再生计划"亦提出产业文化资产主题发展的推动方向建议，包括下列三个方面。

1.产业文化资产保存与创意再利用推广

运用产业文化资产场域或设施之历史特殊性，引进专业人才，推展历史空间展示规划、产业文化与技术传承、老旧产业物件转化设计运用、体验学习等保存及再利用事项，以推动文化资产保存及创新活用为目标，成为再利用亮点案例。

2. 产业文资环境探索推广

运用产业空间所具有的科学性、技术性、历史性、文化性等知识元素，设置科普教育推广点，为社会大众学习产业文化相关科技应用与历史文化知识提供教育场域。

3. 产业历史文化路径建构

依据产业历史、生产、生活及文化等脉络，设立具有表征台湾产业（工业）文化发展体系价值之跨区域/跨单位串连合作发展计划，推动主题式产业文化路径，以建立产业历史文化相关之研究、体验学习、文化观光等实际营运据点为目标。

2016年的"产业文化资产再利用资源分析与经济辅导计划"针对台湾产业相关文化资源进行盘点，选取出181处重点产业文化资产，其中已确定以文化资产身份进行保存或进一步进行转型活用的约有74%（134处），仍处于闲置状况的约有3%（6处）；资产现况以轻工业类为最多，计有94处，占六大类产业类型盘点数量的52%。由于高经济价值及20世纪初期产业经济政策，以食品加工之糖业、烟业、茶业、制酒业等为主，占约70%，且多为公有或公营事业所有，茶厂则因属于小规模产销，多为私人产业。该计划并依据表8的模式，针对选取出的181处台湾产业文化资产依空间使用状况进行分类：

（1）产业脉络式保存。最为普遍，约有53%，总计72处，例如溪湖糖厂、桥仔头糖厂、新芳春茶行、新店台北烟厂、瑞芳瑞三矿业。

（2）运转式动态保存。占总比例43%为次多，以能源类及茶产业为主，其次为交通（铁路）、制酒，例如乌来发电厂、清水地热发电厂、板山工厂/大溪茶厂、锦泰茶厂、台湾红茶公司、台铁彰化扇形车库、阿里山森林铁路车库园区、台北"建国啤酒厂"。

（3）产业意象式保存。是台湾推动产业保存的滥觞，多以艺术创作、文创导入公有闲置空间再利用为主要操作，共计13处，例如松山烟厂、总爷糖厂、萧垄文化园区、驳二艺文特区、十鼓仁糖文创园区、嘉义铁道艺术村、台中铁道艺术村与台东铁道艺术村等。

（4）主题串联式保存。在旧有产业所在区域，主题性地串联产业据点与文史,例如高雄驳二艺文特区连结打狗铁道故事馆及邻近区域据点、台湾博物馆—南门园区与铁道部进行串联,亦是国际上推动产业文化资产保存的趋势。

(5)环境复育式保存。虽然该报告认为目前台湾仍缺乏相关案例,笔者以为公立之黄金博物园区、猴硐煤矿博物园区、罗东林业文化园区及未纳入该报告的新平溪煤矿博物馆、金瓜石矿山的世界蕨类文创园区之筹备等,或已粗具环境复育式保存的呈现。

此外,为打破过去单点、单栋、个案式文化资产保存状态,相关部门自2016年展开"再造历史现场项目计划",透过结合文化资产保存与地方空间治理,整合地方文史、文化科技,跨域结合各部门发展计划或各地方政府整体计划,重新"连结与再现土地与人民的历史记忆""深化社区营造,发扬生活所在的在地文化""以丰富文化内涵来提振文化经济",建立一致的文化保存体制,将文化保存于常民生活。

目前台湾共有22件"再造历史现场项目计划",其中涵盖产业文化资产者包括:花莲市太平洋临港廊道历史场景再现计划、兴滨计划——哈玛星港滨街町再生、乌山头水库暨嘉南大圳再造历史现场中长程计划、蒜头糖厂历史现场再造计划、台中文化城中城——历史空间再造计划、清法战争沪尾之役历史场域重现计划、千帆入港——再造鹿港历史现场、新竹日本海军第六燃料厂与眷村聚落历史现场再造与活化计划、中兴纸厂——宜兰兴自造等9案。

"再造历史现场项目计划"的提出,从产业文化资产价值认定观点,与张崑振、李光中等人[①]所提出的台湾产业文化资产价值体系概念,包括"产业文化的动态有机性"与"产业生产设施、生活聚落及相关连环境等场域的关联性"大致契合;从产业文化资产经营模式观点,兼容前述五类保存方式,以整体性、脉络性且主题式叙事架构,将自然—人—空间三者间的连结视为文化资产的共同群组,呼应2017年ICOMOS《德里宣言》文化资产保存"以人为本"的核心

---

① 张崑振.台湾产业文化资产体系与价值——烟,茶,糖篇[M].台中:文化资产局,2013:43.李光中,等.台湾产业文化资产体系与价值:台湾煤矿,台湾闪玉篇[M].台中:文化资产局,2015:12.

价值、"跨域整合"的策略主轴①，抓住自然与文化共荣的永续目标。

结　语

当前工业遗产发展的主要论述，是奠基于20世纪50年代西方国家工业考古学的兴起，历经60年代从英国、欧陆以至北美的传播，至70年代在国际/区域工业遗产保存组织（如TICCIH、AIA②）的推动与世界遗产观念的推广下，波兰的维利奇卡和博赫尼亚皇家盐矿于1978年成为第一座进入世界遗产名录的工业遗产，工业遗产保存观念亦在亚洲地区萌芽③；80年代，工业遗产管理逐渐由产业考古学门独立成为专业领域，1986年成为世界遗产的英国铁桥峡可视为工业遗产管理的典范。不同于大部分国际工业遗产案例，由产业考古与保存工作开始，逐步推衍而转向经营管理实践，大部分台湾产业文化资产是由公共管理政策调整、各级产业结构转型与当代社会文化兴起等地彼此交会互动下的结果。

观察台湾自80年代发展迄今的产业文化资产保存与经营活化，大致可归纳为：遗产认定与博物馆化、文创经济导向与文化观光发展等三个面向④。承前所述，台湾产业文化资产是从经营管理与绩效表现的目的出发，基于当代社会意义的重视，面对过去——重新发掘产业历史文化，朝向未来——企图实践产业精神永续；而上述遗产认定与博物馆化、文创经济导向与文化观光发展等

---

①　ICOMOS，第19届国际文化纪念物与历史场所委员会会员大会在2017年12月11—15日于印度德里举办，于会中通过并正式发布《德里宣言》[S/OL].（2017-12-01）[2018-05-20].http://icomosga2017.org/.

②　AIA.Association for Industrial Archaeology（1973年成立于英国工业革命发源地——铁桥谷）[Z/OL].（2015-11-11）[2018-05-20].https://industrial-archaeology.org/index.php.

③　Japan Industrial Archaeology Society.（日本产业考古学会成立于1977年）[Z/OL].（2015-11-11）[2018-05-20].http://sangyo-koukogaku.net/.

④　Chao-Shiang Li.Industrial Heritage Production in Taiwan：A Creative Economy Approach.Ph.D.thesis[D].Birmingham：Univ.of Birmingham，2017：81.

三个面向,彼此并非阶段性连续关系,而是共同的持续性进程。80年代台湾产业文化资产开始遗产认定与博物馆化,90年代末已有文创经济导向的迹象,2000年后产业文化资产的观光发展日益蓬勃,产业文化相关的遗产指定、博物馆筹备以及结合文创的经营模式等,亦持续推进台湾产业文化资产发展。台湾产业文化资产保存的多元化与多样性,以及跨领域的参与协作,持续地进行可适性的再利用的实践与活化,不但形塑了台湾工业遗产的保存与治理架构,更引领台湾文化资产保存的发展。

然而,台湾的工业遗产仍面临许多挑战与持续待解决之课题。首先是跨领域的保存落差,政策驱动的力量主导着台湾遗产保存体系,工业遗产往往面对经济结构调整挑战的第一线,大部分的公营事业在未充分考察相关产业叙事的情况下,贸然地尝试了一系列的做法,在某些情况下,反而加速了工业遗产的消逝,此一由上而下的纵向作为,缺乏有效的横向沟通,引发当前台湾工业遗产分散而错综的管理层级。

其次,过度仰赖公部门资源,按工业遗产的转换不经济的观念(意指工业物件被转型为工业遗产的成本递增现象),工业遗产初期的转化往往有大量资源需求,尽管工业遗产观光的兴起,已成为现代社会转向后工业、服务导向经济的一环,已出现许多吸引民间单位投资而保存再利用的案例,但随着遗产部门对公共资金需求的持续上升,以及数量日益增加的遗产地之间的激烈竞争,使得政府的扶植仍是难以替代的资源。

最后,展示诠释的深度与广度不足,由于缺乏工业考古学的基础,许多遗产地只保有少数机具,因此引进创新元素来填补空白的工业遗产叙事,如创意产业、流行文化和时尚,就正面意义而言,或使其具有吸引力和多样性,透过审美趣味将工业遗产与商业消费和怀旧情怀相联结;然而,在工业遗产空间进行与该遗产价值无关之活动或展示的矛盾,以及遗产保存的承继精神与实用主义的经济导向之间的冲突,使得台湾工业遗产诠释在面对观众凝视时,往往在前景和背景之间摇摆不定。

台湾工业遗产保护逐渐由公共部门主导转而吸引民间参与,民间组织从商业角度与经济角度出发看待过往的工业纹理,多倾向于购置及保存工业建造物并进行可适性再利用，主要为博物馆化与创意商品化，是为了刺激观光购买与游客消费。当前台湾各地的工业遗产使用不同的管理方式，并无一体适用的模式，应探索确保资金持续运转、跨域整合实践与遗产价值传递的永续经营模块。事实上，台湾的工业遗产已被中立成为对政治操作、商业经济、社会文化与科技媒体等公共议题领域开放的载体，不仅涉及闲置的相关基础建设，也触及工业社群的失业问题与正在改变的社会结构，涉及环境地景的再造，针对台湾的过去历史、当代意义和未来愿景提供各种价值加成与转化的可能性，而不必与工业遗产直接关连。

由于篇幅限制，这里未深究不具法定文化资产身份以及未列入文化性清查之台湾工业遗产相关的馆舍、设施、文物与档案，尤其是那些产业无形文化遗产，针对科技遗产的技艺传承与劳工文化的集体记忆普遍阙如，期待后续研究与相关著述能够完成补遗。

台湾篇

文化景观在台湾工业遗产保存
与再利用的影响与进行

林晓薇*

摘　要：近年来，台湾除了利用酒厂旧址创立各式文创园区获得成功外，利用糖厂旧址创立主题式文创展演园区也十分兴盛，后者与国际文化遗产保存观念更近，在文化景观扩展及文化路径上值得进一步的探讨。台湾的"文化资产保存法"于2005年修订，加入文化景观项目，工业遗产保存获得正式身份。台湾现有文化景观已有61处，其中32处与工业遗产相关。台湾工业遗产所保存的环境与人文互动特色，特别适合开发利用成文化景观，这也成为工业遗产保存与再利用的基础及执行依据。然而文化景观之模糊界定，部分工业遗产成为不同利益拉锯的保存手段，亦引起相当讨论。本文梳理相关文献，诠释案例，探讨工业文化景观保存的脉络，区别于过往仅保存空间硬件，植入新机能，重点关注工业遗产保护结合文化地景场域的保存与再利用，探索工业遗产的可能性框架及特色案例，尤其是系统性保存调查及动态保存。

关键词：文化景观；工业遗产；系统性保存；动态保存

多样化的地理特性与生态环境造就台湾丰富的物产条件，从平原到近四千米的高山，孕育出多元物种及产业，不同时期的政经政策更形成多元外力作

---

* 林晓薇，中原大学建筑系助理教授，国际工业遗产保存委员会理事会理事委员。

用下的产业文化景观——埤塘、烟楼、大圳、茶厂、林场、矿业、糖厂及盐场等,可以体会不同农作与土地利用所揭示的人与土地的互动。其中,产业文化地景承载与在地居民关系密切的生活及生产环境,但面对停产的场域与老化的人口,有什么方式可以连结人、产业、文化与土地?找到再生产或再利用的共识,增进对自身土地及历史的认知与理解,须进一步探究并促进地区再生。

近年来热切讨论之文化景观为研究此类产业文化景观提供了框架,考察文化景观的形成应着眼于揭示群体如何利用自然环境以及试图在此环境限制下完成何种工作,揭示二者持续发生的状态。近年来已有多处产业及矿业文化景观成功申请成为世界遗产,如英国巴纳文工业、康沃尔及西德文郡矿业地景、日本石见银山矿坑文化地景等。对照台湾产业文化资产调查及再生推动现况,地景与无形资产的社会联结是晚近才受到关注的领域。本研究以平溪煤矿、阿里山林业及铁道为基础进行文化景观解读,总结台湾的文化资产保存的得失,探讨系统性保存、产业文化景观价值、动态保存特性及社区发展面向等方面的趋势。

一、台湾推动工业遗产保存之缘起

台湾工业遗产保存自 20 世纪 90 年代开始,于 2002 年正式启动,转折点是 2002 年台湾加入 WTO,影响所及,许多产业衰退,工厂关厂,许多重要文化资产变为废铁然后消失。2002 年,当局筹组跨部门的"产业文化资产调查小组",针对事业单位(如台盐、中船、汉翔、退辅会、荣民塑胶、欣欣食品、荣民制药、唐荣、高雄硫酸铔等)及具丰富历史性建筑物之单位(交通部门及财政部门暨所属单位),优先进行全面的调查研究。结果得知,现存的大型产业文化资产以日据时期专卖事业体系为主,第一波的清查及再利用开发催生形成五大文化创意园区。

2012—2017 年,产业文化资产再生事业计划实施,2013 年起,台湾产业文化资产价值体系第一期、第二期、第三期调查计划相继开展,内容包含台湾的糖、烟、茶、煤矿、台湾闪玉、水文化资产等。持续的产业文化资产再利用计划也在桥头糖厂、溪湖糖厂、虎尾糖厂、总爷糖厂、花莲糖厂、台东糖厂、盐业的七股及布袋盐场等开展。

民间组织参与委外营运或承租则为遗产保存探索出虽小却有活力的营运模式,华山1914文化创意产业园区、台南十鼓文化创意园区、花莲及嘉义文化创意产业园区及洲南盐场是其中典范。此外,高雄的科学工艺博物馆承接部分关厂厂区的重要机械及文物,在研究、典藏、修复、展示及出版品方面从事工业遗产保存、倡导及推广的工作。

二、世界遗产文化景观概念与台湾产业文化景观保存的推动

世界文化遗产名单中,产业文化资产类的重要性逐年增加,"产业文化资产"登录约有60处,其中英国的巴那文工业地景、康沃尔、西德文郡矿业地景,日本石见银山矿坑文化景观,加拿大的丽都运河,挪威的雷罗斯矿城与周边地区等处还是世界遗产文化景观。可见文化景观在产业文化资产中的影响力。

产业文化资产保存在台湾的法源之前多为古迹、历史建物及聚落建筑群、考古遗址。直到2005年修法加入文化景观项目,工业遗产才获得正式身份:"文化景观,包括神话传说之场所、历史文化路径、宗教景观、历史名园、历史事件场所、农林渔牧景观、工业地景、交通地景、水利设施、军事设施及其他人类与自然互动而形成之景观。"[①]

台湾"文化资产保存法"为工业遗产保存提供正式法源,至2017年10月,经认定的文化景观已有61处,其中32处与工业遗产相关,例如,2008年认定的高雄桥仔头糖厂文化景观、瑞芳区台金濂洞炼铜厂烟道、苗栗出磺坑石油产业文化景观,2012年认定的罗东林场等,可以看出,工业遗产保存的环境与人文互动反映台湾多样化的地理特性与生态环境。

---

① 文化资产保存法施行细则[EB/OL].(2017-07-27)[2018-05-20].https://www.boch.gov.tw/information_161_66415.html.

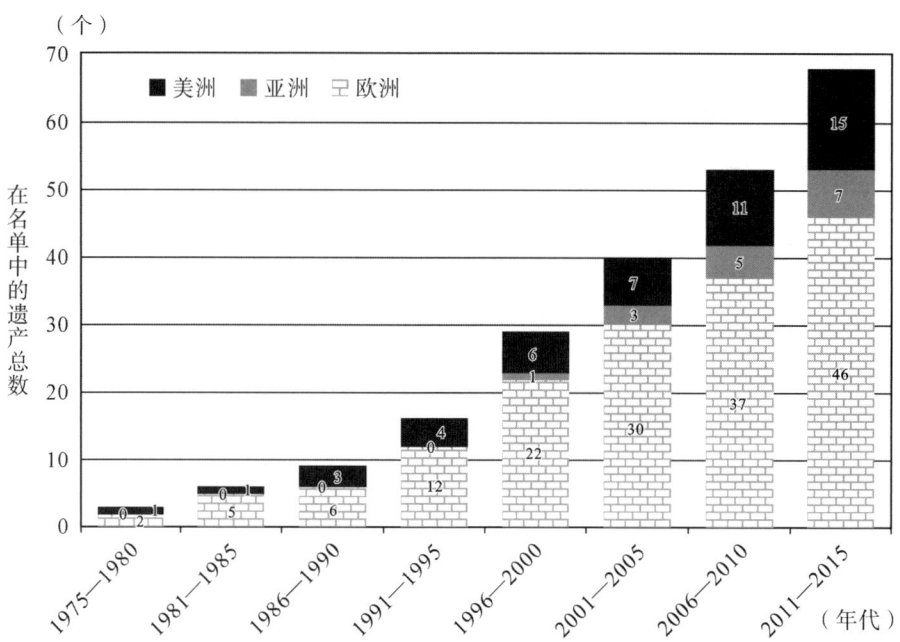

图 1　成长中的以文化景观登录的工业相关世界遗产

三、台湾产业文化景观特点趋势分析

过去十多年间,台湾在文化资产保存方面与国际的交流十分频繁,影响所及,台湾的产业文化资产保存维护在《下塔吉尔宪章》《都柏林协定》《亚洲工业遗产台北宣言》的引领下展开,出现多面向的再利用与保存意识。

从《西安宣言》对于场域的重视到《魁北克宣言》关注场所精神,影响所及,2011 年产业文化资产保存的《都柏林准则》重视的都已不是单栋建筑,而是自然、文化与社会的协调机制以及找回有形与无形文化遗产的联系。

(一)"系统性之型式指定或登录"议题

目前文化资产的指定登录多以单一标的处理,无法整体保存复杂的产业遗产历史脉络。依据 2016 年 7 月修正公布之"文化资产保存法"第 4 条第 2

项:"前条所定各类别文化资产得经审查后,以系统性或复合型之型式指定或登录。如涉及不同主管机关管辖者,其文化资产保存之策划及共同事项之处理,由相关机关决定之。"所以近年来相关部门对于近代产业文化资产(眷村、校舍、炼油厂、糖厂、烟厂、纸厂等)进行价值体系调查与评估,逐步厘清各项产业文化的体系脉络及价值;避免文化资产保存断裂。但常因涉及有形建筑及无形文化的文物、史料、口述等,且涉及各部门或涉及跨数县市的管辖,需要跨领域协调与合作,方能促成整体性文化保存。"系统性之型式指定或登录"反映的是文化遗产研究的发展趋势,可以加强对产业文化资产相关内容的脉络化研究,以更好地融入文化资产保护体系。

如平溪煤矿正进行的系统性文化景观研究。煤矿业之有形和无形文化资产,以新修正"文资法"之系统性文化景观型式,加以研究、分析和整理,提出指定或登录、保存维护之规划架构建议。研究希望有助于落实台湾具有系统性、整体性、区域性环境之煤矿业文化景观保存维护并保全其环境。[①] 预期将对台湾煤矿业文化资产之核心区——新北市瑞平地区一带(瑞芳区猴硐及铁道平溪支线三貂岭至菁桐沿线)煤矿业的有形和无形文化资产进行系列性遗产规划和经营管理,融入新修正"文资法"的系统性文化景观型式,提出保存维护之规划架构建议。

系统性文化景观这一概念早在英国康沃尔及西德文矿业地景呈现。该遗产于2006年登录世界文化遗产,是系列性遗产的代表。分散于十个地区的关联性遗产,由地下矿井、动力车间、铸造厂、卫星城、小农场、港口及海湾,还有各种辅助性之产业设施组成,完整见证18世纪至19世纪早期铜矿与锡矿开采的产业历史,其独特的地理地质特性引发工业技术创新,为数众多的康沃尔式蒸汽引擎室至今仍是重要地标,现仍保留独特之产业技术,维持相关产业设施之持续运作[②]。这个在19世纪早期曾生产出全世界三分之二铜的地区,不

---

① 张朝胜,许玲玉,李光中.赋存于文化与自然之间的台湾闪玉矿业[J].台湾矿业,2016(4):63-82.
② 林晓薇.世界遗产案例对台湾产业文化资产保存策略之启发[J].文化资产保存学刊,2012(21):23-38.

图 2　铁道平溪支线沿线之煤矿产业相关设施及聚落

图片来源:李光中,等.台湾产业文化资产价值体系第二期调查计划:台湾煤矿(台湾闪玉篇)[R].台中,文化资产局,2016:15.

再生产,矿工迁移至南非、澳洲、中美洲及南美洲,此一产业模式得到延续。广大区域中保存区域之选定原则、动态保存模式如何推动与落实及各区之间的联结及营销叙事,有助于"系统性之型式指定或登录"思考后续矿业产业遗产保存机制。

(二)"动态保存模式"议题

产业遗产的动态性保存一直是阿里山森林铁道保存的焦点议题。阿里山森林铁路是日本人为开采森林资源而铺设的产业铁道,海拔从 31 米(北门站)爬升至 2 000 米以上,因而使用螺旋型环绕独立山及之字形轨道技术,集结森林铁道、登山铁道和高山铁道于一身。兴建森林铁路带动山林开发,更改变沿线的都市纹理,造就嘉义市县诸多产业及聚落,如今已有超过 10 处的法定文化资产,包括古迹、历史建筑及文化景观。

由于阿里山森林铁道仍在运行,事涉林务局、台铁、嘉义市政府及县政府,自 2012 年开始以文化景观保存为议题讨论及文化论述,才逐渐将铁道与林业整合并发展出对话平台。将社区复兴、青年培养、森林铁道文化环境保护结合起来。动态保存需兼顾"铁道运作"与"文化保存",相关团队开展"技术讨论与研究深化",了解森林铁道技术特性,参考瑞士的 RhB、DFB 等铁道营运公司与社团经验,了解实务操作与可能面对的问题,以"尊重多元专业、促成民间与官方积极运用各种新旧技术,以全环境的可持续性发展为目标",工作共分为四个方面[①]。

一,设立技术交流平台。照顾阿里山森林铁道文化价值特性,糅合生态、林业、铁道、文化四种专业的分析讨论。

二,新科技运用引入。拍摄铁道沿线 VR 环景影片,与谷歌街景合作,研究分析资源。

三,深化地域调查。深入分析沿线区段历史、文化、经济与铁道的关连性,强化合作经营。

四,持续引入国际观点。邀请京都铁道博物馆人员来访,与现场作业人员交流铁道实务,推广动态保存。

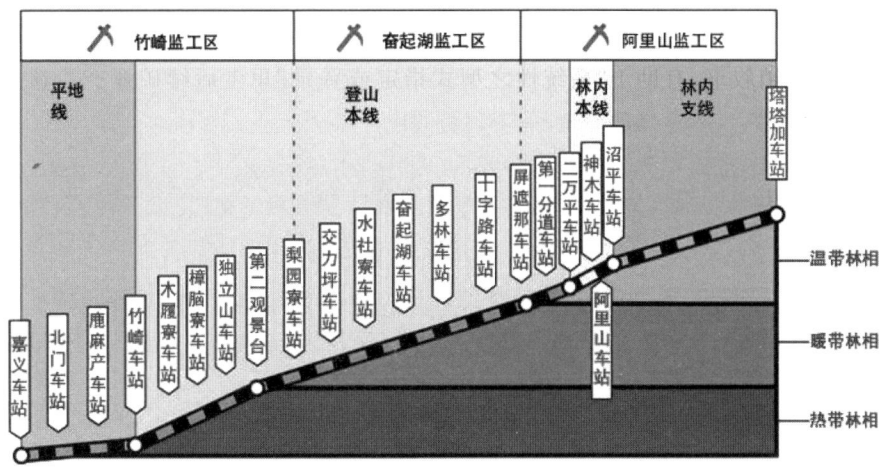

图 3 阿里山森林铁道沿线站及林相

---

① 黄士娟.阿里山森林铁道动态保存观念建置第一期计划[R].嘉义:嘉义县政府文化观光局,2017:15.

与瑞士的铁道营运部门进行交流,福卡隘口原为瑞士知名观光铁道——冰河列车其中一段,是欧洲次高高山铁道,仅次于世界遗产的伯尔尼纳铁路,行驶于瑞尔浦与奥伯瓦特间,长约 2 160 米。1926 年,州政府与富尔卡欧伯拉普铁路公司联合发行公债,兴建这条穿过山岳隘口从布里格到迪森蒂斯(97 公里)的铁道,借用法国技术,顺利完工通车,成为全线真正能够看到"冰河"的路段。原冰河列车停驶 1982 年,新福卡隧道完工后,"冰河列车"从隧道穿过不受寒冬降雪影响,交通运输大幅改善。

1983 年,保存推动主力弗里卡-伯格斯特雷克协会基金会成立,志工组织社团接手并积极推动复驶,买回 40 年代时由瑞士卖走的两辆蒸汽机,车厢的重建与修复、路线的整理与经营、人员的培训都由民间组织包办。1992 年,瑞尔浦到雷阿尔卑路段(4.0 km)重新运作,1993 年,雷阿尔卑到富尔卡(3.4 km),2000 年,富尔卡到格莱奇(5.6 km),2010 年,格莱奇到上瓦尔德(4.8 km)陆续恢复。复驶,除可进行火的动态保存与营运外,更促进与地方居民的沟通;逐段修复、逐段通车的过程中,沿线居民逐渐改变观望态度,转为积极支持。

(三)"文化景观的经营管理"议题

文化景观的经营管理是世界遗产中心关注的焦点。2009 年,文化景观资源世界遗产中心出版论文集《世界遗产文化景观:保存和经营管理手册》,提出一整套文化景观的资源调查和经营管理架构,强调场域的概念及场所精神的概念,《西安宣言》第 1 条中将"遗产结构物、历史场所与地区之场域定义为其紧邻或者延伸的环境,并且对其重大意义与特殊的特色有所贡献者",继续对"文化景观"——整合性的文化遗产(自然与人造、有形与无形)、"场域的概念"——文化遗产周遭环境的整体性及"场所精神"的探求。宣言明确指出"监控与管理"的重要性,特别是对于文化遗产周边环境的整顿与监控。

文化景观认为场所精神是由有形元素(遗址、历史场所、建筑物、景观、路径、物件)与无形元素(记忆、口述叙事、文献、节庆、纪念、仪式、传统知识、价值、气味)构成,它们会因应社区改变需要而持续性变动①。

台湾缺乏全岛性的民间遗产组织,大多都是地方性的基金会或保存协会,如华山1914文化创意产业园区、台南十鼓文化创意园区、花莲及嘉义文化创创意产业园区,无法取得公信力及认同,形成更大的民间力量。这也是未来台湾的遗产维护与管理在组织结构、策略规划、志工人力资源以及监控机制等方面需要思考的。扩大民间遗产组织,善用多元民间组织作为遗产维护与管理的主体,利用制度找出活化传承及弹性运作的可能。

"系统性文化景观"可参考《〈世界遗产公约〉作业准则》137条有关"系列性"遗产之定义,亦即:"包括两个或更多的相关组成部分,各部分之间有清晰的联系:组成部分之间应能反映出随时间推移而表现出的文化的、社会的或功能之间的相互联系,是景观、生态、进化或生物栖地的连通性;每一组成部分应能通过确定的、可辨别的方式充分而科学地反映出遗产作为整体所具有的杰出的普世价值,同时也包含非物质属性所体现出的突出的普遍价值应易于理解和沟通;为防止组成部分过于破碎,选择适当的组成部分进行遗产提名时必须充分考虑整体的可管理性和遗产的一致性。"

以苗栗出磺坑石油文化景观为例,清末便已开始开采石油,见证台湾油矿产业的兴衰,目前仍在生产,出磺坑的登录理由是"展现背斜自然地形地质与人类应用石油资源之互动文化意涵,并具宗教、建筑物、纪念碑等纪念性价值,及石油产业技术性科学价值,为横跨清代、日据、民国,至今仍持续开采之产业矿区,具登录文化景观价值",具有高度文化资产价值。文化景观登录区域以台湾中油公司在出磺坑的厂区、建筑物为主,包括厂房、宿舍、地缆车道、采油设施,展现"人类"依附着"自然"资源互生的环境,也展现人类的科学智慧。文化景观通常幅员广大,不容易设置范围地界,如何落实实务规划和经营管理经验,融入新修订"文资法"系统性文化景观之制度架构,落实于多元权益关系人参与的在地规划和保存维护行动,这是未来持续发展要讨论的议题。

---

① 王淳熙.文化遗产领域视野下的文化景观保存维护与管理[D].成功大学,2014:15.

结　语

台湾产业文化景观保护中的"系统性之型式指定或登录""动态保存模式"及"文化景观的经营管理"等议题与可用于考察近年来文化景观在台湾工业遗产保存与再利用的影响,揭示有效的经营管理涉及长期的、日常的周期性行动,以保护和呈现文化景观。《〈世界遗产公约〉的作业准则》第 111 条建议说明权益关系人,周期性的规划、实施、监测、评估和反馈,负责任的和透明的帮助等经营管理要素。

准则中也提出未来产业文化景观推动保存的其他重要原则,例如"原则 4:文化景观经营管理的重点是来引导各方面的变化以确保价值"。如同阿里山森林铁道文化景观的保存维护势必会面临技术及安全的保存限制及转变。变化的经营管理需要灵活性和调适性,一切变化应在不会破坏这些价值的限度内有效的经营管理,"系统性之型式指定或登录"可以维持文化景观的真实性和完整性,在文化景观的经营管理中引入私人组织及建立国际连系有助于整合与协调地方间的力量。

附件一　产业相关文化景观清单

年	项	指定月/日	文化景观名称	所在地区	所属类别
2006	1	05.03	乌石港旧址	宜兰县头城镇	水利设施
	2	10.27	七美双心石沪	澎湖县七美乡	农林渔牧景观
	3	12.15	二结圳	宜兰县五结乡	水利设施
2007	4	09.13	暖暖净水场	基隆市暖暖区	水利设施
	5	10.09	"坪顶古圳"（含坪顶旧圳、坪顶新圳、登峰圳）	台北市士林区	水利设施

续表

年	项	指定月/日	文化景观名称	所在地区	所属类别
2008	6	01.02	瑞芳区台金濂洞炼铜厂烟道	新北市瑞芳区	工业地景
	7	01.03	来义乡二峰圳	屏东县来义乡	水利设施
	8	03.03	桥仔头糖厂文化景观	高雄市桥头区	工业地景
	9	04.11	线西蛤蜊兵营	彰化县线西乡	军事设施
	10	06.02	澎湖石沪文化景观—吉贝石沪群	澎湖县	农林渔牧景观
	11	10.23	出磺坑	苗栗县公馆乡	工业地景
2009	12	05.11	平溪竿蓁坑古道	新北市平溪区	农林渔牧景观
	13	09.20	台糖公司花莲糖厂（旧名:盐水港制糖株式会社花莲港制糖所大和工场）	花莲县光复乡	工业地景
	14	10.01	八芝兰番仔井	台北市士林区	水利设施
	15	10.05	乌山头水库暨嘉南大圳水利系统	台南市	水利设施
2010	16	04.08	斗六糖厂	云林县斗六市	工业地景
	17	04.29	谈文湖铁道砌石边坡	苗栗县造桥乡	交通地景
	18	05.05	阿里山林业铁道文化景观	嘉义县阿里山乡	交通地景
	19	02.16	北门驿与阿里山森林铁道	嘉义市东区	农林渔牧景观

续表

年	项	指定月/日	文化景观名称	所在地区	所属类别
2012	20	02.07	罗东林场	宜兰县罗东镇	工业地景
	21	05.02	吉哈拉艾文化景观	花莲县富里乡	农林渔牧景观
	22	12.05	深沟水源地	宜兰县员山乡	水利设施
2014	23	05.30	池上新开园老田区	台东县池上乡	农林渔牧景观
	24	10.08	胜兴车站铁道文化景观	苗栗县三义乡	交通地景
	25	12.03	旧南屯溪	台中市南屯溪	水利设施
2015	26	03.18	蒜头糖厂文化景观	嘉义县六脚乡	工业地景
	27	08.03	新舞台	台北市信义区	其他场域—文化景观
	28	08.28	日本第六海军燃料厂（中油宏南宿群等）	高雄市楠梓区	其他场域—文化景观
	29	11.04	后龙外埔石沪群	苗栗县后龙镇	农林渔牧景观
2016	30	01.13	神冈浮圳	台中市神冈区	水利设施
	31	01.18	原朴子上水道头文化景观	嘉义县朴子市	其他场域—产业设施
	32	03.30	白冷圳	台中市新社区	水利设施

台湾篇

台湾产业文化资产再生计划趋势探讨
——以糖业文化资产保存为例

王新衡*

> **摘　要：** 台糖拥有庞大的制糖遗址群，是台湾数量最多且最重要的产业文化资产，本文从产业文化资产再生计划发展趋势探讨近年来台湾制糖产业文化资产保存再利用的特征。台湾的产业文化资产从资源盘点到文物修缮、空间整理，虽然确实保存有形文化资产，但较少涉及非物质遗产。近年来透过"文化资产保存法"修法与文化资产保存政策的调整，积极开展制糖产业历史文化的系统性与脉络性保存，从事档案文献数位典藏结合科普教育的推广。制糖产业文化资产的保存工作不再仅限于硬件工程，而是重新反思产业史与促使地方近代化的价值，再以历史环境整治与城乡发展思考遗产保存的意义。
>
> **关键词：** 产业文化资产；制糖文化资产；产业文化资产再生计划；糖厂；系统性保存

产业文化资产的历史、社会与科学核心价值保存十分重要。相关部门制定"产业文化资产再生计划"并实施，反映台湾产业文化资产保存利用的思维的深化与实践的发展。

---

* 王新衡，台湾云林科技大学文化资产维护系，助理教授。

一、产业文化资产再生计划的政策分析

为保存区域性文化资产并串联地方文化资源,有效整合有形与无形文化资产,相关部门修订"产业文化资产再生计划"并实施,促使产业文化资产的保存策略优化。

(一)2000年初台湾产业文化资产保存政策

因应台湾各地公营事业逐步民营化可能造成产业文化资产受到破坏或毁弃,2002年11月起,相关部门设立"文化性资产调查小组",进行产业文化资产的盘点与清查。以"产业文化资产再生计划"办理保存并再利用具文资价值的建筑空间,同时建构产业文化资产行动学习网络,强化产业文化的教育推广以及经营管理者的专业能力。计划执行期间积极进行产业文化国际交流,透过台湾的产业近代化的历史与世界产业发展史的系谱连结,以参访学习经典案例来理解产业文化资产保存的国际趋势,将台湾与世界各地的产业文化资产联系起来。将产业文化资产保存计划系列推广行动记录下来出版汇整为相关丛书,按制糖、酿酒、晒盐、机械等产业的系谱展开调查研究,出版产业文化资产的调查报告书籍[①]。新世纪初期的产业文化资产保存政策特别强化全台湾的铁道文化资产,将废弃铁道、铁道沿线车库与仓库等设施保护起来,设立相关组织辅导转型为由民间参与保存再利用的艺术展演场域,从台中车站20号仓库起推展嘉义、枋寮、新竹、台东等地的"铁道艺术网络艺术村"以及花莲等地的铁道文化园区,成为各地铁道闲置空间活化市中心的重要驱动力。

2006年,相关部门推动"历史与文化资产维护发展第一期计划",产业文化资产保存是该计划重点项目,在"产业性文化资产计划"基础上推出"产业文化资产再生事业计划"。第一期共补助办理产业遗址19处,包含空间改善规划、人才培训、资源整合、导览系统、文化创意商品设计开发等事业。完成整建

---

① 历史与文化资产维护发展(第二期)修正计划[R].2012:28—29.

并开放民众参观体验之产业文化资产有"七股盐场及布袋洲南盐田周边基础设施与环境改善""台东糖厂之旧仓库及户外空间基础设施""办理高雄市打狗铁道故事馆营运营销展演计划"等12处,每年吸引120万人次参观①。2010年起,实施"历史与文化资产维护发展第二期计划",历史与文化资产维护发展第二期计划补助增加至16处,持续强化公营事业、地方政府与民间团体多方合作,五年间投入7 800余万元(新台币,下同)补助款项,受补助单位也提供7 600万元自筹款。第二期计划补助之展演活动大幅增加约6 000万人次观众参访及11亿元总营收②。第二期计划中,产业文化资产保存活用政策以"产业文化性资产创意开发计划"为主,主要按文化资产保存政策中的"历史文化场域保存活化计划"旗下"文化资产加值辅导计划"展开工作,以"历史场域保存"思维进行产业文化资产的创意加值与活用。

(二)近年产业文化资产的保存思维的深化

由前述可知,为了"文化产业发展"与"区域型文化资产保存",以达成文化环境永续经营,相关部门以文化创意再利用的角度切入产业文化资产的保存活用。为让废弃已久的工厂、仓库与机具设备的破坏印象转化为文化资产与资源,从产业文化中找出当代文化经济产值。从台北、台中、嘉义、台南与花莲等五大文创园区,再从铁道艺术村、松山烟厂及台糖的糖厂等地,皆可窥视大型产业遗址以文化创意园区治理的手段,努力活化这些产业空间。空间的活化可以引入商业机制,但产业文化的保存与推展却必须经由深度调查与长时间推广,鉴于产业历史文化保存有许多缺憾,学界与文化界也对产业史研究与保存提出许多想法。

回顾第一期与第二期的历史与文化资产维护发展计划,产业文化资产仍在利用闲置空间与资产活用议题中挣扎,工厂中的机具设备或书类档案经常被变卖或丢弃,无形产业文化资产中的产业记忆与技术纪录更是不足。文化

---

① 历史与文化资产维护发展(第二期)修正计划[R].2012:14.
② 历史与文化资产维护发展(第三期)计划草案[R].2015:30.

创意产业与园区的浅表化与平庸化渐被人抨击,针对产业文化资产的真实性的讨论更是激烈。产业文化资产再生的第三期计划开始强化文献、文物、机具、厂房建筑、土木建构等数量庞大的产业文化资产整合性保存工作,结合动产与不动产、有形与无形产业文化资产。为促使地方政府、公营事业与经营者、地方社群与民众进行跨组织的整合协作,使其合力共同推动产业文化资产保护。

(三)2014年以来计划补助机制的变革

为保存台湾产业文化资产体系,相关部门鼓励地方政府、专业团队与产业单位合作,开展产业文化资产脉络性调查、修复、活化再利用活动,形塑产业文化资产永续发展环境。申请对象为"县市政府"与"非营利民间团体",前者可享有产业文化资产调查、保存及再利用营运管理相关事项的经常补助,享有产业文化资产保存与再利用修缮整建相关事项的资本补助,民间团体只享有经常补助。2014年起,以跨年度计划为主,强调以"系统性"与"脉络性"保存为核心,导入叙事性经营这一主轴,以打造"产业文化资产主题经营及探索体验场域"的典范案例。换言之,近年来的产业再生强调以产业历史脉络为基础,彰显产业文化资产整体性价值,产业文化资产的系谱调查已列为再利用的必要条件,从产业叙事中提取出各场域的经营特色。

保存再利用方面则强调推广教育,除了历史价值与社会价值的持续推广,更期待评估产业的科学性价值与技术性价值,规划设立"科普教育"主题式课程。以产业文化资产的保存修复、展示教育、调查研究等面向开设专业培训课程,深化活用策略与执行的深度。此外,为促使产官学界协作建立多元合作模式,鼓励申请单位利用闲置仓库空间作为产业文化保存与倡导的据点,结合地方旅程提供文化观光导览服务。

2017年,计划修正后,保存政策更强调非物质产业文化与居民之记忆连结,把申请补助分为"基础设备"与"主题发展"两类。

第一类"基础设备"的补助有如下四项。调查研究与再利用推广——产业文化文献史料汇整分析、耆老口述访谈、遗构或路线勘查、影音记录、资料数字化建置、出版推广等；整体规划——整体规划保存与再利用规划、目标定位、建筑空间及产业空间及附属设施保存及再利用规划、叙事营运管理规划等；规划设计——场域或空间再利用之修缮、景观、展示工程等细部设计；环境空间初步整备——环境空间整理、维护。

第二类"主题发展"的补助有如下两项。保存与创意再利用推广——产业技术资料数字化建置、操作设施及空间修复、技术传承推广培训、教案撰写及编印、展示活动、成果发表活动等。产业文资环境探索推广——产业文化科普资源调查研究、教案撰写及编印、操作设施修复、空间整备、教具制作、推广课程或活动等。产业历史文化路径建构有三：调查研究——含文化路径相关口述访谈、文史调查、资料数字化建置；据点设置——作为文化路径参访信息中心空间之规划设计、整理修缮、设备充实、环境绿美化等；营运管理——包括营运作业、营运组织培力、倡导营销及成果发表活动。[①]

过去的产业遗产保护重心为建筑物的空间再利用，产业遗产管理单位经常忽视不同时期的技术科学价值，文化资产审议过程往往并不考察遗产的科学技术价值，遗产的价值还不甚清楚的情况下就要决定保存或拆除丢弃。由前述得知，目前政策强调产业遗产的空间物件必须由档案文献与口述历史来诠释，产业叙事的内容则有助于建筑与机具保存活用的判断，欠缺前端的科学价值分析即无法保存遗产核心价值。近年来，产业文化资产保存更重视产业的系统性与叙事性，有形与无形产业遗产都必须用技术手册、设计图、建筑与机械模型来诠释科学技术价值，建筑蓝晒图、公文书图、机具操作手册、人员训练教材、最初开发的产品与半成品等有助于产业文化整体性保存。[②]

(四)公有文化资产保存机制变革

台湾有六成以上的文化资产属于公有资产，产业文化资产的比例相当高，因此公有文化资产保存政策十分关键。2016年的"文资法"进行了大幅度修

---

① 产业文化资产再利用资源分析与经济辅导计划[R].2016：15.
② 加藤康子.产业遗产[M].东京：日本经济新闻社，1997：27-28.

订，第 8 条明确了"公有文化资产的定义"并强调主管机关应宽列预算，专款办理少数民族文化资产之调查、采集、整理、研究、推广、保存、维护、传习及其他本法规定之相关事项。第 15 条明确，公有文化资产历史逾五十年者，所有或管理机关（构）于处分前应先由主管机关进行文化资产价值评估。依据"文资法"的变革，2017 年起"产业文化资产再生计划辅助作业原则"申请补助对象新增加政府机关（构）及其附属机关（构）、公营事业机关（构），台糖这类公营事业可单独提案，不必再协同地方政府提案。虽然部分公营事业仍协同地方政府共同提案，但大部分公营事业体开始协同专业团体独立提案。

由于产业文化资产数量庞大且占地广阔，财产管理单位为避免资产闲置损坏的行政缺失，经常单位内部决议下迅速将资产废弃与转卖。从前述"文资法"到产业再生政策的补助对象之变革，皆是因应公有动产与不动产相关管理办法，对于各公营单位应将报废、闲置或低度利用价值财产尽速处分的预防措施。资产的活用仍是单位最大压力来源，过去民间资源仍难以涉足公营事业的产业文化资产活用，相关税制优惠不足与单位组织的态度保守与行政僵化，让民间资源仍难以协同公营事业。然而在产业再生计划的补助下，公营事业得以协同地方政府共同提案，将产业文化结合地方文化后，开始引入地方社区、文史团体、文资专业、文化观光等资源。此计划让文化治理专业较不足的公营事业得以与地方资源整合协作，以产业文化资产作为跨域交流平台，形成地方创生的驱动力。

二、制糖产业文化资产保存活用执行趋势

日据时期，台湾的制糖产业快速近代化，日本企业在全台各地兴建糖厂与制糖铁道，大肆收购农地转为甘蔗园。台湾光复后，全部的糖厂、铁道与土地皆并入台糖，制糖业成为战后初期甚至占外贸收入一半以上的重要产业。80 年代，世界糖价持续暴跌，90 年代起，台湾的制糖工厂逐步关闭，至今仅存虎尾与善化糖厂仍持续制糖。目前台糖庞大的制糖遗址群是台湾数量最多且最重要的产业文化资产，制糖产业文化资产再生计划应运而生。

(一)第一、二期制糖产业文化资产再生计划

2006年第一期产业文化资产再生计划经费补助对象之中,糖厂占有5案。相关部门透过辅导团队的现场指导,协助台糖解决文化资产专业的不足,从中拟定闲置资产活化目标以提高公司内部保存意愿。第二期计划中补助台东糖厂、光复糖厂、台湾糖业博物馆(桥仔头糖厂)、总爷糖厂、善化糖厂、新营糖厂、溪湖糖厂等制糖文化资产。为强化产业文化资产的培训工作,针对地方政府承办人员、产业文化资产所有与管理单位、在地文史工作人员等,相关部门举办中长期进阶式培训计划以促进资产创意活化的效能。第一期计划中,台糖仍仅聚焦于闲置资产的处分与活用,并未考虑地域需求与资源整合,也未考虑城乡再生的中长期发展思维,仅追求出租空间以利公司营收,产业历史空间活用无法永续发展。第二期计划实施时,各界逐渐理解产业文化资产必须面对当代社会变迁,促使产业历史空间的保存活用符合当地时空的需求。产业历史脉络性的保存再利用策略与执行内涵如表1所示。

表1 第二期产业再生计划制糖文化资产保存再利用

糖厂	第二期保存再利用策略与执行
溪湖	第一期打造"346光音文化园区",聚焦蒸汽火车体验,修复346蒸汽火车及旧有台车,透过"糖铁文化节"制糖列车提供观光体验,吸引观光客进入制糖工场、厂区景观步道及多功能活动广场,参与糖业文化的推广教育。2016年,已登录的历史建筑的制糖铁道溪湖车站工程竣工,配合园区内糖业文物馆等设施建置,建构为完整的制糖遗产展示空间。近年来则制定"溪湖糖厂铁道故事再现计划"并实施,以叙事性理念营造糖厂空间,将制糖技术资料数字化,数字化糖厂重要的书图文件及机具设备工程图。
虎尾	第一期计划,由云林县政府主导进行虎尾糖厂"虎尾驿"调查研究,以实施营运规划,改善周遭环境。2009年,辅导虎尾驿成为产业文化活化据点"虎糖小站",作为糖厂制程体验与蔗渣商品研发基地。其后吸引云林县政府、台糖与民间参与,与在地景观虎尾铁桥及云林布袋戏馆串联为虎尾镇的文化廊带。第二期,重点持续进行传统建筑修护,例如,修复虎尾台糖旧诊所及理发厅、县定古迹第1公差宿舍的修复;举办展示教育活动与庆典举办,例如,延伸糖业文物馆至羽球馆办理糖业文化节。

续表

糖厂	第二期保存再利用策略与执行
台东	第二期计划,台东糖厂引进少数民族艺术家进驻,设立"东糖原创工厂"以季节性文化商品制作与艺文展演活化制糖产业空间。前为台东市大型文化活动举办场地,2014年曾举办台湾设计展,带动东台湾文化发展。
花莲	2005年起,分期分区开展修缮再利用,以日式宿舍与仓库群的修复工程为重点,营造花莲糖厂良善的历史环境。第二期产业再生计划持续导入糖厂再利用营运机制,配合观光活动举办艺文展演。以花糖缤(冰)纷工场为名,成为台湾冰品国际化产业及日式民宿体验的重要据点。
总爷	第一期,重心为总爷糖厂的遗址,在台南县政府主导下,改造为"创艺花园",从事艺术活动、地方文化与生活工艺产业之展演。目前成为台南重要的大型文化园区,为地方重要的艺文与休闲绿地广场,成为南部地区糖厂遗迹与空地转化为地方政府管辖的艺术园区之典范。
新营	2005年起,以制糖工场遗址、内燃机车库区与残留的制糖铁道、日式宿舍群为主执行制糖产业整体规划,第二期则以"糖福印刷所"的文物与建筑保存为主,展示印刷台糖刊物、表单的各式铅字机具,设立"糖福印刷创意馆"并提供观光体验活动。
高雄	高雄糖厂为台湾最早的制糖工厂,自日据时期即规划建设糖业文物展示馆,经分期分区修缮制糖工场内展陈空间,成为最具制糖生产系统性展览规划。第二期后,强化以民间、学术单位参与式日式宿舍群再利用模式,建构多元文化展演与体验空间。

(二)第三期制糖产业文化资产再生计划

相关部门受保存产业文化核心价值与建构产业文化资产的国际网络思维影响,自2014年起,实施第三期产业再生计划,重新回顾制糖产业文化价值体系与论述基础,从制糖系谱思考产业空间与物件的再利用手段,而不似过去割裂文化园区的创意活用与产业历史脉络。因为产业文化资产保存再利用必须建构公私协力伙伴,因此第三期"产业文化资产再生计划"强调民间与学术力量参与产业空间调查与活用,构筑合作平台并集结多方资金,增强创造力与执行力,使公营单位免于窘于经费欠缺与专业能力不足而陷入孤立无援境地。自2017年起,产业文化资产再生计划辅助作业原则修正,公营事业不必再委由地方政府可自行提案。

有鉴于产业文化资产保存再利用必须得到跨部会组织、专家学者、民间资源的协助,因此相关部门邀请县市政府、执行单位、产权单位、民间组织参与进行核心价值系统保存、历史保存式城乡开发、跨域整合与资源串联等工作。第三期的产业再生强调在地扎根,鼓励地方政府与民间协力,例如以制糖遗产串连地方资源并借此改进制糖遗址保存共识与在地性、永续性。因应循环经济与地方创生的地方治理思维,在相关部门的辅助下,台糖以制糖产业文化连结在地文化资产、环境保育、文化观光、地方发展与社区营造等专业领域,积极与国际合作促进实质文化交流。第三期产业文化资产再生计划20处辅助对象中,制糖产业文化资产有9处,计划执行内容如表2。

表2 第三期产业再生计划制糖文化资产保存再利用(2017—2019年)

糖厂/单位	第三期保存再利用策略与执行
溪湖	以"溪湖糖厂铁道故事再现计划2"为主题持续执行:(1)制糖历史环境营造:导览指示牌更新、多媒体设计工程、五分车站至榕树工程、制糖工厂旁冷却水塔区域工程;(2)制糖文物典藏与数字化:产业技术资料数字化建置;(3)制糖教育推广:糖铁文化节、制糖的物理与化学知识作为科普教育推广。
斗六	由于斗六糖厂闲置多年,且糖厂主要设施已拆除,办公室、仓库与宿舍等荒废已久,第三期计划主要内容为整体规划设计及环境空间初步整备,包含制糖文化资产保存与创意再利用推广,设立职人学校。
虎尾	除了相关建筑修缮,第三期主要内容为2017—2019年虎尾糖厂糖业文化节,举办制糖特展,强调维持制糖生产、马公厝线制糖火车持续载运甘蔗的重要性,提供丰富的教育体验活动。
蒜头	以车站修复计划为主,进行车站文化空间展示再造与糖业文化空间展示规划建置案,近期则以蒸汽火车头动态展示的修复工程最受瞩目。
岸内	主要内容为岸内糖厂系统性文化资产调查与活化评估、文化资产活化再利用与经营管理评估、整体空间活化再利用规划设计。除了制糖文化资产现况资源调查,还包含红楼及周边建筑群损坏分析及修复规划设计、再利用细部规划设计书图、劣化调查及修复规划设计。
高雄	以台湾糖业博物馆展出空间改造计划为主,辅助日式宿舍修缮再利用计划与制糖工厂空间展示计划。
旗山	旗山糖厂产业文化资产再生计划以制糖工厂、修理工场、石灰窑及烟囱再利用计划、再利用整修工程、再利用展示规划、细部设计及施作为主。

续表

糖厂/单位	第三期保存再利用策略与执行
花莲	花莲糖厂环境工程主要为火车头广场场地整建设施工程、舞台造景设施工程、3号仓库前后入口阶梯与无障碍设施工程及仓库后办公室、火车头市集—篷车设施工程。此外更强调展演与教育推广活动,以花糖记忆库系列活动、花糖美好年代装置艺术展、花糖的美好年代竞赛活动、展演系列活动、常设馆等为主。
台糖研究所	此计划补助对象非糖厂,而是以台糖总公司中的研究所统筹,进行台湾糖业亮点文物与数位影像诠释再利用、文物与数位影像诠释人员人事费、糖业文物与底片清理整饰、文物与数位影像诠释人员业务费、科普教育活动推广。

注:2017—2019年执行的第三期产业再生计划制糖文化资产保存再利用,执行内容将依每年度课题滚动式调整,故最终结案成果可能与提出之企划有些许差异。

三、制糖产业文化核心价值保存与转译之探讨

国际产业遗产保存委员会强调产业遗产保存不仅要重视有形文化资产的产业考古调查与保存,更要重视科学技术、产业记忆与民俗文化等无形产业遗产。《下塔吉尔宪章》与其修订版则提出产业文化具有"历史价值""科学技术"与"社会价值",认为建筑物与产业空间,工具设备与遗构遗址同等重要。制糖产业文化核心价值也是如此。

(一)制糖产业文化核心价值保存

日据时期台湾制糖工厂的生产与城乡发展关系极大,糖厂的生产、糖铁与纵贯线的转运、砂糖的输出等与铁道港区的航运、周边生活支援产业,甚至在当代与观光产业有直接与间接的关联。

以制糖产业为例,甘蔗种植对应农业灌溉系统,例如蔗苗的培育、土壤改良与施肥、水利系统、甘蔗种植与采收。就甘蔗的采收而言,原料收购采取区域制度,蔗农的采收必须卖给所属的制糖会社,价格与采收的季节时序皆深刻影响农村社会。近年来制订的制糖产业文化资产再生计划强调糖厂与在地之关系,不仅盘点产业文物,也从制糖产业地景讨论制糖历史文化。以虎尾糖厂

为例,2005年起以文化性资产清查系统列管保存重要文物,依台糖公司文化性资产管理作业要点,由专职人员每半年订定"文化性资产盘点计划表"办理"文化性资产盘点"。又因为虎尾糖厂与善化糖厂是现役产业文化资产,虎尾糖厂目前以糖业文物馆串连制糖生产线与相关建筑与文物展示。以台湾唯一仍以制糖铁道运送甘蔗的"马公厝线",以"动态保存"呈现甘蔗农园、铁道与糖厂完整的制糖生产系统(图1,图2,图3,图4)。

图1　现役虎尾糖厂生产线

图2　载运甘蔗进虎尾糖厂的制糖列车

图3　虎尾铁桥(制糖铁道)

图4　虎尾糖厂糖业文物馆

产业文化资产维护保存人类文明革新的证明,因此必须先行评估研究遗产的价值,近年来已通过产业再生计划进行滚动式价值评估,加强对制糖产业发展历史、糖厂、甘蔗园与制糖铁道产业地景等产业文化意义的理解。早期制糖产业文化资产历史展示与诠释多数仅以二战后的历史为主,价值评估过于片断且不足。就地方发展而言,例如各地糖厂对地方开发的影响不同,假设仅保存虎尾糖厂而拆除斗六糖厂与北港糖厂,无法由虎尾糖厂来呈现斗六糖厂与北港的制糖产业与城乡发展的社会价值。以产业发展而言,1900年起台湾本土糖商纷纷投资新式制糖工厂,日系制糖会社不断合并,制糖产业史与制糖工厂的在地性与现代性等的关系十分密切,仅谈战后台糖历史无法完全理解整体价值。近年来糖厂的调查研究开始强调对当地社会影响与连结的历史论述,联系产业史与地域史来阐述遗产保存价值。例如斗六糖厂已开始正视在地历史文化,期待以乡村的循环经济、传统工艺等思维进行再利用。

(二)制糖文化资产价值转译策略

产业遗产的价值确认并指定前后,必须向社会大众传达遗产的正确价值意涵,透过教育倡导活动让社会大众从产业史来再度认识地方史,从强化民众对产业遗产保存意识来帮助遗产传世并促使人类文明传承。人类的先端科技往往建构在老科技上,这些老科技甚至还在使用或转化为新科技。许多产业遗产拥有上百年的科技基础,富含先人智慧,有助于科学技术教育的传承与先端科技的参考,例如脚踏车与汽机车、收音机与电视机。许多工业教育会使用古老的机具设备或工厂空间进行科普教育。社会教育与娱乐方面,近年来兴起的产业博物馆、观光工厂与产业观光重视历史文化再生产以及地方再生的贡献。以仁德糖厂的十鼓文创园区为例,击鼓艺术融入制糖遗迹与空间,停工许久的工厂借由艺术与观光再生重新进入世人眼中,制糖机械设备因而受到瞩目。周边原有的甘蔗园被改造为奇美博物馆与都会公园,促使以工厂遗迹为核心的产业观光、艺术文化与都会生活等多元机能发展。在制糖产业文化资产的再生计划中,各糖厂开始积极从事制糖科普教育,例如溪湖糖厂积极与地方学校合作,将制糖产业文化与科学技术融入学校的历史、物理与化学课程中。

(三)制糖文化资源系统性与叙事性保存

产业遗产学习活动的内容经常是鉴赏"产业文物"与体验,但"叙事性"保存强调保存的重点应从物件转移至人的故事,从人本精神考察整体历史意义,例如工业时期的辛苦劳动、后工业时期的社会变迁、职灾的人权与记忆等。除了无形的产业遗产,产业叙事性仍然可从具体事物开始,例如建筑物、机械设备与道具、书类资料、铜像与模型,从有形物件带出职人、劳工、企业主、实业家等为科学技术与产业近代化故事。由此可知,先人的产业贡献史即是重要的产业记忆,理解先人的努力也是了解产业遗产的方式,执行方式有阅读纪念碑与铜像碑文、先人名言,也可参观产业博物馆或园区、产业建筑、民俗习惯,辅以其他资料,例如古书、老海报、旧明信片,让产业的叙事性得以完整呈现。

以溪湖糖厂近年执行产业再生计划的内容为例,早期以糖厂与铁道的历史环境复原工程为主,例如厂区建筑修复、制糖铁道与列车设备更新,对象大部分是制糖产业文化资产中的硬件(图5)。修复中加入创意计划与展演活动,以蔗糖铁道文化节为主轴,成为地方重要的文化节庆活动。2010年左右,糖厂与铁道的修缮不再以建筑或广场为主,开始从事更具产业文化价值的产

图5　溪湖糖厂与制糖铁道观光列车

业遗构的复原,糖铁车台回转、扇形机车库铁道景观改善、厂区北侧的铁道运输路线与蔗埕空间维护,工厂内人行步道与动线改善等成为重点。近年来,朝向整体区域规划,以档案文献数字化、科普教育推展为主。溪湖糖厂的产业再生计划执行逐渐从硬件复原走向"非物质产业文化资产"与"产业记忆遗产"保存,致力于制糖产业的系统性与叙事性保存,详见表3。以下针对几个面向探讨溪湖糖厂产业再生计划执行之特征。

表3 溪湖糖厂产业文化资产再生计划例年执行内容

年度	历年相关部门"产业文化资产再生计划"执行内容
2006	溪湖五分车蒸汽机车设备更新工程、制糖工场、五分车站调查研究暨修护计划
2007	制糖工场修缮及导览装置工程、创意商品设计材料、光音工厂创意计划工程
2008	台湾蔗糖铁道文化节、厂区广场、景观及导览步道等工程、光音工厂创意计划、制作营销DM、蒸汽火车体验工坊及自行车道沿线规划设计
2009	光音工厂及蒸汽机车展示区规划设计与整建工程、铁道车厢体验广场工程、346蒸汽机车及人物造型之创意商品
2010	蔗糖铁道文化节活动、台糖蒸汽火车意象规划、英日文导览摺页
2011	蔗糖工业文化节活动、北侧铁道车辆回转区之卸蔗台工程
2013	北侧铁道区地景创意工程、糖铁车台回转、盘修护工程、糖铁产业文化地景前进再生规划国际工作坊、2013年铁道文化节
2014	制糖工场导览路线更新计划、扇形机车库铁道景观改善计划、2014年糖铁文化节活动
2015	"524号汽油客车"修缮展示计划、青年游客回游糖厂驻点解说计划之导览员训练课程及导览地图印制、2015年糖铁文化节活动
2016	524号轨道客车动力系统重建、五分车站北侧景观改善工程及厂区旧设施历史氛围保存与活化、2016年糖铁文化节活动
2017	溪湖糖厂铁道故事再现计划Ⅰ:强调产业历史与遗构保存
2018	溪湖糖厂铁道故事再现计划Ⅱ:强调档案文献与科普教育

资料来源:台湾糖业股份有限公司.溪湖糖厂铁道故事再现计划Ⅱ——"产业文化资产再生计划"申请补助计划书[R].2017:3-5.

1.主题化的故事轴线

系统性保存必须辅以叙事性的价值诠释,未来的产业遗产必须能系统串联具有共同意义之遗产群,以历史为轴心并且着眼于产业技术、人才、物资等的交流与关连,使遗产的文资价值与过去的产业机能明确化,进而将遗产确切价值普及于社会。溪湖糖厂近年来致力于串联起制糖产业系统的价值[①],让

---

① 伊东孝.日本の近代化遗产[M].东京:岩波书店,2000:2.

隐藏于近代化、产业化背后的脉络更为彰显。了解其产业文化价值后,以彰化县溪湖镇为主体且由相关部门补助妥善保存,转化为改善糖业历史文化保存以促进活化溪湖地方的能量。以历年的调查研究与2017—2018年的"溪湖糖厂铁道故事再现计划"叙事性保存为例,即以制糖产业与溪湖发展史的"故事"为主轴将多元的遗产串连活化(图6,图7)。

图6　制糖故事多媒体放映室　　　图7　糖厂内制糖历史影像导览

图片来源:台湾糖业股份有限公司.溪湖糖厂铁道故事再现计划Ⅱ——"产业文化资产再生计划"申请补助计划书[R].2017:10.

2.成为地方再生的主要手段

大部分产业文化资产停止运作后,伴随的是地方衰退,许多遗产长期被废弃,成为负面资产,被视为地方发展的绊脚石。鉴此,溪湖糖厂的遗产保护除了保存溪湖镇地方与产业历史文化,更成为地方再生的驱动力,将废弃的产业空间由负面资产转变为正面资源活用。每年举办的糖铁文化节活动与制糖铁道观光列车体验活动已成为吸引观光客的重要活动,再加上糖厂周边的产业营销与观光活动串连,促使溪湖的制糖产业文化带动整体城镇的文化观光发展(图8)。

图8 溪湖糖厂糖铁文化节活动

图片来源:台湾糖业股份有限公司.溪湖糖厂铁道故事再现计划Ⅱ——"产业文化资产再生计划"申请补助计划书[R].2017:14,20.

3.民间协力与民众参与

产业遗产的永续经营远较指定登录来得困难,主要为异质空间作为当代的转化使用,必须有多方引导方能妥善活用。部分在都市中的产业遗产还能以商业经营或空间租用来营利,在乡村或离岛地区的产业遗产必须尊重民意且深度倚靠民众参与,再利用方式则需要积极纳入地方NPO组织的创意,营造民间与公部门的协力平台。溪湖糖厂的文化活动长年来与地方紧密联系,糖厂的广场绿地成为社区民众日常生活休憩场所,溪湖糖厂已将制糖遗迹活化为都市生活空间。近年来频繁举办的糖铁文化节则结合在地学校、社群团体的表演,将在地文化融入制糖产业活动中(图9,图10)。

图9 溪湖糖厂糖铁文化节活动　　**图10 溪湖糖厂糖铁文化节活动**

图片来源:台湾糖业股份有限公司.溪湖糖厂铁道故事再现计划Ⅱ——"产业文化资产再生计划"申请补助计划书[R].2017:10.

4.重视土木遗产并串联遗产群

产业遗产经常以点、线到面状分布,其中"点"即工厂与主要设施;"线"则代表传输轨道、桥梁或圳道;"面"含跨整体产业链、生产线或原料、农作物等的生产区域。以糖厂为例,制糖工厂与相关附属设施为点状分布,制糖铁道、桥梁与蔗园水圳则是线状分布,广大的蔗园以及与前述的系统结合成为制糖产业遗产群。自日据时期起,溪湖糖厂的制糖轨道系统即非常发达,加上各地水利设施的兴建,让各地的产业遗产群的关联性密切。溪湖糖厂不仅保存工厂或产业遗址,还保存支援此产业发展的制糖铁道与相关土木设施,制糖产业系统的整体性得以完整保存。长年以来溪湖糖厂着重于制糖铁道保存活化,目前可借由制糖铁道、桥梁、圳道、道路等土木遗产将制糖遗址群串连,这些轨道与空间也成为访客探寻各地制糖或文化资产的通道(图11)。

图 11　溪湖糖厂制糖铁道观光列车

图片来源:台湾糖业股份有限公司.溪湖糖厂铁道故事再现计划Ⅱ——"产业文化资产再生计划"申请补助计划书[R].2017:3-5,7,10,14,20.

结　语

产业文化资产的历史、社会与科学核心价值保存十分重要,相关部门长年来制定实施"产业文化资产再生计划",促使制糖产业文化资产的保存策略导入遗产价值"发现、诠释、活用"。近年来，糖厂对于糖业文化保存，强化"产业考古学"的价值；制糖产业历史的诠释则以"文化转译"进行展示、典藏、教育、研究工作；制糖遗址活用则积极以"民众参与"获得社会共识，以制糖铁道串联保存让遗产群活化。近年来，糖厂的保存注重遗产价值再发现与地区的交流，制糖产业文化资产成为地方文化的培养皿，健全地方产业历史文化保存的生态。借由系统性保存串连关联遗产群后，成为叙事性保存的基础。换言之，近年的制糖产业文化资产再生计划中常以制糖文化价值的再发现着手，再从制糖产业近代化的足迹重新发现地方魅力，引导大众接近糖厂与制糖铁道，接近地方的农作特产、自然地景与城乡景观。

产业文化资产即是产业脉络的一环，有时不必经过文化转译即可开创出原生产业，例如虎尾糖厂与善化糖厂仍在现役中，因此产业遗产①也有其"存在价值"与"情感价值"，成为人们学习的对象与地方的荣光。目前许多糖厂的活化更可作为地方交流的平台，访客可借由制糖工厂、铁道与甘蔗农园活动这样人与人交流的平台，从中获得所需的讯息与商品。综观之，台湾的制糖产业文化资产保存活用已逐渐融入地域史、地方再生与住民共识等理念，透过产业文化转译为具公共性的文化经济体系，将文化位能如同水力发电成为驱动地方经济的动能，制糖遗址透过长年来尝试性的社会实验，目前已逐渐开创新形态且符合当代需求与国际标准的制糖产业文化保存，借由制糖文化持续与社会大众对话交流，让台湾最重要的近代产业历史文化永续发展。

---

① 加藤康子.产业遗产[M].东京：日本经济新闻社，1997：27—28.

台湾文化创意产业园区与工业遗产之渊源
——兼论台中文创园区规划经营策略

高　雁　林义斌*

摘　要：　文化创意产业园区是工业遗产再利用方式之一。由台中旧酒厂活化利用而来的台中文化创意产业园区，是台湾唯一公办公营的文化创意园区。台中文化创意产业园区保存利用文化资产，推动文化创意产业发展，兼具文资育成与文创实验的功能，已经成为台湾工业遗址再生与文创园区营运的典范。本文首先探讨产业文化资产保存与再利用的观念，讨论文化政策与城市再生的关系；其次说明台湾文化创意产业园区的政策发展与定位；最后以台中文化创意产业园区为例，说明其发展历程与规画经营策略等。期能为其他工业遗产转型和文化创意产业园区规画经营提供借镜。

关键词：　工业遗产；文化创意产业政策；台中文化创意产业园区

　　文化发展不仅是城市发展的动力与生存竞争的关键；文化创意产业也是都市再生、产业转型及地方营销的重要载体。后工业时代来临，面对社会环境的挑战以及生产技术改变，许多工业城市的生产设备与产业建筑，因为无法继续使用，被迫闲置。这些建筑大多结构坚固，空间高大完整，地理位置优越，内部空间规划灵活，可以历经多次使用和功能的改变。台湾的烟酒业和制糖业曾是支撑民生经济的重要产业，随着时代变迁、全球化冲击以及经营模式的改

---

* 高雁，上海华东政法大学教授，台北教育大学访问学者。林义斌，台北教育大学文化创意产业经营学系教授。

变,目前,大部分厂房都已闲置,对区域经济发展和都市发展造成极大困扰。保存与再利用这些工业遗产及旧建筑物,有效地进行营运管理,成为台湾发展文化创意产业和推动产业文化资产保存的关键课题。

一、产业文化资产保存与再利用

工业遗产的保存和一般文化资产的保护不同。对工业遗产的保护,国际社会多倾向于通过合理使用方式,使工业遗产得以保存、延伸和再现。《下塔吉尔宪章》第四章"法定保护"第三点就指出:"适当改造和再利用也许是一种合适且有效的方式。"第五章"维护与保护"的第四点也提及:"赋予工业遗址新的用途,以保证其生存下去是一种可行的途径;新的用途必须尊重原有的材料,维护原始的人流活动,并且尽可能与初始或主要用途兼容,推荐留出某个区域展示曾经的用途。"[①]此外,1999年澳大利亚制定《布拉宪章》[②],为文物建筑寻找"改造性再利用"这一方式越来越受重视,在工业遗产保护项目上推广。

"改造性再利用"的关键在于为建筑遗产找到恰当的用途,这些用途使该场所得以最大限度地保存和再现,对重要结构的改变降低到最低限度并且使这种改变可以复原[③]。也就是说,《布拉宪章》所说的"改造性再利用",指对该场所进行调整使其增加新的功能,这种做法因不会从实质上削弱场所的文化意义而受到鼓励、推广。台湾地区承袭这些理论与实例,以政策推动,迎来工业遗产活化与再利用的热潮。

---

① 下塔吉尔宪章[S/OL].(2003—07)[2018-05-23].https://www.icomos.org/18thapril/2006/nizhny-tagil-charter-e.pdf.

② 布拉宪章[S/OL].(2013-10-31)[2018-05-23].https://australia.icomos.org/wp-content/uploads/The-Burra-Charter-2013-Adopted-31.10.2013.pdf.

③ 傅朝卿.历史建筑之意义与再利用之思考[C].历史建筑理念倡导与再利用案例分享澎湖区研讨会.2001-11-10,澎湖县文化局,2011:16.

二、文化政策与城市再生

从70年代开始,欧美许多工业城市开始萧条衰败;与此同时,"以文化为主导的再生政策"成为城市经济复苏与闲置空间再利用的发展策略。经过十多年的发展,文化政策主导下的城市更新,对于城市文化旅游的发展,对于城市经济发展的多样化,对于解决工业衰退后日益严峻的城市问题,已经产生积极的作用和效果。

西方国家用来推动城市经济发展的文化政策可概分为三类:产业性文化政策——适用于当地文化产品的生产;旅游性文化政策——用以推动城市文化旅游的发展;装饰性文化政策——用以美化城市形象,增加城市吸引力。黄鹤结合费斯对文化政策的分类,也提出城市更新的三种发展模式[①]。

(一)结合文化设施建设的城市更新

最常见的就是通过文化设施的建设,改善城市形象,吸引文化旅游以及银行业、保险业、服务业等行业入驻,带动地区的发展。20世纪末正是文化设施繁荣发展的时期,博物馆、文化艺术中心、剧院、公众集会场所及节日庆典、公园等城市文化设施的兴建与出现,在世界各地掀起高潮。例如,西班牙北部港口毕尔巴鄂透过古根海姆博物馆的兴建,促进城市经济发展和环境再生,成为西班牙重要的文化旅游景点。

(二)结合文化活动举办的城市更新

举办大型文化活动,也成为城市再发展的途径。大型活动的举办有助于城市面貌的改善,也代表旅游经济的发展、知名度与地位提高,能吸引更多人才与投资。例如,"欧洲文化之都"就是结合城市更新,推动城市发展,促进文

---

① 黄鹤.文化政策主导下的城市更新——西方城市运用文化资源促进城市发展的相关经验和启示[J].国外城市规划,2006,21(1):34—39.

化旅游的重要计划,自1985年开办以来,已经成功使许多衰败的工业城市转变为吸引旅游者前往的文化城市。

(三)结合文化产业发展的城市更新

英国是最先提倡发展文化产业(后改为创意产业)的国家,随着文化产业在城市经济发展中的重要性日益增加,愈来愈多城市积极探索文化产业的发展,文化事务已经成为城市更新与经济发展的重要载体。

产业生产技术、交通运输方式及生活工作模式的转变,促使城市调整空间规划,进行产业转型和提高生活环境质量。后工业化时代,大量旧城区急需改造更新;其中,工业用地和厂房遗址的再利用与改造更迫切。

随着资本主义全球性的转型与扩张,80年代以后,旅游业大量兴起;文化遗产也成为世界各地重要的生财工具。为刺激经济发展,古迹保存成为改善城市形象的有效手段,可在竞争激烈的全球市场中吸引外资与吸引观光客停留。

三、台湾文化创意产业园区的发展与定位

产业群聚利用地理位置邻近的优势,串连区域内具有相同质性但属不同类型的业者,运用价值链整合提供产业群聚之最大效益。对内,群聚产业的园区内各企业可相辅相成,以促进人力或技术互补,工作者及工作室、公司可互相支援,激荡创意,整合资源;对外,群聚效应不仅可树立、改善业者在该产业领域之专业形象,更因技术整合之全方位,相对其同行更具产业竞争优势,这就是所谓的"群聚效应"。

产业群聚不仅能促进其他相关产业发展,更可以吸引外来投资,提高就业率与人力资源水平,有助于加快地域整体经济成长。因此,国际知名管理学家和经济学家迈克尔·波特就曾指出,一地是否具有国际竞争优势,与该地的优势产业是否能形成所谓"产业群聚"有关。

2002年,"文化创意产业"被列入"挑战2008:台湾重点发展计划","文化软件"首次被视为重大工程;基于"创意文化专用区"有集聚、扩散、示范与文化

设施等多项功能,台湾烟酒公司减资缴回台北、花莲、台中、嘉义等酒厂旧址及台南仓库群等5个闲置空间,改成"创意文化园区"(2011年起更名为文化创意产业园区),以结合城市发展轴线概念,使其在既有营运定位下,以文创产业轴带概念,进行区域产业串连,达到文化创意产业与所在城市整体区位发展、人才及产值全面提升之卓越绩效。

台湾五大文化创意产业园区的功能与定位如下[①]。

(一)华山文化创意产业园区

华山文化创意产业园区的定位为"文化创意产业、跨界艺术展现与生活美学风格塑造",以"酷"(时尚、前卫、实验)与"玩"(玩乐、享乐、娱乐)为规划主轴,凸显华山园区作为跨界创意的发挥空间,扮演媒合跨界艺术、产业互动的场所;建构异业、异质交流结盟的平台,发展成文化创意产业人才的育成中心。华山文化创意产业园区已于2012年完成全区整建工程,目前电影艺术馆以OT方式经营,而文化创意产业引入空间则以ROT形式营运中。

(二)台中文化创意产业园区

台中文化创意产业园区是台湾唯一的公办公营文创园区,定位为"台湾建筑、设计及艺术展演中心",以文创、文资为主,以商业为辅。台中文化创意产业园区由相关部门进驻管理,已完成全区28栋历史建筑的修缮。现有5栋馆舍出租给民间经营;下设"台中文创园区发展推广中心",征选文创工作者进驻,以"前店后场"方式,辅导培育及推广发展。

(三)花莲文化创意产业园区

花莲文化创意产业园区的定位为"文化艺术产业与观光结合之实验场域",强调"生态""生产"及"生活"并重,以原创音乐为核心要素,协助全民接

---

① 五大文化创意产业园区营运管理[EB/OL].(2017-06-19)[2018-06-02].https://www.moc.gov.tw/information_302_34100.html.

触、参与及实践多元的音乐文化,促成东部文创产业与区域资源连结,接入国际文化观光市场,扩大东部文创产业经济规模,促成东部文创资源产业化。花莲文化创意产业园区于2012年完成全区整建工程,以ROT方式引入民间机构进驻营运。

(四)嘉义文化创意产业园区

嘉义文化创意产业园区以"传统艺术创新中心"为主轴,实践传统技艺与传统技术之转型及创新。结合台湾南部地区的传统工艺、当代艺术、艺术家资源等"视觉艺术"和"表演艺术",重点发展传统艺术创新。嘉义文化创意产业园区于2013年完成全区整建工程,目前也委由民间厂商经营。

(五)台南文化创意产业园区

台南文化创意产业园区位于市中心,定位为"台湾创意生活产业发展中心"。台南拥有多元的历史文化及丰沛的观光资源,该园面积虽然不大,却位居枢纽,紧邻台南火车站,发展潜力巨大。台南文化创意产业园区已于2013年完成全区整建工程,委托南台科技大学经营管理。

此外,为扩大文化创意产业的群聚效应,相关部门也通过修订"辅导核心创作及独立工作者进驻文创聚落"完善补助机制,鼓励业者进驻五大园区或各县(市)重要聚落据点,特别是进驻适合新创事业的聚落空间,整合资源聚焦发展,达成群聚效益。强化各文创产业聚落作为演出、展示以及交易等平台的功能。

四、台中文化创意产业园区的规画经营策略

台中文化创意产业园区位于台中市后火车站附近,原是第五酒厂(台中旧酒厂),前身则为创立于1916年的"大正制酒株式会社",初为民营。

1922年,酒类实施专卖制度后,该社被收归官有;1945年后,由专卖局接管;1947年,转由烟酒公卖局接管;到了1998年,由于都市发展需求及环境保护需求,酒厂迁往台中工业区,留下占地5.6公顷、保存完整的建筑和制酒设

备的老旧厂房。

台中文化创意产业园区近百年的演进历程如下。

(1)大正制酒株式会社台中酒工场(1916—1922)。台中旧酒厂最初是日本商人赤司初太郎于1914年6月开办的"赤司制酒场"。1895年,赤司初太郎随日军来台定居。1898年,他在云林斗六开设杂货店和旅店,由此发迹,经营樟脑、铁路、糖业等。1914年,他在台中设立"赤司制酒场"。1916年,筹组"大正制酒株式会社",下辖台中、斗六及北港三个酒工场,是当时台湾最大的私人制酒公司。

(2)专卖局台中酒工场(1922—1945)。日本占据台湾期间,投入许多资金进行各项建设,兴建基隆、高雄等港口,规划建成各大都市,建设西部纵贯铁路,广设学校。为了筹措建设所需经费,日本人设立专卖制度,将鸦片、食盐、樟脑及烟草等纳入专卖,以充实税收。1922年,实施酒类专卖,征收大正制酒株式会社中工场,改名为台中酒工场。

(3)台湾省公卖局第五酒厂(1945—1958)。第二次世界大战结束后,台湾省政府接管台中酒工场,取消"专卖"名称改为"公卖",将其改制为"台湾省公卖局第五酒厂",继续生产米酒及清酒。

(4)台湾省烟酒公卖局台中酒厂(1958—1998)。1958年,第五酒厂更名为"台中酒厂"。为配合台湾民众饮用酒习惯的改变,逐渐停产清酒,改为生产黄酒、绍兴酒和花雕酒;此外,台中酒厂的米酒产量也高居全台各酒厂之冠。

70年代以后,台中市区逐渐开发,人口聚居,酒厂旧址也由郊区变为市中心区。酒厂存在对都市发展造成妨害,制酒过程产生污水及废气;产量日益增大,原厂址已不敷使用,诸种压力迫使台中酒厂于1990年在台中工业区购置新的厂房用地,于1998年迁厂。

(5)台中文化创意产业园区(1998—2011)。台中酒厂搬迁至台中工业区新厂后,留下大量工业遗迹与闲置的厂房建筑。2002年7月获台中市政府登录为历史建筑,占地5.6公顷的厂区及21栋建筑物所有权移拨给相关部门管理,台中旧酒厂得以完整保留,不仅见证日据时期迄今的台湾制酒产业发展过程,并获指定规划为台湾推动发展文化创意产业的五大文创园区之一。

依据1982年颁布的"文化资产保存法"第11条规定,于2007年设立"文化资产总管理处筹备处"，成为推动文化资产业务的专责机关；2012年，由文化资产局专责推动、执行及督导文化资产保存、维护、活用、教育、推广、研究及奖助等工作。

台中旧酒厂的厂房建筑，除了扮演产业文化资产的角色外，于"工业遗产再利用"风潮下拥有全新身份。渭水楼曾是包装材料仓库，现为园区图书馆；雅堂馆原是米酒成品仓库及半成品储酒库，如今则是多功能大型展览场；中央广场角落的国际展演馆前身是包装作业场，目前负责各类型展览。详如台中文化创意产业园区平面图所示。

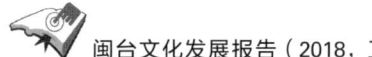

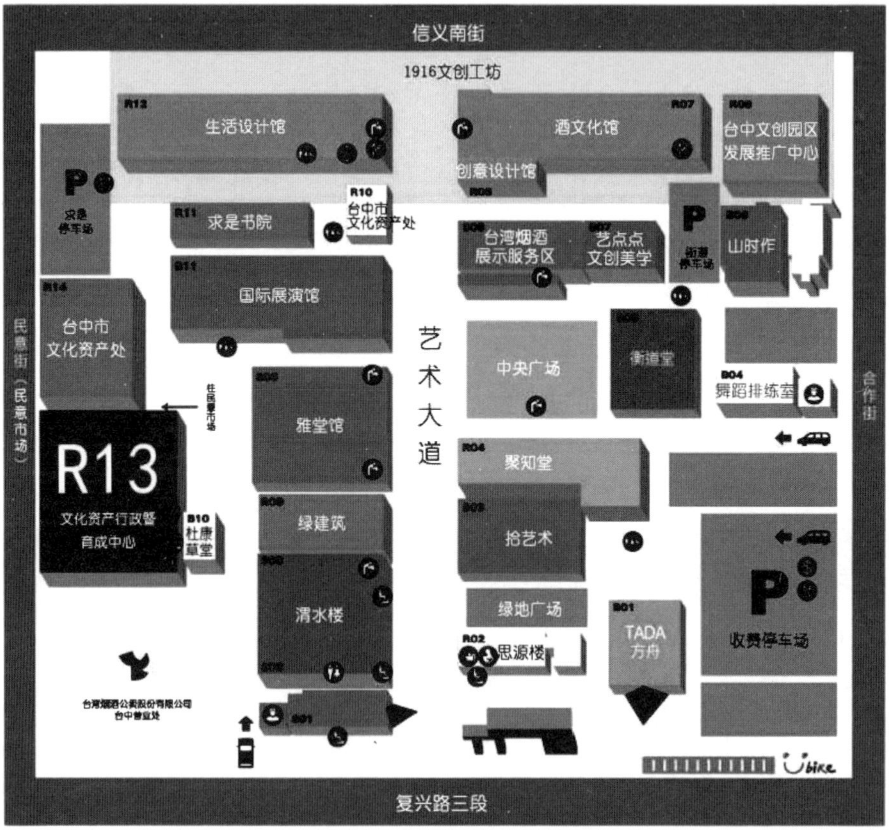

图1 台中文化创意产业园区平面图

施国隆认为,工业遗产再利用应考虑都市计划机制、修复再利用原则和营运管理策略等核心议题①,如图 2 所示。

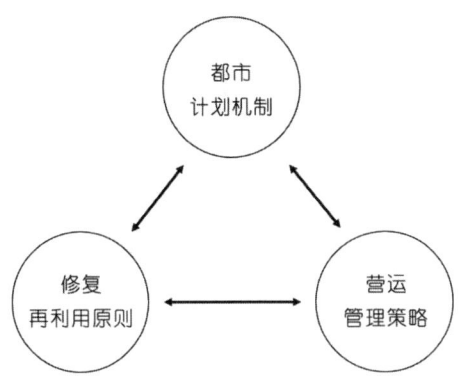

图 2　工业遗产再利用的核心议题

资料来源:施国隆.工业遗产转型计划初论——以台湾省烟酒公卖局第五酒厂为例[J].文化资产保存学刊,2016(40):35-54.

(一)都市计划机制

政府非常重视"评估"程序,因为评估是"将来修复方向及执行程序的依据,不但需要专业意见,也需要进行实地调查,发扬酒厂文化资产的价值"。依据"文化资产保存法"及建筑管理相关法令,历史建筑在修复前必须先订定"修复、再利用"计划。

台中旧酒厂的历史建筑保存涉及都市计划变更,必须探讨产业空间转型为创意园区过程中空间使用上的相关问题。台中文化创意产业园区的保存规划原则如下。

保存计划:以局部修复方式进行,重心为解决机能性需求的低限度空间。透过室内结构补强方式,维持原有历史建筑的外观,赋予旧建筑新意义。

---

①　施国隆.工业遗产转型计划初论——以台湾省烟酒公卖局第五酒厂为例[J].文化资产保存学刊,2016(40):35-54.

再利用计划：保持原有建筑结构为前提，调整内部空间机能，以满足新空间使用需求。

新功能设施：在历史建筑中设置灯光、机电、空调、消防等设施，转变成"旧空间，新机能"。

旧瓶装新酒的精神：在现有旧建筑中适当加入对比性的新建筑元素，例如钢结构、玻璃构造物、金属扩张网，以获得新旧建筑元素对话的空间趣味效果。

（二）修复再利用原则

保存历史园区整体风貌，修复建筑，保存过去记忆和功能，拟定再利用计划，制订方针后，执行修复工作。台中旧酒厂建筑物大多建于日据时期，毁坏十分严重，修复时必须尽量维持原貌，以保留昔日酒厂面貌；修复后要赋予这些空间新的功能。其修复再利用原则如下：

（1）由外而内。先做好对外门面，营造工业遗址新样貌的气氛，内部含有视觉强烈的多元活动及完善开放的绿地广场，吸引民众进入。

（2）由重要到次要。如何定义单体建筑物的历史价值？评量指标为何？活化之后再利用所发挥的功能为何？应有实际营运上的考虑。以专业及理性评估整修的先后次序，"由重要到次要"。

（3）由大到小。从尺寸大的户外空间着手，先对功能性和开放性较强的展览区范围内的建筑进行修复，最后才是小尺寸的单体建筑修复。

（三）营运管理策略

台中文化创意产业园区除局部空间以委外经营方式，其余大部分空间则由文化资产局拟订营运内容并自行管理。园区从酒厂遗构出发，论述转型的核心价值，到营运模式的阶段尝试，进而建构出以"文资为体、文创为用"的经营模式，努力成为"文资育成行政园区"。

为促使台中文化创意产业园区转型为文资人才育成基地，以"文资传承、传艺推广、文资创新"为三大主要推动策略,详如图3所示。

文资传承:以文化资产学院整合产官学研资源,建立策略伙伴合作机制,长期系统整合人才培育。

传艺推广:以传统匠师培育及认证、传统表演艺术及传统工艺传习、教育推广及大师讲堂为推动重点。

文资创新:以科技应用建构智慧绿能园区,建置"文资为源,文创为用"的职人工厂。

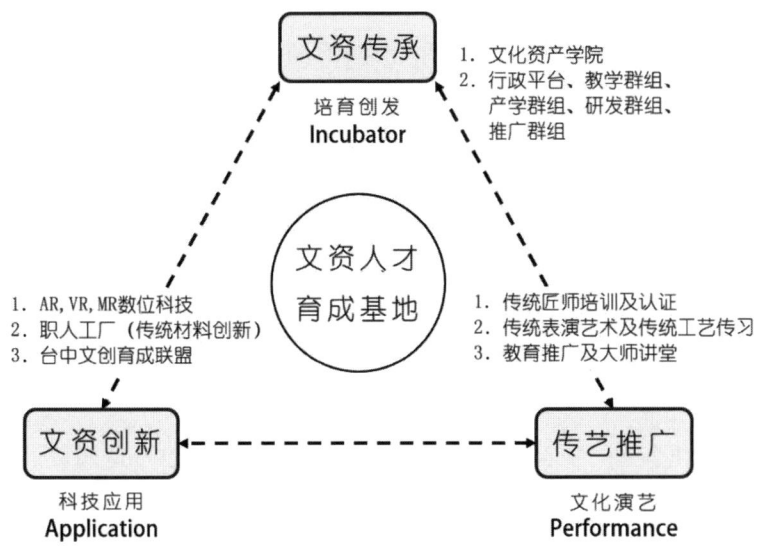

图3　台中文化创意产业园区的营运管理策略与核心价值

结　论

文化是城市发展的动力;"文化政策"不仅是城市生存竞争的关键,也是都市再生及地方营销的主要策略。[①]

---

① 傅茹璋.以文化产业推动都市再生——英国的经验[J].土木水利专刊,2008(10):50－64.

随着社会发展、经济转型与产业外移等因素起作用,80年代起,欧美各国逐渐兴起都市再生及工业遗址再利用的风潮,导入艺术文化等活动,创造新的就业机会以及带动城市转型和引进观光人潮。

90年代末期,英国的文化政策分成两个向度。一是以都市再生为主导的"文化旗舰开发"及"文化特区",借以增强都市的经济竞争力;另一是以地方性为主导的"地方文化产业",透过在地特殊性的建构及保存,用以对抗全球化之下的同质性。[①] 这些计划推动了文化产业的发展,不但带动经济再生,也改变都市居民的生活。

关于工业遗产的保存与再利用,学者有两极化的意见。例如,颜亮一指出,古迹保存是城市或乡镇在后现代社会中发展文化旅游与促进经济的主要策略。[②] 梁晖昌则认为,工业遗产被当作空间商品、开发为创意产业集聚区,是政策的"误读"[③]。然而,美国学者斯科特在《城市文化经济》一书中早已指出,产业群聚可以在特定区域带来强大的创意经济竞争优势,这对于后工业化社会的城市来说,不啻为产业转型与经济复苏的转机。

创意产业群聚是发展文化创意产业的有效途径。许多研究发现,文化创意产业具有向都会地区群聚的现象,因此,设立文化产业园区已经成为各国和地区发展文化创意产业普遍采用的策略。[④] 台中文化创意产业园区的前身其实是老旧城区里的闲置工业厂房,近年来,在"公办公营"的规划管理之下,结合文化资产保存再利用与文化创意产业推动发展,兼具文资育成与文创实验的功能,不仅成为台湾工业遗址再生的典范,对于带动台中地区的经济发展与地方繁荣,也功不可没。

[①] 杨敏芝.地方文化产业与地域活化互动模式研究——以埔里酒文化产业为例[M].台北大学博士论文,2002:15.

[②] 颜亮一.全球化时代的文化遗产——古迹保存理论之批判性回顾[J].地理学报,2005(42):1-24.

[③] 梁晖昌.以保存之名:上海工业遗产再利用的初期观察[J].台湾大学建筑与城乡研究学报,2013(21):69-92.

[④] 向勇,刘静.中国文化创意产业园区实践与观察[M].北京:红旗出版社,2012:23.

案 例 篇

马尾船政：多元工业遗产保护与开发

肖绯霞[*]

摘　要：　福州船政局位于福州市马尾区，在我国近代造船、军工、教育、航海等领域都曾发挥重要作用。马尾船政工业遗产在历史、思想、科技、艺术等方面都有极高的价值。当前，马尾船政工业遗产的保护与开发已取得一定的成果，其经验主要是保护遗产的原真性，突出船政主题，契合全域旅游理念。为进一步推进马尾船政工业遗产的保护与开发工作，相关部门还应处理好三种关系：一是处理好船政、海丝、两岸三种元素的关系；二是处理好船政文化城项目开发与马尾新城建设、福州自贸区建设之间的关系；三是处理好现有景点维护、升级与新增旅游吸引物的关系。

关键词：　船政；工业遗产；保护与开发

　　福州船政局由清政府于1866年批准开设，位于福建马尾。左宗棠在法国人日意格和德克碑的帮助下制定计划，船厂与校舍建设历时近五年。自1866年7月创办到1907年6月暂时停办，福州船政局在40余年间建造了大量先进船只，广东、福建、南洋、北洋四只水师拥有的自造船只中为福州船政局所建造的超过七成。船政局培养的500多名具有造船和驾船知识与技术的人才在各地水师发挥重要作用。福州船政局制造的舰船、培养的人才充实了我国的海防力量，为中国反抗列强侵略做出不可磨灭的贡献。今天，马尾地区仍存有

---

* 肖绯霞，厦门理工学院文化产业与旅游学院教师，主要从事文化产业、外国文学研究。

船政时期的部分建筑与遗迹,这些船政工业遗产对于了解我国近代造船技术、教育理念与制度,了解民族抗争历史都有重要意义。当前,马尾船政工业遗产的保护与开发已取得阶段性成果,为进一步的保护与开发奠定良好的基础。

一、马尾船政工业遗产

随着福州船政局(现为马尾船厂厂区及船政文化园区)入选中国工业遗产保护名录第一批名单,福建船政工业遗产的价值将被更多人认同。

(一)马尾船政工业遗产内容

福建船政工业遗产既包括官厅池、轮机厂(图1)、钟楼、绘事院、一号船坞、马限山梅园建筑、潮江楼、马尾旧街道船政工人生活聚落、法国天主堂、天后宫等不可移动物质遗产,还包括官界碑、船政执照学生手稿等可移动物质遗产,也包括船政生产技术、学堂教育理念与制度等非物质文化遗产。

图1 福州船政建筑——轮机厂

图片来源:https://baijiahao.baidu.com/s?id=16091844872560180818&wfr=spider&for=pc

由于马尾船政工业与晚清海军建设密切相关,广义上的马尾船政工业遗产还涉及中坡炮台、昭忠祠、罗零基准点、英国领事分馆等战争遗存及相关遗存。

(二)马尾船政工业遗产的复杂性与珍贵性

马尾船政工业遗产构成较为复杂,具有教育遗产、工业遗产、军事遗产等多重属性。第一,船政工厂是我国第一批现代造船企业,代表晚清时期我国造船技术的先进水平。第二,船政学堂是我国第一所造船与航海人才培养专科学校,代表晚清时期我国教育理念与制度的先进水平。第三,福州船政局是我国为强军、卫国而建立的军事工业,船政学堂也是我国近代第一所海军学校,船政所造舰船与学堂学员成为晚清水师的重要力量,代表晚清时期我国海军的发展理念与建设的先进水平。

马尾船政工业遗产极为珍贵,马尾船政局创造了我国历史上数十个第一,在造船、航海、教育、军事等领域都发挥过重要作用。当前,马尾船政工业物质遗产主体部分已被列为文物保护单位。"马江海战炮台、烈士墓及昭忠祠"于1996年被国务院认定为第四批全国重点文物保护单位;"福建船政建筑"于2001年被认定为第五批全国重点文物保护单位。鉴于船政工业遗产的多元价值,马尾船政工业遗产先后获得多项其他荣誉。"福州马尾船政文化遗址群"于2005年被中宣部评为"第三批全国爱国主义教育示范基地",于2010年被国家国防教育办公室评为"国防教育示范基地",于2016年12月入选《全国红色旅游景点景区名录》。此外,2017年8月,"马江海战纪念馆"成为首批"福州市直机关党员干部教育基地";2017年12月,"马尾船政"入选"中国20世纪建筑遗产名录"。

二、马尾船政工业遗产保护与开发经验

(一)马尾船政工业遗产保护与开发注重原真性

"原真性"是世界文化遗产保护的重要概念,世界遗产中心发布的《实施〈世界遗产公约〉操作指南》中明确指出,原真性应从以下方面来展现,包括"外形与设计;材料与材质;使用与功能;传统、技术和管理制度;位置与环境;语言

及其他形式的非物质遗产；精神与情感；其他内部因素与外部因素"。但是，当前工业遗产的开发利用却很难保证其"原真性"。有学者将工业遗产开发模式总结为主题博物馆、公共休憩空间、创意产业开发和综合功能开发四种①。主题博物馆开发方式通常能较好地保留遗产的原真性，但在其他三类模式下，工业遗产的原貌及文化特质极少得到全面体现。《住房城乡建设部关于将北京等10个城市列为第一批历史建筑保护利用试点城市的通知》中提出："创新合理利用路径，发挥历史建筑使用价值。在保护历史价值和保证安全的前提下，发挥市场在资源配置中的决定性作用，选取一定数量的历史建筑开展试点工作，通过开设创意空间、咖啡馆、特色餐饮和民宿等利用方式，探索历史建筑功能合理与可持续利用模式及路径。"②创意空间、咖啡馆、特色餐饮和民宿的功能有非常明显的变化，在向新功能转化中，工业遗产的外观或结构或多或少会改变，新旧文化结合催生新的文化气质。要想摆脱被废弃的命运，获得重生，工业遗产必须融入新的生产与生活，拥有新的价值。因此，接受改造已成为许多工业遗产的开发与利用难以回避的环节。

值得注意的是，马尾船政工业遗产无论是在文物保护方面还是遗产开发方面均极为重视原真性。

1.马尾船政工业主要遗产已得到妥善保护

目前，马尾船政工业遗产中的"福建船政建筑"及"马江海战炮台、烈士墓及昭忠祠"已是全国文物保护单位。我国的文物保护法规十分重视保护文物的安全性与原真性，不可移动文物按规定应划定保护范围，保护范围内不能有任何影响文物环境及安全的活动。《中华人民共和国文物保护法》第二十三条规定："核定为文物保护单位的属于国家所有的纪念建筑物或者古建筑，除可以建立博物馆、保管所或者辟为参观游览场所外，作其他用途的……应当由

---

① 陈信润.工业遗产旅游开发模式及策略研究[J].现代商贸工业,2017(22):3.
② 中华人民共和国住房和城乡建设部.住房城乡建设部关于将北京等10个城市列为第一批历史建筑保护利用试点城市的通知[EB/OL].(2017-12-27)[2018-04-01].http://www.mohurd.gov.cn/wjfb/201712/t20171227_234558.html.

省、自治区、直辖市人民政府报国务院批准。"①第二十六条规定:"使用不可移动文物,必须遵守不改变文物原状的原则,负责保护建筑物及其附属文物的安全,不得损毁、改建、添建或者拆除不可移动文物。"②

文物保护法规为马尾船政工业遗产主体的原真性提供坚强的法律保障,为旅游开发提供了最珍贵的游览资源。

船政文化管委会仍在加强文物征集工作,积极与船政人员后裔及老海军联系,收集船政名人遗物等资料,为船政工业遗产增添原真性极强的新内容。

2.马尾船政工业遗产修复与利用注重原真性

马尾船政工业遗产开发以旅游业、会展业、节庆业为主,这些产业对工业遗产的破坏性极小,利用度极高。马尾造船厂将船政绘事院用作厂史陈列;其切割车间辟为"汇源老爷车博览馆",内部结构基本保持车间原貌;"马尾·中国船政文化城"的重要项目"船政格致园"仿建船政衙门及前后学堂。重现的船政衙门建在旧址旁边,外观延续旧时风貌。重建的船政前后学堂同样延续旧时风格,前后学堂建筑基本相似,前方为二层廊式洋楼教室,后方为二层法式洋房宿舍。

(二)马尾船政工业遗产保护与开发突出船政主题

马尾船政工业文物得到较好的保护,船政工业遗产的开发利用也注重维持原真性,因此其本身的船政文化主题得以突出,在开发利用中处于主导地位。马尾船政的工业遗产开发并不止步于此,船政工业文化遗产以其丰富性、珍贵性,成为区域性强势文化遗产。因此,船政主题不仅在工业遗产本身的开发再利用过程中得以突出,而且超越自身的范围,成为区域性文化发展主题。

当前,福建马尾以"马尾·中国船政文化城"文化产业项目建设为契机,充分突出、强化并宣传船政文化,不仅有效保护了船政工业遗产,也将船政文化

---

①② 中华人民共和国文物保护法[EB/OL].(2017-11-28)[2018-04-01].http://www.sach.gov.cn/art/ 2017/11/28/art_1034_ 21351.html.

理念融入现代特色城市片区建设,使之成为马尾特定城市生活片区的灵魂。马尾区以此为主题开展船政文化城区建设与周边环境的整治工作:修复船政文化建筑,建设船政博物馆,开辟船政文化旅游线路,建设船政古街,文化城附近新建有马尾船政小学。文化城周边环境也广泛使用船政文化元素:沿山旧屋区改造整体突出船政文化元素;"船政"也是天马山生态公园两大主题之一,公园将"打造成具有船政文化特色的记忆带……将依托山形地貌,结合周边船政旅游景点,营造出具有船政文化特色的建筑空间"①。东滨江路段核心价值主题公园包含有"海国图志""沧海云帆"等船政文化主题。此外,马尾区还围绕船政文化开展多种形式的研讨及宣传活动:2016 年举办"海峡论坛·第七届海峡两岸船政文化研讨会",举办纪念福建船政创办一百五十周年的系列活动,如以日意格为主人公的展览《一个法国人的中国梦》。2017 年举办第九届海峡论坛·第八届海峡两岸船政文化研讨会、海峡两岸船政文化与海上丝路建设研讨会等,多次举办船政文化网络知识竞赛。这些活动扩大船政文化的影响,也对马尾中国船政文化城项目起到较好的宣传推广作用。

(三)马尾船政工业遗产保护与开发契合全域旅游发展理念

全域旅游指"将特定区域作为完整旅游目的地进行整体规划布局、综合统筹管理、一体化营销推广,促进旅游业全区域、全要素、全产业链发展,实现旅游业全域共建、全域共融、全域共享的发展模式"②。

马尾船政工业遗产开发主要依托"马尾·中国船政文化城"项目,该项目多次入选"福建省文化产业十大重点项目"。项目规划建设期从 2012 年起到 2020 年止,规划范围西北至官街,东南至一号船坞,总面积约一平方公里,它"以集聚人气为目标,以马尾新城核心区船政文化遗址地为主体。建设以创意

---

① 马丽清.天马山生态公园主打"绿色牌""船政牌"[N].福州晚报,2018-01-29.
② 国家旅游局关于公布首批创建"国家全域旅游示范区"名单的通知[EB/OL].(2016-02-01)[2018-04-02].http://www.cnta.gov.cn/zwgk/tzggnew/201602/t20160205_759900.shtml.

设计、文化旅游、休闲体验、时尚娱乐为主要业态的全国标志性文化旅游综合体"①。旅游综合体是提供综合服务,发展多种业态,促进产业融合发展的综合性旅游产业集聚区。马尾·中国船政文化城的项目性质要求进行"整体规划布局";综合体的建设内容符合"全区域、全要素、全产业链"发展诉求。可以说,"马尾·中国船政文化城"的旅游综合体发展定位使马尾船政工业遗产的开发利用契合全域旅游发展理念。

对照国家旅游局李金早提出的相关要求,马尾船政工业遗产旅游开发主要实现以下六个方面的转变。

1. 从单一景点景区建设向综合目的地统筹发展转变

从规划之初,马尾·中国船政文化城就是作为综合体来考虑的。项目委托北京清华设计院和上海中船九院进行全面规划,包括"船政文化街区""福建船政天后宫复建""船政衙门及前后学堂复建""船政时空隧道"等区域景点建设,也包括"马限山环山车道建设""马江渡景观街建设"等区域设施建设及区域景观提升建设。

船政文化已成为马尾区的名片,船政工业文化遗产宣传活动主体包括市区各级主管部门,宣传重点不在具体景点或景区,而紧密围绕"船政文化"开展系统性宣传活动。比如开展"魅力船政"征文摄影比赛、"船政文化网络知识竞赛",开展纪念船政创办一百五十周年系列活动,举办《船政志》和《船政文化研究选集》首发仪式,举办讲述日意格与船政情缘的《一个法国人的中国梦》展览,举办海峡两岸船政文化研讨会(图2)、海峡两岸福建船政知识征答活动、"海峡两岸船政文化与海上丝路建设"研讨会等。通过以船政文化为主题的系列宣传活动,促进公众对船政文化的认知,增强船政文化片区的旅游吸引力。

---

① 福建省文化改革发展工作领导小组.福建省文化改革发展工作领导小组关于确定"互联网+文化产业"创新项目等10个项目为"2016年度福建省文化产业十大重点项目"的通报[EB/OL].(2016-05-18)[2018-04-02]. http://whcyw.longyan.gov.cn/fg/zcjd/201711/t20171130_785274.htm.

图 2　第七届海峡两岸船政文化研讨会

图片来源：http://news.fznews.com.cn/fuzhou/20160612/575cb0f7c280f.shtml.

2.从部门行为向党政统筹推进转变

马尾区政府除对马尾·中国船政文化城项目进行统筹安排外，还将马尾·中国船政文化城项目的规划深入衔接至马尾新城的发展规划中，对文化城周边环境也进行综合治理，如改造沿山旧屋区，改建、扩建东滨江公园及天马山公园等，体现全局性的发展观念和长远的发展眼光。

马尾造船厂、中外运等企业搬迁，马尾造船厂高架桥下穿改建工程以及人防时空隧道建设涉及国资委、交通、人防、旅游等部门，需要地方政府牵头，多个部门合作。目前，粗芦岛马尾船政一期工程已经完成，二期正在建设中；江滨大道下穿马尾船厂地道项目前期勘探工作已经开始；船政时空隧道已对外开放，充分体现统筹的优势。

3.从门票经济向产业经济转变

目前，船政景区全区域只有船政格致园内的船政总理衙门和船政时空隧道两个景点收费，共50元，且于节日期间常有优惠，园内其他景点和区域如前后学堂、官厅池等免费游览。船政景区内的马江海战纪念馆、中国船政文化博物馆、罗星塔公园等景点凭身份证登记后也可免费游览。可见，门票收入已不是马尾船政工业文化旅游开发的重心。通过船政工业文化遗产旅游带动区域泛旅游产业的集聚和发展，才是船政文化城的发展目标。

4.从封闭的旅游自循环向开放的"旅游＋"融合发展方式转变

当前，马尾·中国船政文化城内已出现多种形式的旅游产业与其他产业的融合发展。船政文化街设有海峡两岸（船政）文化创意产业园——左营·佐赢，该园区开发集文化、旅游、休闲、创意为一体的文创产业，重点发展创意设计、动漫游戏、演艺娱乐等优势产业，使旅游业与创意产业融合发展。格致园景区入口处原马尾造船厂切割车间现辟为汇源老爷车博览馆，是旅游业与会展业、汽车业的融合发展（图3）。多个部门利用春节等传统节日联合举办文化节活动，如2018年2月在船政"左营·佐赢"园区举办"醉美马尾·船政古街"旅游文化节，该文化节以"蝶舞梅花贺新春，墨痕书香品船政"为主题，举办一系列活动，包括船政剪纸艺术展、古玩艺术品公益拍卖、新年书画笔会、马尾旅游文创作品展以及"马尾最美时光""穿越马尾旧时光"微拍摄影展等来迎接新春，传播船政文化，促进马尾旅游，是旅游业与创意产业、节庆产业的融合。

图3 汇源老爷车博览馆暨汇源汽车生活馆

图片来源：http://www.mwnews.cn/html/2/2017-07-07/11390126614.shtml。

5.从旅游企业单打独享向社会共建共享转变

（1）社会共建。船政文化景区主管部门积极与政府各部门、企业、社会组织合作，共同举办活动，以增强船政文化城区域吸引力。仅在2018年2月，就有船政文化管委会、马尾区旅游局、区文体局、区广电局、区残联主办,福建省自贸国际商会、福建钜太文旅企业管理有限公司、菩元集团等在"左营·佐赢"共同承办的"醉美马尾·船政古街"旅游文化节;福州马江海战纪念馆、马限社区、金木书法工作室在马尾步行街举办的"迎新春 送祝福"主题公益活动;马尾区政府主办,马尾区旅游局与福建船政文化保护开发有限公司共同承办的"非遗木偶戏新年,传统文化闹新春""一碗福州 舌尖马尾"美食嘉年华活动;船政文化管委会、区委文明办、马尾区旅游局、共青团马尾区委、区综治办主办,罗星塔公园管理所承办,区青少年活动中心协办的"文明旅游志愿行 共筑平安新马尾"活动(在罗星塔公园柳七娘广场)。这些活动聚合各界重要力量,使它们共同参与船政文化城的发展。

船政文化管委会还以志愿服务为契机,与社会各界开展区域共建活动。如在马限山纪念园梅园片区组织开展以"爱绿护绿"为主题的生态环境保护青年志愿行动;在马江海战纪念馆开展"文化遗产日"活动,主动向游客征集意见;在罗星塔公园开展"保护文化遗产 守护精神家园""文明与你同行 创建从我做起"等志愿者活动;在"三坊七巷·马尾船政文化旅游观光线"公交总站举行文明志愿者礼仪倡导活动;组织马江海战纪念馆志愿者与海警战士共同开展"警地携手 扮靓春天"植树活动,将区域环境保护与旅游服务意识传递给社会各界。

(2)社会共享。"马尾·船政文化城"项目建设增加区域旅游景点,完善了区域旅游设施与公共服务,改善了区域旅游环境,切实惠及文化城及周边居民。

从旅游资源看,文化城内除船政衙门及时空隧道收费外,其余项目全部免费。马尾本地居民则只需20元/人就可以办理年卡,全年不限次免费参观。马尾人在家门口便可以免费享受区域内丰富的船政景点资源。当地景点也十分重视举办惠民活动,马江海战纪念馆就曾在馆内开设"考古课",举办船政暑期夏令营等,利用馆内资源帮助当地孩子增长知识,了解船政文化。

从旅游环境看,文化城内的优美风景既可供游客观赏,也可供本地居民随时游览,船政文化城周边环境综合整治活动惠及区域内及区域周边居民,如东江滨公园及天马山公园的改建与扩建为居民提供更美的休憩场所,沿山旧屋区改造等将改善当地居民的居住条件。

从旅游设施与公共服务建设看,"三坊七巷⇌马尾船政"(观光 2 号线)观光线正式运营,船政文化景点停车场等配套设施相继跟进,位于东江滨公园的马尾马祖旅游服务中心投入使用,该中心提供免费 WiFi 服务以及户外信息一体机服务,这些旅游设施与公共服务建设既方便游客也惠及当地居民。

6.从墙内"民团式"治安管理、社会管理向全域旅游依法治理转变

马尾区采取一系列的措施加强法制文化建设,在船政文化城区域建设及周边建设中嵌入法制元素。如在船政格致园开辟船政廉政文化主题展厅,在东江滨公园休闲廊道建设以展示船政法治元素为主要内容的法治文化园。遗址群还与省内多所院校和多个驻军单位建立共建关系,定期开展法治教育和爱国主义教育活动。这些举措使得景点治安管理融入区域法制建设中。

三、马尾船政工业遗产保护与开发的建议

马尾船政工业遗产的保护与开发已经取得一定的成果,从区域实际情况看,今后还应重点处理好如下三种关系。

1.船政、海丝、两岸三种元素的关系

"船政""海丝""两马"是马尾区的三张名片,船政文化景区也同样存在这三种文化元素。船政工业文化遗产开发突出船政主题,但为了更好地发展,必须处理好三者的关系。必须坚持突出船政文化特色,合理融入海丝文化及两岸交流文化元素,使船政工业遗产获得更持久的生命力。

2.船政文化城与马尾新城建设、福州自贸区建设的关系

船政文化城是旅游综合体,也是城市特色生活片区,船政文化城的规划与建设应体现全域旅游的理念,这为文化城融入自贸区建设、马尾新城建设奠定良好的基础。未来船政文化城应认清自身定位,在自贸区建设与新城建设中发挥应有的作用。

3.现有景点与新增船政旅游吸引物的关系

当前,马尾船政文化城区域拥有众多景点,但这并不意味着不需要增加新的旅游吸引物。该区域还有不少值得开发的景点,如马尾旧镇渡口、马尾前街。通过修旧如旧,再现渡口与老街旧时繁华,可使游客和居民穿越历史,真实感受船政时期人们的生活。

源和1916：百年老字号的转型

丁智才　周慧娟*

摘　要： 泉州较早启动工业遗产活化改造，涌现一些较为成功的案例。百年老字号源和堂是泉州人民的情感寄托，也是泉州工业文化的一部分。源和1916将源和堂蜜饯厂厂区改造成创意产业园区，借用其本身诸多优势因素，但由于缺乏工业遗产整体性认知，改造方式较为单一，对遗产的破坏性较大，企业行为的利益趋避现象较为严重。工业遗产改造不仅关注城市物质环境的改善；也要保护和丰富工业遗产的建筑特色和内涵价值，维持好工业遗产的特色和情感价值；坚持以品牌为依托，构建内部产业价值链；保留和延续工业遗产中蕴含的文化因子，活化创新而又不失本真，与泉州城市的发展更新融为一体。

关键词： 源和1916；泉州；工业遗产；改造活化

泉州历史文化气息浓郁，古迹遗存较为完整，是盛极一时的商业港口和近现代海防前线，泉州的工业遗产因而带有与国内其他城市工业遗产不同的特征。近年来，泉州在古城保护和开发上取得巨大成绩，城内数量众多、记载着泉州城市文明发展历程的工业遗产也得到改造利用。源和1916一定程度上保留和延续工业遗产中蕴含的文化因子，活化创新而又不失本真，与泉州这座

---

* 丁智才，厦门理工学院文化发展研究院教授；周慧娟，厦门理工学院文化产业与旅游学院本科生。

古老城市的发展合为一体,是泉州工业遗产活化利用的主要代表。

一、源和1916工业遗产状况

源和1916创意产业园位于泉州市鲤城区新门街350号,园区前身为享誉海内外的百年老字号源和堂蜜饯厂。

(一)工业遗产渊源

源和堂蜜饯厂始创于1916年,由侨属兄弟庄杰赶、庄杰茂创办。据说,庄氏兄弟以前以贩卖水果为生,有时会有卖不掉的水果,为了防止变质,腌制起来。在此基础上,逐渐摸索出制作蜜饯方法,办起蜜饯作坊,渐渐在青阳一带小有名气,小作坊扩大为加工厂。初期厂址设于晋江青阳(现晋江五店市),在漳州的石码办有分厂,在厦门设有分销处。1932年,有名人为蜜饯厂题字"源水和甘,和末配制",横批"堂上家人",对联即有赞誉精制蜜酿之义,句首"源和堂"也与蜜饯的主要配料"盐"和"糖"有暗合之巧,"源和堂"牌号就此问世,很快在国内外打开市场,特别是东南亚一带。经过一番发展,至1949年,已成为侨区泉州创办较早、资产超十万元(折新币)的独资企业大户。其蜜饯选用当地盛产的水果为原料,配以食盐和糖,加上中药加工而成。在物资较匮乏的年

图1 源和堂蜜饯产品

代,用油纸包着的源和堂蜜饯,是珍贵的休闲小食,剥开一层层包裹的油纸,蜜饯的香味随之溢出,是那个年代难以形容的美味。

1949年后,蜜饯厂历经对私改造、公私合营以及厂区搬迁扩建,逐渐发展成地方性的大型工业企业。1954年起,公私合营后,福建省华侨投资公司先后拨款22万元人民币支持在泉州市新门街龙头山扩建新厂和设备。1955年,源和堂总厂从青阳搬到市区,名称变为福建省华侨投资公司泉州源和堂蜜饯厂,企业由公私合营变为国营,隶属于省轻工厅;后来又有14家中小厂店并入,成为泉州源和堂蜜饯厂。1964—1965年,福建省华侨投资公司拨款14万元进行技术改造,建设引水入厂的供水系统,增建厂房、仓库,安装了十吨锅炉、单晶冰糖罐、发电机组、真空浓缩罐、烘干房等主要设备,扩大了生产,提高了产品质量,这时产品品种达150多种。一直到80年代中后期,源和堂迎来鼎盛发展的时期。1992年,泉州市国营企业和外商合资,成立泉州中桥(集团)股份有限公司,泉州源和堂蜜饯厂改名为泉州中桥(集团)股份有限公司源和堂公司。自20世纪90年代始,随着乡镇企业的崛起,随着原料供应不足等问题的出现,再加上企业体制的变化,市场竞争愈演愈烈,源和堂蜜饯厂开始缩减生产规模,产量和销量大幅度下降。面对生产和销售危机,蜜饯厂为了维持生产,缓解经济压力,不得不改变经营模式和生产结构,将大多数厂房分散出租给小型加工坊和仓库。原蜜饯厂的生产用地有74亩,总建筑面积4.46万平方米,后仅留存生产用地765.65平方米,建筑面积2 775平方米。2007年,泉州市政府收回中桥集团外资股份,源和堂再次成为国有独资企业,百年企业源和堂发展进入新的时期。

(二)工业遗产留存

自1992年变身为合资企业到2007年2月恢复国企身份,再到销售业务外包,源和堂经历了20多年的起落。因资金投入不足,源和堂厂房面积和生产规模不断萎缩。20世纪80年代,源和堂建筑总面积有11 141平方米,为扩大经营范围,新建饮料大楼(3 300平方米)、果胚车间(2 000平方米)、冰糖大楼(2 600平方米)、综合办公楼(1 820平方米)和草制大楼(1 600平方米)。[①]到了20世纪90年代中期,源和堂的销售业绩逐年下滑,蜜饯产量随之缩减,十吨锅炉和十米高的大烟囱因使用成本偏高而停用,冰糖和饮料双双停产,生产大楼也被关闭。这些闲置下来的产房是泉州20世纪五六十年代的工业厂房的代表,以传统青石红砖建筑风格为主的建筑呈现独特的美感和时代印记,是近代工业文明的历史佐证,被列为省市两级政府重点保护的工业文化遗产。

源和堂的工艺传承因诸多原因被中断,造成部分传统工艺流失,但它拥有一笔巨大的品牌财富——老字号。2006年,商务部授予源和堂为"中华老字号"荣誉,和其他老字号一样,它承载着传统文化的精髓。百年老字号源和堂已然是泉州人民的情感寄托,也是泉州文化的一部分。

二、源和1916工业遗产改造状况

随着城市化进程的加快,城市的职能开始转变,用地紧缺。处于泉州历史城区中心地段的源和堂,遭遇工业转型和城市更新的重要时期,既是挑战,也是机遇,改造势在必行。

(一)改造历程

源和堂工业遗产改造项目启动于2008年,由福建中桥(集团)股份有限公司、福建创新传媒有限公司、泉州筑城设计咨询中心共同投资。最先改造源和堂蜜饯厂草制车间,历经一年多,于2009年完工并投产。2010年,泉州源和堂创意产业园运营有限公司成立,投资总额为人民币5 000万元,注册资本为人民币2 500万元。中侨集团获取该园区的控股地位,中侨集团将源和堂、彩印公司等分公司规划成创意产业园区。2011年,源和1916创意产业园正式开园。

源和1916创意产业园总规划面积188亩,建筑面积有11万平方米,总投

---

① 庄萌.食品老字号品牌老化现象与对策研究:以泉州源和堂为例[D].福建农林大学,2013:56.

图 2　源和 1916 创意产业园改造的厂房

资 1.5 亿元人民币。被规划区域有原源和堂蜜饯厂、面粉厂、油厂、麻纺厂、电视机厂。按"整体规划、分步实施、以点带面、滚动发展"的思路,分两个阶段进行改造。一期建设为源和堂(占地 74.08 亩,建筑面积 36 000 平方米)建筑群和电视机厂(占地 8.12 亩,建筑面积 9 500 平方米)建筑群。二期建设为彩印公司(占地 47.69 亩,建筑面积 26 322 平方米)、粮油公司(占地 67.15 亩、建筑面积 116 246 平方米)[①]。中侨集团将园区内的土地及地上建筑物分批移交给创意产业园区,全权托管经营,按照建筑物的面积向源和 1916 创意产业园区收取资产占用费。中侨集团拥有源和 1916 创意产业园区土地及房屋相关资产的所有权,利用合作股东在规划设计、创意园招商和管理等方面优势,实行优势互补的经营方针。按照现代企业制度要求运作,聘请专业人才进行经营管理。合作经营期满后,源和 1916 创意产业园区将经营权及地上建筑物整体移交给中侨集团,确保国有资产不流失。

(二)改造策略

出于对历史文化的尊重和纪念,园区在改造之时保留老字号名称,加入创立的年份,命名为源和 1916 创意产业园。

---

① 庄萌.食品老字号品牌老化现象与对策研究:以泉州源和堂为例[D].福建农林大学,2013:98.

为保护百年老字号,旧厂区的厂房规模和布局得以保留,以"保留、改造、新建"为原则进行改造:基本保留厂房、办公楼的钢架结构和阁楼的基本结构;对旧的厂房建筑进行适当修补、修饰、改造;新建现代化配套设施和休闲绿化区,加入产业元素和创意元素;保留原有的闽南建筑风格,融入创意点。

创意产业园拥有天然的地理优势和独具特色的办公环境,力图通过科学合理的整体规划成为泉州乃至海西范围内最纯粹、最高尚的文化艺术聚集地的战略目标。立足园区的战略目标,努力成为文化产业的创意综合体,集创意产业集群、现代创意服务集群、创意生活商业集群多功能于一身的文化创意园。园区主要活动多为时尚发布和创意办公,商业配套功能为辅,用产业形态推进商业形态和旅游形态。作为大产业、大商圈概念下的大型现代化专业市场,园区三大功拥有能集群规划(表1),分别是创意产业群、创意服务群、生活商业群。

表 1 园区三大集群规划

集群	内容
创意产业	工业研发
	动漫制作
	影视制作
	设计工作室
	摄影工作室
创意服务	艺术机构
	培训机构
	演艺文化经纪
	品牌营销管理
	广告策划
	配套服务用品
生活商业	酒店餐饮服务
	咖啡/酒吧
	康体中心
	茶文化
	国酒文化/洋酒品鉴

三、源和 1916 发展现状

泉州近些年涌现的创意产业园区中,源和 1916 发展相对较好,借助自身百年老字号品牌优势、区位地理优势和厂区环境特色,与古城生活融合,逐步成为泉州乃至海西的新地标。

(一)发展优势

创意产业园地处龙山头商业群,与名门时尚街区相邻,道路十分便利,交通区位优势显著。园区依附百年老字号品牌,在适应城市特色方面具有得天独厚的优势。首先,有资金的保障。其次,园区本身优越的区位环境为发展增色不少,成为吸引企业入驻的关键因素。园区东面与芳草园相接,距泉州市政府、打锡街、中山路等老街区仅两分钟的车程;西面与临漳门相邻,沃尔玛、嘉信茂商业广场近在咫尺。城际交通也很发达,晋江、南安、石狮等县市到达创意产业园区十分便利。最后,厂区的改造发展还得到政府的鼎力支持和运营商的积极配合。作为泉州工业遗产中最早改造的一批,创意产业园被列为市重点扶持创意产业项目,入驻园区的企业享受资金扶持。

经六年发展,园区基本完成整体改造,吸纳近百家文创企业入驻,涵盖动漫设计、建筑设计、工业设计、广告设计、园林景观设计、艺术创作等领域,其中包含成都门里集团的门里博物馆、厦门当代集团的拓文画廊、长流艺术馆、泓翰美术馆、御天成艺术馆等,成为泉州市高端文创的集中点。除此之外,园区与泉州高校展开合作,扩大人才资源和合作平台,加快发展速度。

(二)发展现状

创意产业园一期总资产达到 5 000 多万元、营业收入 1 700 多万元,主要收入来自场地出租,搭建文化交流平台。园区充分利用原有的厂房,对其进行整修、改造,原有的基本架构保持不变,然后对其进行适当装饰,融入部分较新的元素,进而建成创意公司的孵化器以及培训基地,包含广场、办公楼、娱乐等场所。进驻众多家企业中,创意企业占87%,园区内就业人数约2 000人,其中创意人才800多人。园区的文化艺术馆达到13个,2014年各展馆举办了近百场的文化交流展示,东亚文化之都的主场馆在此落地。2011年正式开园以来,省、市、区多位领导莅临指导,众多社会各界人士参观考察。仅2014年,园区接待的省部、市、区级及社会各参观考察团体超150趟约8 000人次。[①]

源和1916创意产业园现已成为省级文化创意园区、国家小型微型企业创业创新示范基地、国家AAAA级旅游景区、福建省创意产业重点园区(基地)、福建省文化产业示范基地。2015年度,园区更被评为国家AAAA级旅游景区,开创全福建省文化创意产业园获评国家AAAA级景区的先河。源和1916创意产业园已成为泉州古城的创意文化代表,成为福建省、泉州市乃至南中国的独具特色的创意文化名片。

(三)存在问题

由于旧厂房改造发展欠缺理论和实践经验,园区的发展存在一些问题。

1.工业遗产原真性不足

源和1916创意产业园虽以该百年老字号命名,但占地面积达13亩的园区内,除了几处建筑带有"源和堂"信息外,其他区域与源和堂关系不大。园区里有一栋老式的5层高的旧厂楼,现为源和堂的研发、生产、办公基地;一排平房是源和堂直营门店,还有一处是源和堂所属的中侨集团大楼一楼展示大厅,那里悬挂有源和堂产品的介绍,与偌大的园区相比,这三处难以使消费者或游客对这个老字号的百年历史有深入了解。

2.盈利模式较为单一

和国内其他文创园一样,源和1916创意产业园盈利模式较为单一,收入以物业租金为主。文创园的收益的合适比例,自身内容创意方面达70%以上,物业占20%~30%,源和1916离这个目标还较远。应加强"造血"功能,

---

[①] 王丽珍.源和1916文化创意产业园区运营方式改进研究[D].华侨大学,2016:54.

图3 源和1916创意产业园创意空间

创造更大的商业效益,使园区拥有更持久的生命力。

3.经济效益和社会效益冲突

源和1916创意产业园独特的文化氛围,源于百年工业文化遗存,也源于在这里扎根的200多家企业。进入源和1916创意产业园的必须是文化创意类企业,高门槛使很多拥有强大资金的企业望而却步。源和1916创意产业园试图成为泉州乃至海西最纯粹、最高尚的艺术及商业休闲聚聚集地,以"用文化涵养城市,用创意溢满园区"为理念,号称"创意者的乐园,设计者的天堂",在泉州这个创意文化产业发展尚不足的三线城市,其口号"泉州798"略显苍白,定位略显"高冷"。项目招商时,因为定位的"高大上",致使具有独特创新性的商家和企业望而却步,这也导致园区发展欠缺青春活力。定位"高冷",无法有效带动人流,对游客的吸引力不足,人流也一般。

4.项目创意不足,过分依赖活动博眼球

相对市内其他创意产业园区,源和1916整体格调高端大气,园区各项设施建设相对完整。但园区过分强调高冷定位,向北京798艺术区看齐,创意相对缺乏,较为引人注目的目前只有门里博物馆。园区能带动人流的项目并不多,只有通过活动带动人流,人流带动起来以后,也缺乏合适的业态保证人流持续。

四、源和 1916 发展建议

源和 1916 创意产业园"以艺术的名义复兴城市文化",其目标不仅仅是振兴源和堂蜜饯厂,也推动泉州古城西片区的重生和有机复兴。

(一)活化工业文化

用工业旅游项目来丰富文化创意园区,合理保存活化源和堂制作蜜饯用的机器、设备,按不同的蜜饯制作工艺,有分类、有流程地陈列,配备专人讲解各生产工具的历史和用途,让泉州人和来泉的外地游客们近距离接触百年老字号,品味源和堂历史。

(二)始终坚持以品牌为依托,构建内部产业价值链

百年老字号源和堂是历史的印迹,创业产业园区应当以品牌为依托,在不断丰富品牌内涵的基础上,构建园区内部的产业价值链,充分促成文化资源向文化资本转化。将产品的生产、营销、衍生、再生产协调组织成链条,使彼此间能够更高效地配合,获取更多的附加值。聚合园区已入驻企业各自的优势,结合产品和服务,深度挖掘并构建园区内部产业价值链条,增强园区的整体竞争力。深度系列化开发产品,建立多渠道的运营体系,在收获更多利润的同时进一步打响品牌,提高知名度。

(三)创建更多更大的交流与合作平台

泉州是海西经济区的不可或缺的组成部分,拥有先行先试的政策扶持。创意产业园区可充分利用这些地域优势。一方面创建创意产业交流合作的平台,争取吸引国际化大型文化创意企业入驻;争取得到市政府更大力度和更大空间的扶持,吸引更多台企入驻,在园区设立对台的文化交流平台与合作基地,促使泉州成为两岸文化交流与合作的中心平台,使园区成为交流与合作中心的重要平台。另一方面,大力实施"走出去"战略,在园区入驻企业内培育一

批在国际国内市场上有至关重要地位的创意企业和项目,大力扶持入驻企业,鼓励实施项目品牌带动战略、文化"走出去"战略以及扩大出口战略。

(四)提升园区与城市规划的结合度

根据园区现阶段的发展情况,以时尚发布和创意办公为主,休闲设施缺乏,基础交通设施不完善,调整园区的基础设施,完善休闲类基础设置,增设园区的公交车的线路和数量,用便利的交通吸引大众入园参观休闲活动。此外,促进园区建设与城市规划结合,完善泉州市的城市功能,提高城市生活质量,扩大影响力。

(五)加强园区营销传播

源和1916创意产业园区以活动带动人流,促进力度虽然大,但园区的消息较为封闭,营销宣传的力度小,较少被市民和游客了解。因此,应当加大园区对外的宣传力度,不但要采取传统的电视广告、广告牌、宣传册等方式,而采用新型的三维地图展示、微博、微信、网络等方式进行全方位宣传;其次,充分发挥创意产业园区在广告、动漫和影视制作等产业集聚区的优势,展示园区本身的创新行业,打造并推出富有创意特性的才艺类节目,对园区的创意活动,运用有创意的新颖的科技手段,进行全方位、有立体感、有画面感的营销传播。

案例篇

泉州机电厂：工业遗产改造与闽南音乐文化复兴

张茹秀[*]

摘　要： 作为海丝文化名城，泉州市保有部分古老工业和近代工业遗产，目前大部分都已得到改造。六井孔音乐创意园项目是泉州市第一个工业遗产改造项目，重点在于闽南传统文化及音乐的推广与发扬，但占地面积小，服务单一，音乐创意项目后续发展乏力，今后应精准化市场定位，增强与周边社区民众的互动性，迎合泉州市"十三五"文化创意产业发展规划，实现可持续发展。

关键词： 工业遗产；保护再利用；泉州机电厂；闽南音乐文化

新经济下供给侧改革促使传统制造业进行转型与升级，各地城市化进程不断扩大，城市中的旧工厂和工业遗址废弃闲置，资源浪费的同时带来噪音、环境污染等一系列问题。与城市里其他历史性和非历史性建筑物相比，工业建筑遗产拥有独特的美学价值、历史文化价值，可资源再利用。泉州机电厂是80年代泉州工业化发展的典范，历经辉煌后，在市场经济大潮中跌下巅峰，面临破产改制。恰逢文化创意产业发展的东风，2008年原有的古代遗迹和近代工业遗产得到保护性改造，变为六井孔音乐创意园，成功举办六井孔音乐文化节，培育出多个音乐创意项目。然而，随着其他文化创意产业园的出现，原有的优势减弱，占地小、策划能力不足等多方面弱势不断突显，需进一步了解现

---

[*] 张茹秀，博士，厦门理工学院经济与管理学院副教授。

阶段市场需求,确定更加精细化的市场经营方向,将园区发展纳入市政府的相关规划。

一、泉州机电厂工业遗产再利用项目改造背景

泉州市机电厂,简称泉州机电厂,始建于 1971 年,于 1989 年 10 月 24 日在工商部门注册成立,注册资本为 104 万元,集体所有制企业,由泉州市城镇集体工业联合社 100% 持股。该厂主要经营油泵电机、镗缸机、砂轮机、裁纸机、压模机、清水泵、排气扇、厨房排烟器等机电产品。原厂房位于鲤城区华侨新村爱国路 1 号,位于 20 世纪 50 年代兴建的华侨别墅群的边缘,毗邻北门街,街头泉山门,街尾朝天门,占地 5 700 平方米,总建筑面积 4 600 平方米。建设初期,厂房多为石木结构,后期加建少量钢筋混凝土结构的生产车间,因为生产规模扩张又进行局部扩建。企业处于主城区,80 年代泉州市经济快速发展后,周边地区逐步规划为商业以及住宅区,用地规模难以扩展,导致厂区内容规划混乱,铸造车间、机械加工车间、装配车间等交错布置,整体拥堵。90 年代,泉州民营经济发展迅速,拥有现代制造技术的企业不断出现,体制改革后的泉州机电厂面临资金短缺、市场竞争激烈以及生产技术落后、设备老旧、人才匮乏、企业运作方式低效等多方面问题,产品市场占有率低,总体出现亏损,逐步半停产。由于旧城区改造而导致的居民小区对工厂形成包围圈,企业面对来自市政各部门及周边居民的各种整改要求。至 2004 年,该企业全面停产。由于该厂用地属于自有,企业管理层为了解决企业职工的基本生活问题,将原有厂区分片出租给个体户。这些租户大多从事小型制造业,对其难以形成有效约束,原有厂房及周边建筑环境日益败落。

泉州机电厂是典型的国有制造企业,历经了计划经济时代的鼎盛时期,员工多达 300 人,为泉州经济发展做出贡献,但也不可避免遭遇市场经济的冲击,员工人数降至 100 多人,最终破产。但厂区内部的各种古迹和生产遗留体现我国从 80 年代到 21 世纪工业化的发展过程,属于工业发展过程中留存的物质文化遗产和非物质文化遗产。泉州机电厂内有千年古井,直径约 3.4 米,

图1 泉州机电厂区位图

井盖上还雕有祥云图案,名为"六井孔",此外,厂区内还有古树、地下防空洞、经幢遗址,这些都具有历史文化价值。

　　文化产业以高附加值、可持续发展、独有的价值创造方式以及巨大的经济社会价值,不断成为各大经济体关注的中心,成为世界经济新的增长点和国家软实力的重要体现。作为国务院首批公布的二十四个历史文化名城之一,泉州市丰富的文化遗存为文化产业的发展和不断创新提供内容源泉,文化产业发展迅速,全市文化产业增加值连年位居福建省首位,逐步使文化创意产业成为引领泉州社会经济整体转型的支柱产业。鉴于泉州近代工业遗产丰富且出现功能性衰竭,在国内外工业遗产保护与更新的大背景影响下,泉州古城范围内区政府以及民间企业开始思考泉州历史城区工业遗产保护再利用并实践,在保护古城总体风貌的前提下,将老城园区划分为华侨新村、府文庙、城南和开元寺四大片区。2004年,泉州扩建北门街,打造特色旅游、购物、文化一条街,希望其街市能够成为泉州旅游一景。2008年起,泉州市推进文化创意产业发展和城市提升,实行退二进三的用地及产业发展政策,试图在工业遗产保护与城市发展之间寻找平衡点。文创园区模式,能够改善人民生活质量,提高社区价值,增强城市竞争力,是众多工业遗产再利用模式中最受政府青睐推广的,目前已经成为最主要的再利用方向①。带有历史工业印记的泉州机电厂,已成为城市发展的阻力,势必要改变。2008年,鲤城区政府为推动城市更新和创意产业发展,对泉州华侨新村历史街区进行整合更新,改造泉州机电厂所在的片区。

二、泉州机电厂工业遗产再利用改造历程

为了实现集体资产保值增值,扭转泉州机电厂的亏损状况,迎合鲤城区市政规划,泉州机电厂探索城镇集体经济创新发展的方式,在工厂内集思广益,共同研究出"利用厂区优越的地理位置,吸引民间资本投资建设创意产业园"的工作思路,得到区政府的高度重视。经过多方努力,2008年泉州机电厂成功引进华门009公司,投资6 500万元创建六井孔音乐文化创意园,以厂区内千年古井"六井孔"命名,用地面积5 700平方米,总建筑面积达12 195平方米。六井孔音乐文化创意园保留泉州老城区较具代表性的文化资源,结合"五缘"文化,在园区的建设中注入时尚元素,意在成为集展示、交流、发布、体验和交易为一体的文化创意产业互动平台。此次工业遗产的更新改造,不仅对资源进行了优化配置,更缓解了老城区土地资源紧缺的矛盾,促进了泉州市整体产业结构的调整和优化。

(一)改造原则

此次泉州工业遗产保护、改造,对原有旧建筑进行了较大程度的更新,以与周边文化创意园区相辅相成。首先保留原有工业遗产古貌及老城区代表性的地方文化资源,保持其历史和文化价值。在此基础上,迎合当前需求融入现代时尚元素,孕育流行音乐。运营方面则引入新的商业模式,提高周边商业价值,融入所在片区的文化创意氛围。园区规划方面则充分整合并优化现有空间资源,从整体城市景观及市政规划角度重新设计。

---

① 刘念.台湾地区工业遗产文创园区再利用模式研究[D].华侨大学,2016:78—81.

(二)改造方案

泉州机电厂的改造使用营建创意产业园模式,将闲置的工业遗存通过功能置换和产业调整改造为适宜现代社会发展的创意产业基地。鉴于原有旧建筑损毁较为严重,修缮成本高于新建,项目改造采用"推翻式"[①],即拆除原厂区7座主要建筑,以全新的设计思路重新整合原厂区空间,新建三座建筑。从改造方式来看,利用现有旧厂房进行改造,属于不改变用地性质,从改造用途来看,属于改造为商务办公、商业服务业的项目。园区资产管理方面,泉州机电厂拥有原有建筑的全部使用权和所有权,新增固定资产则与华门009投资管理公司分别以80%和20%的比例持有。后续经营管理则由华门009投资管理公司组建的六井孔文化创意园区管理委员会负责,租赁期30年,租赁期内经营管理权归属开发商,租赁期满后,所有园区固定资产将转归泉州市机电厂集体所有,但华门009投资管理公司可优先租赁。

新改造的六井孔音乐文化创意园由原有的六井孔建筑及新建的三栋建筑、地下停车场、地下防空洞组成,建成后的创意园主要有闽南音乐文化中心、展览馆和商务休闲中心,厂区房屋面积从4 600平方米增至12 195平方米[②]。创意园的设计以琵琶的外轮廓造型为场地构成元素,建筑围绕琵琶铺展开来,能够保留老城区具有代表性的文化遗产、民间音乐、地方戏曲、民间舞蹈、民间手工艺及民间服饰等资源,以泉州南音、梨园戏、打城戏等传统音乐为特色。

(三)改造效果

泉州机电厂改造整体的效果良好,保存了历史价值和文化艺术价值,同时创造社会和经济价值。

1.历史价值的存续

自古以来,泉州城内民用饮用水大多掘土为井,故水井繁多,数以千计。

---

① 李毅莹.泉州晚近工业遗产的保护与更新策略研究[D].华侨大学,2012:83-87.
② 李贤斌.六井孔音乐文化创意园拟明年元旦开放[N].海峡都市报,2010-11-04.

万历时撰写的《泉州府志》记载,泉州市内"井三十有八"[①]。水井的兴替,是研究古今陆地变迁、城市布局、居民聚散、贸迁转移等情况的佐证。厂区内的千年六孔古井,传承千年历史文脉,是古泉州"一口古井,一杯清茶,一个古窑,一把琵琶"的生活写照,此井位于通天宫的西南面,与通天宫东北侧的另外一六孔井遥相呼应,史册中均见记载。此次改造尽量保留古迹,保存并延续其历史价值。创意产业园区以古城自有的悠久文化历史资源为背景,依托泉州丰富的旅游文化,传播泉州本土风情与文化,增强了泉州创意文化产业的实力。

2.文化艺术价值的传承

闽南文化是中华文化中特色鲜明的地域文化,大致可分为歌曲、曲艺音乐、戏剧音乐、器乐,每种类别的音乐表现方式各有千秋,既表现闽南人民原生态的生活方式,也承载丰富的文化内涵。六井孔创意园推进了泉州的文化建设,创意园着重发扬闽南语,是情系两岸"五缘"文化的具体体现,弘扬和传播闽南语文化对福建省实现经济文化强省的目标也具有重大意义。闽南民俗音乐文化素被称为闽南文化"活化石",在整个中华文化中都极具特色,且因闽南地域侨乡的特点而远播海外。六井孔音乐文化创意园开园后,吸引多方文艺团体入驻,比如国家音乐产业基地闽南语音乐中心,举办"六井孔音乐节",创造出广场踩踏互动音乐地板等新产品。

3.社会价值的提升

园区以老旧厂房厂区为基础设施,进行改建,充分利用现有的土地资源,缓解主城区土地资源紧缺的矛盾,对资源进行优化配置,将现代创意理念融入泉州传统工业文化中,催生新的文化创意产业,促进了泉州市生产制造业的供给侧改革,为泉州市产业结构调解和优化做出巨大贡献。该创意园的改造首先解决老市区内有传统制造工厂而引发的环境污染和噪音等问题,改善原有附近居民的生活娱乐环境,自身发展的同时带动周边地产升值。此外,该项目的良好运作也使得原有国企员工安置得以顺利解决,为社会提供了就业机会。

---

① 张素萍,陈颖鉴.承天巷口挖出明代古井,记者探访泉州名井的前世今生[N].东南晚报,2013-07-17.

4.经济价值的提高

园区以原有老旧厂房厂区为基础,充分利用土地资源,缓解了主城区土地资源紧缺的矛盾,对资源进行优化配置,促进泉州市生产制造业的供给侧改革,为泉州市产业结构调解和优化做出巨大贡献。项目提出时,泉州机电厂已经濒临破产,改造后年租金收入约50万元,且每三年递增7%,可以有效保障留守的100多员工的后续生活安置。截至2018年4月,园区入驻的主要商家有新农家大酒楼、欢乐迪、就是为你主题酒店、印象芭提雅餐饮公司、缘泉福艺术商务休闲会所等,如图2所示。目前经营良好,运营商的华门009投资管理公司收入稳定。此外,作为泉州市工业遗产保护与再利用的第一个实例,该改造项目带动了后续周边的源和1916创意产业园等多个工业遗产项目改建,起到了很好的示范作用。

图2 六井孔音乐文化创意园实景

三、泉州机电厂工业遗产改造中不足及提升策略

近年来,随着泉州市内其他文化创意产业园的相继出现,六井孔音乐文化创意园原有的优势减弱,多方面弱势不断显现,需进一步改造提升。

(一)泉州机电厂工业遗产保护发展中不足

泉州机电厂工业遗产改造项目实际后续运营发展与原有的市场定位出现偏差,并未完全实现预期目标,遇见一些新的问题。

1.园区发展载体不足,服务单一,与周边社区互动性差

园区总占地不到 6 000 平方米,仅为同区的源和 1916 创意产业园的十分之一,可供经营的场所势必十分有限且服务单一,很难提供综合一体化的文化娱乐服务,且随着区政府不断开发江南新区等新的鲤城中心区,整个区域版图发生变化,园区所在的位置慢慢被边缘化。鲤城区近几年的人口总量和经济发展水平在泉州市各区中排名始终处于中等水平,导致新兴产业体量不大,文化资源优势未能有效转化为文化产业优势。园区推广的闽南语音乐等文化项目,以闽南语为基础,而近些年,闽南语等诸多方言都面临永续传承的挑战,出现方言"失语",致使其音乐文化项目推广阻力大。所在区域多为居民区,且因周边学校、医院等配套设施影响,人群老龄化和低龄化。园区却未能较好融入这些社区,并无常态的开放型展演活动吸引周边居民参与并进行音乐文化传承。

2.创意文化项目创新性不足,政府扶持力度弱

园区计划重点推广闽南语音乐为代表的泉州民间音乐文化,当前喜爱者多为中老年人,年轻人较少,这种文化的断层将使得民间音乐的发展陷入困境,前几届音乐文化节举办比较成功,但后续乏力,缺少延续性,对文化产业的创新驱动能力认识还须加强。园区所在的泉州鲤城区在文化产业规划实施、政策支撑落实、相关平台服务等软硬件环境建设方面力度不足,尚未能对该区的文化产业的培育与统筹发展进行有效的布局,创意文化产业发展与丰泽区等其他区相比有一定差距。目前区政府扶持的重点是源和 1916、东亚之窗等文化创意产业园,对该园区发展关注度不够。

3.市场竞争激烈,园区差异化开发有待加强

作为第一个工业遗产改造项目,建设之初希望避免同质竞争,采取错位发展战略,但园区开发运作多追求短期经济利益,缺乏精耕细作;园区招商规划不完善,最终失去园区自身的服务特色和定位,导致与相邻园区的同质化竞争。园区目前大部分场所主要为周边居民提供餐饮娱乐服务,受园区面积小、周边商业区缺乏等因素,音乐文化创意项目发展缓慢,市场竞争力弱,泉州市其他大型文化创意产业园相继创建并发展迅速。如领SHOW天地文化创意产业园区已入驻广告创意、影视制作企业300多家,2016年产值就已经达到25亿元,比改造前收入提高近15倍;源和1916创意产业园已入住近200家文创企业,2016年度园区总创税近3亿元;洪山文创园引进各类文化创意机构243家,2016年收入超过1亿元。

4.泉州市文化创意产业发展整体环境还需进一步优化

泉州市发达的制造业在一定程度上限制了文化产业发展的基本格局,以至在整个文化产业中文化产品制造业占据大部分份额,文化服务业、文化创意产品设计的发展则较为薄弱,存在产业结构不合理,发展不平衡等现象。文化创意骨干文化企业不多,资源整合能力不强,产业的集聚效应和规模效应还不明显。

(二)泉州机电厂工业遗产改造后提升策略

1.深入挖掘客户需求,加强与周边社区互动

随着城市更新进程不断加快,城市居民的文化素质不断提高,园区建设者应充分尊重考虑民众和创意工作人员等使用者的介入,满足公众群体的需求。周边社区活跃人群以老年人和青少年为主,现有的公共娱乐场所不足,特别是老年人,选择余地少,娱乐活动单一,以至于跳广场舞成为我国中老年人最大的娱乐项目。老年人群正是闽南传统音乐文化的爱好者和传播者,比如泉州市老年大学合唱团多次在国际中老年艺术节比赛中演出闽南语歌曲并获奖。园区管理者应充分发挥现有音乐广场的作用,通过各种展演活动,扩大影响力,吸引周边社区民众积极参与。民众的积极参与有助于音乐创意工作人员更好的汲取音乐文化创作的素材和灵感,促进音乐创意项目的产生。

2.精准化市场定位,融入市政规划

园区今后发展应重新调整市场定位和认知,打破目前的僵局,主动融入市政府与区政府的各项规划中,以争取更多的政策支持。依据《泉州市"十三五"文化产业发展专项规划》,泉州市政府将文化创意产业作为引领社会经济整体

转型的支柱产业,制定了到2020年实现全市文化产业增加值达到500亿元的目标。① 根据《泉州市重点产业转型升级路线图》,将重点发展工业设计、动漫游戏、广播影视、广告业和演艺娱乐五个方面,其中演艺娱乐定位为打造"文化海上丝绸之路"的主战场,将泉州打造成为"中国闽南传统演艺＋多元文化现代演艺交流基地"②。因而,六井孔音乐文化创意园可以锁定中国闽南传统演艺和多元文化现代演艺等产业重点,着重提供演艺娱乐,开发出具有创新性的音乐创意项目,真正融入泉州市的文化产业发展。

3.凸显自身特色,谋求差异化发展

纵观国内发展比较好的产业园区,均是充分吸收地域文化滋养,使定位与众不同。差异化的定位唯有立足于音乐创意,该区域内的独特文化资源禀赋,顺应泉州市文化产业经济发展战略和方式。与此同时,增强园区文化实力,发掘蓝海战略。园区的可持续发展需要自身能够产生不断活化创新的永久资源,形成良性的生态循环。以音乐创造为基础进行纵深方向发展,开发出音乐剧、影视作品等高附加值的特色产品和服务,以创意孵化和版权开发为主,促使园区内各文化资源形成新一轮的翻新整合,开辟蓝海。

4.提高项目策划运营能力,发挥产业聚集效应

在工业遗产保护再利用项目完成后,对工业遗产改造后期的运营、发展方向及商业模式等进行深入思考,寻求闽南语音乐文化的根基所在。每年泉州市都会举办国际南音大会唱、海峡两岸闽南文化节、闽南文化论坛等具有国内外影响力的活动,园区管理者应该努力参与,提高园区的知名度。同时,融合高校等高层次资源,与其他周边产业园区形成有效的文化产业集群,发挥产业聚集效应,以实现可持续发展。

---

① 泉州市"十三五"文化产业发展专项规划[EB/OL].(2016-12-06)[2018-04-28].http://www.quanzhou.gov.cn/zfb/xxgk/zfxxgkzl/zfxxgkml/srmzfxxgkml/ghjh/201612/t20161226_410207.htm.

② 泉州市文化创意产业转型升级路线图确定[EB/OL].(2016-03-07)[2018-04-28].http://www.quanzhou.gov.cn/wcmapi/service/phone/250936.xhtml.

结 语

通过功能置换和产业调整，泉州机电厂将闲置的工业遗存改造为符合当代社会发展的六井孔音乐文化创意基地，因为占地小、厂房破损严重，大部分原有建筑均被拆除，只有具有地标意义的"六井孔"古井等古迹得以保留，工业遗产保护的程度较低。受闽南语文化整体发展、园区开发商商务策划能力等多方面影响，目前园区音乐文化创意发展不尽如人意，商业氛围较差，政府扶持力度不足，且与周边社区也尚未形成良好互动。

台北酒厂：台湾文化创意产业的旗舰基地

林晓红*

摘 要： 台湾产业转型过程中，工业遗产成为创意产业挥洒的空间载体，台北酒厂转型为华山1914创意文创园区，充分发挥创意，盘活酒厂资源，利用旧建筑开办创意市集，进行创意经营，吸引创意人才聚集，形成创意产业链。本文梳理台北酒厂发展的历史与轨迹，结合发展现状、客流量和经营特色进行分析，总结酒厂转型文创园的经验、问题及未来趋势。

关键词： 台北酒厂；华山1914；文化创意；转型

台北酒厂，即"华山1914创意文创园区"的前身，曾是台湾最大的酿酒厂，位于台北市市中心的中正区八德路一段一号，紧邻金山北路与忠孝东路，占据两城市主干道转角，占地7.21公顷。园区于2007年正式成为台湾文化创意产业的基地，植入展览、设计、音乐等元素，转型为台湾首个文创园区，打名人牌吸引粉丝，创造产业群聚移动，是台北人气最旺的文创园区。

一、台北酒厂发展历史与轨迹

台北酒厂拥有独特的历史文化、建筑风格和空间布局，这是文创园转型成功的前提，经营单位的变化为文创园的发展提供了多元化的可能。

---

* 林晓红，厦门理工学院文化产业与旅游学院讲师，研究方向旅游社区规划。

(一)发展历史

台北酒厂从 1914 年酿出第一坛清酒,到 2017 年文创蒸腾,飘过芬芳,走过沧桑,经历了造酒、空间蜕变和文创转型发展。

1.酒厂原型:造酒制脑

华山 1914 创意文化园区,前身为创建于 1914 年的日本"芳酿社",生产"蝴蝶兰清酒";1917 年,日本樟脑株式会社台北支店生产精制樟脑(1961 年停产);1924 年,专卖裁撤;1929 年,政府正式收购芳酿酒工场,改名"台北酒工场",扩充生产米酒、红酒、药酒、洋酒、水果酒、乌梅酒、药用酒精,开启台北酒工厂的黄金时代;1946 年,台北酒工场与樟脑工场改"场"为"厂";1947 年 1 月,成立酒业有限公司,同年 7 月,台北酒厂称为"台北第一酒厂"。

2.空间蜕变:两个十年的再利用,从都市废墟到文创园区

1987 年,酒厂迁出,华山作为酒厂的历史宣告结束,空间闲置;1997 年,艺术家汤皇珍等人筹办"你说我听"艺术交流活动,串联各领域之艺文界人士,试图将华山特区改造成艺术中心,开辟为戏剧、美术、音乐、舞蹈、电影的展演空间,打造为全民共享文化活动的重要基地;1997 年 6 月,此构想获得主管部门积极响应,主动协商;1999 年,台北酒厂正式更名为"华山艺文特区",为文艺界、非营利团体及个人多元发展的艺文展演空间。

2002 年,台湾发布六年经营计划"挑战 2008:发展重点计划",对华山艺文特区进行活化再利用,将其调整为"创意文化园区"。2003 年,华山艺文特区正式转型为"创意文化园区";经过全面闭园整修,2005 年年底,包括旧厂区及公园区的"华山 1914 创意文化园区"重新开放,供艺文界及附近社区居民使用至今,转型之后便对周围环境景观进行改造,将园区规划为包含公园绿地、创意设计工坊及创意作品展示中心的创意文化园区。2006 年,华山正式定位为推动台湾文化创意产业发展的旗舰基地,此为华山园区文化创意元年。

(二)经营管理单位变迁

台北酒厂于 1997 年转型为华山文创园,经营单位也经历从政府到民间,再到政府与民间共同经营开发等变化，如表1。

表1 华山1914创意文化园区经营管理单位变迁一览表

年份	经营管理单位
1998年	基地内部分建筑物与户外空间委托托管维护三年并着手进行规划整修，场地供艺文界、非营利团体及个人使用
1999年	华山委由"艺术文化环境改造协会"经营，进入"艺文特区时期"
2004年	橘园国际艺术策展公司经营华山一年
2006年	中六馆"电影实验场"OT案，由侯孝贤代表"电影文化协会"行使经营权
2007年	华山分三区块委外经营，分别用电影实验场的OT案、台湾文创产业旗舰基地的ROT案及台湾文创产业旗舰中心的BOT案等三种方式吸引民间参与投资
2007年	5月，ROT案由远流出版"台湾文创联盟"赢得最优申请人资格，6月成立"台湾文创发展股份有限公司"
2007年	与台湾文创发展股份有限公司正式签约，台湾文创发展股份有限公司进驻，取得园区25年的经营管理权利，"华山创意文化园区"开始营运
2011年	正式定名为"华山文化创意产业园区"，民间则以"华山1914文创园区"为通称
2012年	设立专门部门管理文化创意产业园区与产业聚落的规划、审议、辅导、考核及奖励

华山1914文创园的开发和经营也采用台湾工业遗产再利用三种开发策略，分别为OT模式、ROT模式与BOT模式[①]，依据台湾的相关规定，这三种模式特点分析如表2。

表2 OT、ROT、BOT模式内容与特点分析

模式	内容	特点
OT	由政府投资兴建完成后委托民间机构营运，营运期满后，营运权归还政府	避免政府经营不善产生亏损或效率不佳的状况，营运初期无需承担兴建与维护成本，对民间厂商产生较高诱因的激励作用。

---

① 詹小秀，简博秀.城市文化创意园区研究——以台北华山1914文化创意园区为例[J].上海城市规划，2013(06)：112－118.

续表

模式	内容	特点
ROT	政府委托民间机构,或由民间机构向政府租赁现有设施,予以扩建、整建后并为营运,营运期间届满后,营运权归还政府	利用民间的力量来加快对老旧设施等进行更新或再利用的效率,有助于减轻政府的财政负担。
BOT	由民间机构投资新建完成后,政府无偿取得所有权,亦委托该民间机构营运,营运期间届满后,营运权归还政府	优势在于引进民间的资金和技术,减轻政府的财政压力,活络市场经济,提高营运的质量和水平;不足在于不仅要承担自负盈亏压力,而且还要迎合社会的期望。当政府和民间立场不一,合作与信任不足时,误解及不必要的风险的产生会影响工程的进度。

二、发展现状

园区占地7万平方米,建筑物面积1.75万平方米,固定进驻面积0.56万平方米,会、展、演面积0.65万平方米,总投资15亿元新台币,约合人民币3.7亿元。在经营台北人的生活美学风格的同时,华山文创园区致力于成为台北的创意江湖。

图1　台北华山1914创意文化园区入口与烟囱

(一)建筑类型与功能

园区保留完整的制酒产业建筑,以厂区进行阶段性的扩建,成为产业建筑技术的博物馆,兼容不同时期、不同类型之建筑构造技术与工法,极具建筑史价值。园区内有三处古迹建筑,分别为高塔区(建于1920年11月)、乌梅剧院

(建于1931年3月)、烟囱(建于1931年);从功能分区上,有保全区、行政区、樟脑区、动力区、制酒区、包装区和仓储区(图1);华山创意园区的空间分为场馆区、红砖六合院、户外空间三部分。其中户外空间有户外展演区、户外服务区与餐饮服务区,除为民众提供休憩场地外,均可作为大型艺术作品展示、演唱会及小型表演活动场地;园区室内展演空间为展现文创成果、培育未来人才和为文创信息及餐饮服务提供空间[①]。

(二)园区主要经营内容与服务特色

华山1914园区转型后主要为非商业性的公益活动、商业性的演出展览和各类文创活动使用,采取"商家入驻+空间租赁"的经营模式。

1.园区主要经营内容为会、展、演、店

华山1914园区主要经营内容为会、展、演、店,提供会议、展览、表演、零售餐饮服务,可以细分为展演活动、市集活动、品牌活动、期间限定店、论坛讲座、表演艺术等,活动举办者可以通过网络申请场地租借、非商业摄影、户外商业摄影和街头艺人等活动;园区有最具"台湾味"的各种创意市集;充分发挥明星效应,引发衍生产品的热卖,许多明星将工作室设置在园区里,举办新唱片、新影视、新书发布会或见面会,如2010年周杰伦导演的《熊猫人》唯一慈善公益见面会;在展览方面,承办过樱桃小丸子二十五周年特展、米飞兔六十周年特展、小王子特展等,每年还举办毕业设计展,向院校毕业生征集展览作品;多样化的商家入驻,拥有新潮和创意的料理、创意工坊、音乐交流空间和明星加盟店铺;还有文化与艺术交流空间——乌梅剧院、光点华山电影馆。

---

① 刘念.台湾地区工业遗产文创园区再利用模式研究[D].华侨大学,2016:32—33.

图 2　华山 1914 创意文化园区活动图片组合

2. "商家入驻＋空间租赁"的经营模式

第一种模式为商家入驻。长期合作的商家分别经营文创科技成果、休闲创意交流展示空间和休闲餐饮,其中文创科技类商店有 Fabcafe、ECO HUB(生态工法基金会的生态文创实验基地)、Present 提案＋(台湾文创产品体验)。休闲创意交流展示空间有离线咖啡(音乐创作交流空间)、传音乐展演空间(台北音乐文化的发声地)、富锦树概念店(为美感生活提案)、青岛书店(提供多元角度的阅读与书籍的跨界活动)、小器生活空间(日本的工艺与民艺展)、岚光青春农艺驻所(当季花艺与在地农产品推广)、光合箱子(当季时令蔬果和有机水耕蔬菜为主的餐厅)、Wooderful Life(原木空间游乐体验)、好样思维(室内花园与书店)。休闲餐饮类有一碗来(拥有台湾传统口味的猪肉干拌面店)、TRIO Cafe(园区最具代表性的餐酒馆)、小确幸红茶牛奶合作社(复兴台湾好味道)、Piccola Botega(意大利料理)、巷猫 Alleycat'S(意式披萨餐厅)。这些商家类型多样,创意十足,不仅提供商品和服务,更提供艺术和文化的体验,不定期面向社会举办展览、讲座、节庆等互动活动,艺术氛围十分浓烈。

第二种模式为空间租赁。除去上述商家外,有 4 个户外场地向外租赁,这些场地可供文艺团体、学生团体、一般机构预约使用,定期或不定期举办艺术品展览、教育展览、影展、摄影展、主题市集、音乐会、发布会、体验活动,活动类型和形式多样,主办单位有政府部门、行业协会、媒体、社会团体和商家。从表3看,2008—2016年,活动场次数和访客人数大幅度增长,尤其是2016年,举办各类活动达1 809个①(因园区在2017年大幅度整修烟囱广场步道,活动场次和访客人数有所减少)。园区多样化、复合型的经营模式以及快速转换的会展演活动吸引访客重复到访。在增大人流量的同时,也为园区创造可观的效益,如在2017年,园区经营业额就达到新台币5.485亿元(折合人民币1.226 9亿元),推算估计创造产值新台币25.637 6亿元(折合人民币5.737 6亿元)。②

表3 台北华山1914创意文化园区展演活动场次与访客人数(2008—2017年)

年份(年)	活动场次(场)	访客人数(万人次)	年份(年)	活动场次(场)	访客人数(万人次)
2008	398	31	2013	1 752	179
2009	381	42	2014	1 387	210
2010	496	67	2015	1 520	250
2011	809	90	2016	1 809	377
2012	1 329	155	2017	1 480	255

3.常民化和酷自在的生活风格体验

华山园区打造"产业建筑艺术博物馆",用旧建筑讲述历史文化故事,重现台湾百姓的生活往事,园区七成消费者是当地民众;利用户外艺文空间和室内展演空间,拉近艺术与民众之间的距离,提供亲民化的艺术创作与体验,通过会、展、演、店等文艺活动形成群聚化效应,聚集人流和名气;园区内常驻的特

---

① 台湾文创发展股份有限公司华山文化创意产业园区.2016华山年报[R/OL].(2017-05-01)[2018-06-01].https://ws.huashan1914.com/QRCODE/2016HuashanAnnualReport.pdf.

② 台湾文创发展股份有限公司华山文化创意产业园区 2017华山年报[R/OL].(2018-05-01)[2018-06-01].https://ws.huashan1914.com/QRCODE/2017HSAnnualReport.pdf.

色店铺极具休闲和艺术氛围,提供餐饮购物、休闲娱乐,举办展览、讲座、节庆活动,提供艺术文化体验,营造出吃喝玩乐和从事慢生活的创意聚落;多样化的创意市集、小吃自助餐厅、明星工作室及其衍生的精品店等改善华山园区吸引力和提供常民化的生活风格体验。

三、发展经验借鉴

华山1914园区秉承"发现趋势、打造平台、成就品牌"的理念,其文创转型成功为其他酒厂的转型提供了思路和模式借鉴。

(一)创意盘活酒厂资源,重获新生

华山1914的文创转型,创意主导与先行,完整的制酒产业建筑群成为文创园打造创意的地标建筑,于历史建筑空间中引进富有创意、活力和吸引力的活动与业态,利用创意市集推广本土品牌产品;筹办创意活动充分发展园区"夜经济";策划的活动与社会公益形成良好互动结合,打造多元化的产业链;通过主题营销与推广品牌,形成多元性、多业态的创意经营。

(二)在价值与产值、意义与效益和艺文与商业之间求取平衡

华山1914文创园打破"文化是弱势"的认知,其经营注重平衡价值与产值、意义与效益、艺文与商业,避免艺术过度商业化或者商业削弱艺术创意,使艺术和产业完美融合,充分展现文化创意产业的重要性、独特性与时代价值,实现历史与现代、文创与科技、人与自然和谐相处的交融。

(三)注重文创氛围打造与创意人才可持续培育

台湾文创发展公司的规划团队在表演艺术领域展开各项实验,拓展实验型剧场及讲座的分享空间,促进园区从艺文特区向艺文交流平台转变,不仅呈现台湾表演艺术丰沛的创意能量,也展现艺术亲民的一面。华山1914文创园注重对文艺团体的扶持,成为华山文创世纪的世贸中心、文创产业的孵梦基

地、文化力量的至善橱窗、全民欢愉的休闲胜地。

在创意人才的培育方面,华山文创园通过"神游华山"和"华山风"项目带动创意人才的聚集,实现新创科技与艺术的运用,推动表演艺术产业化。如"神游华山"与汇川聚场合作,将园区内的华山剧场打造成"神游华山艺聚场"和台湾首个落地签证的街艺广场,供岛内外有创意的专业文艺人员演出;"华山风"则以华山园区为基地,分三个阶段搭建交流平台,培育新一代创作人才。第一阶段,让新一代能量出现,凝聚成足以与上一代能量对话的跨领域新群体。第二阶段,让新一代与上一代在平等和尊重的基础上找到对话、合作的可能性。第三阶段,透过举办国际艺术节,让新一代创作者享有不被压缩的表现空间。

四、问题与趋势

文创园区的转型过程复杂,因管理机构和管理模式变化,空间使用和文化活动的持续创新难免存在不足,如过度商业化、文创空间变小、历史的关联度不够和政策的不稳定等。华山1914园区的问题可以采取如下措施来应对。

(一)应避免商业化趋势和文创空间被挤压现象

转型文创园区的发展过程中,应避免闲置空间过度商品化使用,园区定位应努力保持文创领先和主导的地位,减少与文创关联性低的商业设施和产品,如高收费的异域餐厅与料理类的店铺比例,销售千篇一律的马克杯、笔记本、杯垫、书签等商品。

(二)展览活动与园区历史关联不足

华山园区的展览活动场次多,形式和内容丰富多彩,受众对象也比较广泛,但从历年举办的展览看,动漫、玩具展览占较大比重,这些展览为策展厂商与业者带来可观收益,但多为来自海外的动漫展览,与台湾本地文创产业无太多大关联,与酒厂空间的历史文化连接明显不足。

(三)展场租金标准混乱,对文创创业者政策倾斜执行力不够

2007年,台湾文创发展股份有限公司签订ROT契约时,对"租金差价"已有约定,即"台湾文创订定的营运费率,应考量扶助弱势及协助新兴创意艺术文化产业,另订办法给予优惠费率"。华山园区的经营中,业界反馈展场租金标准混乱,不利文创业者使用,应针对文创产业和非文创产业设置租金价差,给文创业者更多优惠与支持,还应为人才培育和文创产业创新过程中提供系统化支持。

福兴谷仓:台湾农业遗产活化之路

陈秋英[*]

摘　要： 　福兴谷仓位于台湾彰化县福兴乡桥头村复兴路28号,于1935年建成并投入使用,是台湾中部地区最大的日式谷仓,迄今完整保存着日式建筑和设备。本文探讨福兴谷仓修筑的历史背景,描绘福兴谷仓的建筑特点和内部结构,回顾福兴谷仓被闲置及再利用的历史。在此基础上,分析福兴谷仓的活化路径,探讨其存在的问题及未来发展趋势。

关键词： 　福兴谷仓；发展历程；活化再利用

福兴谷仓位于台湾彰化县福兴乡桥头村复兴路28号,于1935年建成并投入使用,占地面积约1 500平方米(整个园区面积约9 900平方米,福兴谷仓只占其中一部分),是台湾中部地区最大的日式谷仓,其建筑和设备至今保存完整。

一、福兴谷仓的发展历程

福兴谷仓从建成并投入使用至今已有80多年历史,在为了满足彰化县农业兴建到谷仓功能基本废置的历程中,其经历过功能的完善、老旧被闲置、重

---

[*] 陈秋英,厦门理工学院文化产业与旅游学院副教授,博士,研究方向为文化创意与会展。

新修缮并活化利用的一系列安排。

(一)福兴谷仓修筑的历史背景

明末清初,泉州、厦门一带部分乡民移居台湾,居住于鹿港一带。那是鹿港的繁荣时期,随着移民的增加,部分移民进入福兴乡,在那里开荒垦殖。

农作物种植需要充足的水源,为了利用台湾最长河流——浊水溪的水灌溉农田,早在1719年,凤山兵马司副指挥施世榜筹款修筑了八堡圳(施厝圳),八堡圳成为清代台湾三大水利工程之一。"堡"在清代原称为"保",是当时的行政区域名称,一个保相当于一个乡镇,下辖许多村庄。"八保圳"灌溉彰化县下辖十三个半保中的八个,因此得名,日本人将其改为今名。有了充沛的水源,福兴乡乃至整个彰化县的农业得以蓬勃发展,水稻盛产。为了储存稻米,清代以来民间盛行小型谷仓,俗称"古亭畚"或"古灯棚"。

1895年《马关条约》签订,直至1945年,基于"工业日本、农业台湾"的政策,日本要求台湾农民大量生产水稻,以供日本需求。然而,小型谷仓无法存放大量出产的水稻,于是日本人修建福兴谷仓,集储谷和碾米为一体。

(二)福兴谷仓的建筑特点和功能

福兴谷仓建筑结构特殊,设计精巧实用。稻谷含水率超过13％就容易发霉、发酵、发芽,甚至腐烂,所以谷仓常年维持一定的温度和湿度,谷仓的设计充分考虑室内恒温控制和除湿控制。谷仓建筑分三大部分,分别为散装稻谷储仓库16间、一座三层楼的碾米机房、存放白米与糙米的米仓。谷仓由两座歇山式并列的屋顶以桁架构成,16间仓库以南北向的中轴输送带为界,东西各8间对称组成。谷仓外围是木柱支撑起的走廊,走廊屋檐低垂,可以减少外墙曝晒从而达到遮阳效果。谷仓的外墙由结实的土砖砌成,再用稻壳、米糠和泥浆混合的沙料粉刷,热传导性低,其孔隙具有通风散热的功能,这是保持室内恒温的绝佳材料,这样的墙面也能起到防潮的作用。为了保持仓库内空气的流通,谷仓的地板采用35厘米高的金属铅铁板高架地板,每间仓库还设有两个25厘米×25厘米的方形开口,堆放稻谷时,把竹篾圆筒放在开口上,通过竹篾圆筒的透气性,将谷仓内的湿气引导到屋顶的"老虎窗"排出,设计非常巧妙。福兴谷仓最具特色的要数其"老虎窗"屋顶结构,"老虎窗"名称源于Roof的读音与上海话的"老虎"接近。它实际上是凸出斜面屋顶的窗户,此一设计是为了使谷仓内的空气能对流,方便散热,使得木结构房屋可以维持一定的温度和湿度。每两间稻谷仓库的上方就有一座共用的老虎窗,加上正面两座两老虎窗,福兴谷仓共有十座老虎窗①。

图 1 福兴谷仓低垂的屋檐

图片来源:邱文杰建筑师——彰化福兴谷仓改造.[EB/OL](2009-07-25)[2018-03-10].https://www.flickr.com/photos/eager/26510951851/.

在20世纪60年代前,谷物在谷仓内的储存、搬运等都要靠人力。农民收割稻谷后,先用牛车把稻谷送到谷仓外的广场,由农会工作人员称重后,再用人力肩扛,将稻谷放进谷仓中。当稻谷堆到与人齐高或达到入口大门一半高度时,就得用麻袋包装放上楼道,用肩扛方式跨过木桁架,将稻谷倒进隔壁库房继续堆放。随着农业机械化的发展,谷仓南侧设置斗箕式升降机和梁上输送带装置。木制柱子搭建起来的斗箕式升降机,用于输送稻谷。操作过程中,

---

① 福兴乡农会.福兴谷仓功能[EB/OL].(2009-07-25)[2018-03-15].http://www.ffa.com.tw/barn/capability.htm.

图 2 福兴谷仓的"老虎窗"

图片来源：彰化县旅游资讯网［EB/OL］.（2012-05-12）［2018-03-10］.http://tourism.chcg.gov.tw/AttractionsContent.aspx?id＝126&chk＝cdcd441a-cf37-40d5-9442-ed2012c0512a&param＝pn＝2&topic＝4.

只要将稻谷倒在地上凹陷的进料口，再由斗箕式升降机连接到梁上输送带，由输送带送到散装稻谷储谷仓。仓库内底墙下方有两个泄流孔连接中央输送带，可以将稻谷输送到碾米机房[①]。每间仓库都贴有标签，上面有仓库的编号，也有仓库的使用情况注释。

碾米机房有三层楼高，由中央输送带送来的稻谷，经由斗箕式升降机直上三楼，再经过粗选除草、砻谷加压、振动筛选、鼓风机去壳、分类筛选等流程，碾成米。碾米机系统的动力来源为马达带动平板带与皮带轮之间传动，通过皮带与各飞轮系统连接。碾米后产生的谷壳、草屑、废糠等用鼓风机吹开，由北侧排废糠的出口排出，这些废糠可以重复利用，制成饲料或燃料。

至今，传统式的碾米机、升降机及输送带仍可运转。

---

① 福兴乡农会.福兴谷仓功能［EB/OL］.（2015-10-11）［2018-03-15］.http://www.ffa.com.tw/barn/capability.htm.

(三）结束谷仓使命被闲置

1996年，因福兴乡农会在其他地方修建新式大型谷仓，福兴谷仓里的谷物全部被转移到新谷仓，福兴谷仓被清空，谷仓的历史结束，从此被闲置。经过多年的风吹雨打及台风肆虐，福兴谷仓呈现破败迹象。1999年，台湾发生大地震，福兴谷仓受到部分损毁，木板损坏、土墙倒塌。此后，主管部门对受到地震损坏的文化资产、历史建筑进行补助修复，福兴谷仓获得修复有关费用补助。2005年，彰化县政府共出资1.4亿元新台币对福兴谷仓进行修复。整修一新的福兴谷仓，因其保存完整的储谷和碾米设备，建筑又颇具特色，于2003年被彰化县文化局认定为历史建筑。建筑师邱文杰还因此获得"台湾建筑奖"。

（四）谷仓重新被利用

福兴谷仓的管理方一直是福兴乡农会，这是一家民间机构。2005年，福兴乡农会与彰化县政府签署合同，将福兴谷仓的管理权和经营权转移给彰化县政府，具体由彰化县文化局负责运营，主要用于举办非民俗类活动。同时，福兴谷仓也成为台湾五处地方产业交流中心示范点之一。福兴乡农会与彰化县政府签署的合同期限为九年，在这九年中，彰化县政府每年向福兴乡农会交纳92万元新台币的租金，根据农会的说法，此租金刚好用于支付福兴谷仓的房屋税和地价税。

2015年，福兴乡农会与彰化县政府的合同到期，双方并未续约。于是，福兴谷仓再次闲置。2016年，在彰化县文化局的推动下，沉寂一年多的福兴谷仓再次被利用，老虎窗馆成为公共书法道场，为书法爱好者提供学习交流的场所。福兴谷仓中的实验工厂，修复后作为农特产业交流中心。为了让古迹活化，彰化县文化局争取台相关部门"再造历史现场项目计划"的资金补助，将福兴谷仓、文开书院、龙山持、金盛巷等景点串联起来，投入3亿~5亿元新台币，以吸引更多当地民众和外来游客的到访。这期间，经过彰化县政府与福兴乡农会的协商，福兴谷仓的经营权和管理权转移给彰化县政府，彰化县政府毋须再向福兴农乡会支付租金,福兴乡农会也毋须为福兴谷仓交房屋税和地价税,福兴谷仓成为公益性的公共场所。

二、福兴谷仓的活化路径

活化闲置多年的福兴谷仓,一直是福兴农会和彰化县相关部门关注的焦点。经过几年的探索,在相关部门政策和资金支持下,福兴谷仓被重新利用,探索出可供借鉴的活化之路。

(一)政府政策和资金的支持

福兴谷仓的活化再利用,得益于当地政府的政策和资金支持。1994年,主管部门提出社区总体营造概念,整合"人、文、地、景、产"五大社区发展方向,达到"建立社区文化、凝聚社区共识、建构社区生命共同体"的目的。主管部门因此制定实施数项补助计划。此后,其他行政部门相继推出补助计划,如环保主管部门推出"生活环境改造计划",经济主管部门推出"创造形象商圈计划"。这些补助计划推动许多项目的落地实施,获得较好的效果。2002年,行政主管部门整合各计划,提出《挑战2008:发展重点计划》,以应对全球化和数字化的发展新环境。《挑战2008:发展重点计划》中的第十项是"新故乡营造计划",其策略是活化社区营造组织,社区营造资源整合,推动新部落运动、新客家运动,发展医疗照顾服务社区化。利用在地资源,引入人才及创意,营造活泼多彩的地方社区。

"新故乡营造计划"以"自主、自豪、同体、同演、同梦"为总体营造精神,让每个公民、每个家庭、每个社区,根据地方的条件和特色,集聚居民的共同意识,结合特有的文化传统、空间环境、建筑设施与各种地方产业,提供就业机会,展示地方魅力,培养地方的认同感与光荣感,建立自主性的社区照顾机制。

相关部门依法编制公务预算,设立社区营造基金,设立基金专案管理小组,负责管理运用,其中的若干资金和支持政策都有助于推动福兴谷仓的活化。一是开发利用地方文化资产与活化文化环境中的传统地方建筑并再利用。为鼓励居民守护、活化家乡历史建筑,以保留地方历史记忆,间接塑造出地方历史乡镇风貌,该计划针对日式老建筑、三合院、传统风味建筑和地方特色建筑等各式历史建筑制定活化再利用计划,鼓励居民参与寻找、发现家乡老建筑,动手改善老建筑环境,自立经营维护。福兴谷仓是非常有特色的日式历史建筑,可以依计划申请资金补助和政策支持,实现活化再利用。二是设立地方文化主体馆计划。该计划提出,由各县市文化局(中心)辅导乡(镇、市、区)公所利用现有及闲置建筑物,依地方文化资源特色及发展重点,设立各类主题馆,其形式有地方历史馆、文化主题馆、自然生态馆、科学展示馆、特色产业馆等。福兴谷仓完整保存旧式谷仓的建筑和设备,可以依此计划申请资金支持。三是充实地方文化馆中的活化地方文化活动空间计划。该计划提出,辅导地方政府依地方文化生活圈、人口分布及地方文化艺术资源特色,改善现有建筑空间,方便居民从事各类文化学习活动,设立文艺活动推展委员会,策划举办年度艺文活动,结合社区大学、社区环保团体、主妇成长团体、文史工作者或读书会等当地人员及团队共同经营,激发乡镇文化的活力。福兴谷仓被闲置多年,正可以通过此计划再次利用,成为举办活动和居民学习的场所。

得益于这些资金补助计划,彰化县政府积极申报,2003—2005 年,分别获得多个部门的修复资金,加上彰化县政府的投入,前后共募得 1.4 亿元新台币对福兴谷仓进行修复。

(二)福兴谷仓活化再利用的形式

福兴谷仓是台湾中部最大的日式谷仓,曾经在储存稻米和加工稻米中发挥重要作用,是当地居民生活与回忆中既亲近又鲜活的空间。然而,谷仓使命结束,被闲置多年。有了资金和政策支持后,要努力让其活化起来,再次展现昔日的生命力成为问题。2005 年彰化县文化局接管福兴谷仓之后,进行多种尝试与努力,试图进行再利用,2005—2015 年,福兴谷仓主要作为举办展览、教育学习、产业交流等活动的场所,具体的形式有三个。

一是策展办展场所。福兴谷仓再度被利用,大部分时间用于举办展览和非民俗类活动,比如 2009 年福兴谷仓文化创意双年展,2010 年米食创作咕谷展,2010年福禄寿国际双年展……在观展和参加文艺活动的同时,人们可以参观谷仓的建筑和内部农机设备。据统计,2006年4月—2009年5月,彰化县文化局举办了40场文化艺术展览,吸引25万多人参观。福兴谷仓成为推广彰化县文化产业艺术元素的重要据点[①]。

二是教育学习基地。福兴谷仓保存完整,储米、碾米的升降机、输送机及碾米机仍能运转,对于人们学习了解旧式谷仓及储米、碾米的工艺,具有较大的教育意义。所以,福兴谷仓成为附近中小学生教育学习的基地,经常有学校、机构组织人员前往参观学习。

三是地方产业交流中心。2003年扩大公共建设,在五县市规划兴建"地方产业交流中心"。福兴谷仓成为其中之一,部分空间被用以向民众分享米食产业文化资产再利用的成果。

通过举办以上活动,每月到访福兴谷仓的游客平均有500人,沉寂多年的谷仓有了生机。

2015年,福兴乡农会与彰化县政府的合同到期,平衡被打破。福兴乡农会与彰化县政府续约未果,两家对福兴谷仓的用途和发展方向的意见不相同,福兴谷仓再次被关闭闲置,很少有游客。其间,根据福兴乡农会总干事林坤宏的介绍,福兴乡农会曾有意收回福兴谷仓,将其改造成文创园,学习台北华山文创园,将其打造成中部地区的"小华山",但未能如愿。

彰化县政府也通过多种渠道探寻福兴谷仓的发展之路。2016年7月,台湾诚品营运中心主管前往福兴谷仓参观并讨论活化方向,相关部门希望借助鹿港风景区规划,让谷仓成为台湾中部旅游观光的新地标。福兴谷仓位于鹿港入口处,地理位置优越,其开发若与鹿港的传统技艺、绘画、书法等结合,有望成为文创新聚落。诚品运营中心也为福兴谷仓的发展提供助益,如举办周期性的节庆活动、小农市集,先吸引客流,培养观光客习惯后,再规划福兴谷仓的发展方向,营造独具特色的文化氛围。

---

① 彰化县文化局.福兴谷仓内部修缮工程公告[EB/OL].(2009-06-30)[2018-03-15]. https://mocfile.moc.gov.tw/bochhistory/f032544c-ee1e-4eae-be77-7fb007521625.pdf

2016年11月,在彰化县文化局的推动下,福兴谷仓再次向公众开放。彰化县文化局与书印默成会合作,将福兴谷仓开辟为公共书法道场。书法一直是鹿港的特色,鹿港不但有数十位书法教师,而且是全台湾手写春联、店家招牌、装饰等密度最高的小镇。福兴谷仓靠近鹿港,将其定为公共书法道场,可以吸引当地人亲近谷仓。但2017年10月之后,书法公共道场不再举办,福兴谷仓仅用于举办各种展览活动,一般为书法、视觉艺术、水彩、平面画等内容的艺术展览,每个展览一般为期四周。目前,福兴谷仓每周开放五天,其中周三到周五仅下午开放,周六周日全天开放,周一和周二关闭。

三、福兴谷仓存在的问题及发展建议

尽管在政策和资金支持下,福兴谷仓得以活化利用,但运营中仍存在问题,阻碍其进一步发展。

1. 产权不明晰

整个福兴谷仓的所有权较为复杂。福兴谷仓园区土地为福兴乡农会所有,这方面权利明晰,但地上建筑物部分的产权较复杂,其中,有老虎窗的谷仓归福兴乡农会所有,地方产业交流中心的谷仓归相关部门所有,厕所、视听设备等附属设施归彰化县政府所有。

彰化县文化局表示,园区内的老虎窗谷仓为历史建筑,其活化使用要受相关规范,有关部门拨用部分资金,彰化文化局已发文废止拨用。尽管园区内的厕所、视听设备归彰化县政府所有,但这部分没有独立运营的价值。产权不明晰,权责方对福兴谷仓的用途和发展方向有较大的争议,这阻碍了福兴谷仓的活化利用。

2. 资金不足

福兴谷仓多次被关闭闲置,除了因为产权不明晰引起争端,各方对谷仓用途和发展方向的意见不能统一外,另一重要问题是收入不抵支出,导致多次陷入运转资金不足的困境。福兴谷仓当前的运营仅仅依靠政府补助,难以永续发展。

福兴谷仓已经有 80 多年的历史,为获得永续发展,应明确其产权归属。应通过资源整合或资产转移,将产权归福兴乡农会、台湾相关部门或彰化县政府一方所有,这将有利于保证对福兴谷仓各建筑的统一管理,开发切实可行的新用途。此外,应通过多种举措筹措资金,如引入民间资本,进一步活化谷仓。

新平溪煤矿博物园区：
煤矿文化资产保存及活用

龚俊逸*

摘　要： 平溪地区曾为台湾最主要的煤矿产地,连绵的矿区形成紧密产业聚落,随着煤矿停采,煤矿产业文化被台湾人遗忘,早年因煤矿繁荣的平溪山城因煤矿停采而人口逐渐流失,没落。因传统习俗天灯施放活动及电影的宣传等,平溪逐渐成为北部的热门景点。新平溪煤矿不愿让对台湾早期的经济起飞有巨大贡献的煤矿文化就此消失,多年来致力于矿区系统化保存,通过产业路线与机具调查、文史资料盘点与口述耆老访谈,梳理出完整的运输动线和脉络,以动态展示的方式带领游客进行昔日采煤路径之旅,让游客了解近百年来平溪地区产业兴衰与更迭的过程。未来,新平溪煤矿将继续煤矿文化的保存与活化及再利用,传承煤矿文化,结合观光,发展文创观光品牌,通过品牌推广煤矿历史与故事,重新牵勾当地聚落过去因煤矿建立的情感,使平溪地区的文化底蕴更具深度和广度,让台湾的煤矿再次发光发热,以永续经营。

关键词： 新平溪煤矿；煤矿文化；产业保存；永续发展

　　平溪地区的煤矿产业曾为促进台湾经济发展的重要因素,平溪地区为煤矿开采最早、规模最大的矿区,也是台湾重要的煤乡。通过了解新平溪煤矿可

---

* 龚俊逸,新平溪煤矿博物园区负责人。

以梳理出台湾煤矿工业发展脉络及台湾工业遗产活化利用未来趋势。

一、煤矿文化历史背景

台湾稍具规模生产的煤矿开采,始于清末(1876年),巡抚沈葆桢开办官煤,即现位于基隆八斗子的清国井。当年,聘请英人翟萨来台履勘,规划设计了台湾唯一的竖井矿坑。平溪地区的大规模煤矿生产则发生于1895年《马关条约》后。平溪庄第一代庄长潘炳烛,于1909年发现煤矿露头,取得采煤权。但因地处偏远,交通不便,无力生产。1918年,由当年台湾的矿业龙头颜云年与藤田组合资设立台北炭株式会社,全面开采平溪地区煤矿,投巨资开辟全长12.9公里的平溪线产业铁路,平溪地区进入发展的蓬勃期,形成平溪里聚落、菁桐坑聚落与十分里聚落[①]。

台湾产煤最盛时期约有500座大小矿场,最高年产量500余万吨,当年取代水力发电,供应全岛70%的能源。在缺乏外汇和资源的年代,除少量石油气,台湾仅有的能源即为"煤炭",在能源供应方面扮演举足轻重的角色。除了供火力发电厂外,火车轮船、砖窑厂、工厂蒸汽设备等生产,开火煮饭等民生均与煤息息相关,当时从事煤矿生产的职工人员高达近7万人,相关从业人员有20万~30万人,直至70年代,因政府采取"工业取代农业""家庭即工厂"等低廉代工等经济发展模式奏效,出口大幅增加,台湾经济逐渐起飞,累积了大量的外汇,因高危险、高成本,矿坑逐渐停采。台湾能源供应转型成功,煤矿衰落,当地民众回归以农为生的乡村生活型态。

矿业生产脉络于短短二三十年间内消失殆尽,绵延于产煤城镇和乡间的轻便车交通系统不复见。"新平溪煤矿"负责人龚咏沧有感于煤矿文化逐渐被世人淡忘,为使煤矿文化得以世代传承,仍保留采矿权,将台湾煤矿产业相关文物、史料、器具等改造为极适合亲子同乐、户外教学的矿业、历史和生态的园区,保留完整的煤矿生产和运输系统,从地底坑道联结至台铁的铁道。坑内平

---

① 编辑组.台阳矿业公司六十年志[M].台北:台阳矿业公司,1978:12.

硐全长1.283米,坑外运输动线约1.2公里,于2002年筹办设立"台湾煤矿博物馆",现更名为"新平溪煤矿博物园区"。

二、观光产业现况分析

1965年开坑初期,新平溪煤矿坑口与十分车站及聚落并无任何联外道路,随着坑道之掘进与生产,其所生产之大量废土石及载运煤炭延伸之铁路,日积月累,地形地貌逐渐改变,发展出产业道路及矿业铁道系统。基平隧道于2014年完工,联结基隆与福隆的基福公路也全线贯通,除穿越新平溪地底采矿区域外,重叠利用原本因采矿运输形成的产业道路。新平溪煤矿联外交通条件的大幅改善,平溪区游客激增,其中尤以新平溪煤矿所在的十分地区最为显著,交通改善后距离台北仅40分钟车程。有百年历史的平溪线产业铁道,如今更是台湾最受欢迎的观光铁道,沿基隆河河谷蜿蜒而行、风景秀丽,列车经常客满,座无虚席。

根据新北市游客人数统计结果分析,2016年,平溪十分旅游服务中心统计之观光人次约380万,由2010年的124万观光人次持续攀升中。① 许多海内外观光客对平溪的记忆仅止于"放天灯",平溪天灯节更于2008年、2013年、2016年被海内外媒体誉为值得参与的节庆活动、旅游首选。

透过2016年新北市平溪天灯节旅客满意度调查资料了解,游客参与平溪天灯节之动机依序为:顺道到平溪游玩(57%)、想放天灯许愿(16%)、没参加过感到新鲜(13%)、好友邀约(9%)、其他(1%),超过五成的人认为自己参加平溪天灯节的原因为顺道旅行②。来参加天灯节活动之旅客,居住于北部地

---

① 2016年新北市游客人数统计结果及分析[EB/OL].(2016-12-30)[2018-05-27].http://cdn.tourntpc.com/site/a3be84a9-7283-40a3-b4c7-758bf39c7828/Content/Upload/ContentPageFile/4d887784-f423-4ea1-8a19-765689ae250d.pdf.

② 2016新北市平溪天灯节旅客满意度分析[EB/OL].(2016-12-30)[2018-05-27].https://tour.ntpc.gov.tw/Content/Upload/ContentPageFile/ac802313-0682-4261-bc23-c78a406cc8a3.pdf.

区者占52%、居住于桃竹苗者占20%,以北部地区观光客为主。

观察参与游客性别比可发现,女性参与者(62%),男性参与者(38%)。观光客与同行者间之关系,依序为情侣(30%)、朋友(25%)、家人(22%);出游人数则以1~3人成团较多(50%),4~6人一同出游也不少(38%)。参与平溪天灯节之旅客的回流状况,只有15%为第二次参加,近77%均为第一次参加。又自此问卷调查资料来源可知(表1),新平溪煤矿博物园区之游客数较少,这说明目前台湾较少游客知晓此地。

表1 新北市平溪天灯节旅客分布调查(2016年)

项次	项目	地点	总数
1	菁桐	菁桐老街	294
		菁桐矿业生活馆	36
		波丽士天灯馆	268
		日式宿舍区	44
		其他	0
2	平溪	平溪老街	365
		观音岩	28
		报警钟亭	13
		日据防空洞	30
		其他	0
3	岭脚	岭脚古桥	13
		百年土地公	28
		蔡家洋楼	16
		滴水观音	14
		其他	0
4	望古	庆和吊桥遗迹	12
		望古瀑布	39
		望古赏樱步道	46
		望古车站	15

续表

项次	项目	地点	总数
5	十分	十分老街	288
		新平溪煤矿博物园区	21
		十分瀑布	192
		眼镜洞瀑布	63
		其他	0

"2016年观光统计年报"的资料显示,从观光者人数看,来自香港和澳门的约为140万人次;来自大陆的约为284万人次;来自日本的约为138万人次;来自韩国的约为69万人次;来自东南亚国家的约为87万人次。[①]

实地勘查结果发现,造访平溪当地的海外观光客比例相当可观,当地业者因此聘请熟悉韩语、日语的员工,近年来陆客相较往年减少,东南亚地区的观光族群却增加许多,由此可见平溪地区观光发展的潜力。

由观光产业分析可知,每年虽然有大量游客来到平溪地区,该地区虽具观光潜力与发展机会,然而,除了天灯记忆与印象外,较少游客了解平溪当地深厚完整的煤矿文化。

三、新平溪煤矿产业资料分析

新平溪煤矿原隶属台阳矿业公司,于1984年售与龚咏沧,是目前台湾唯一仍拥有采矿权的矿场,仍保有各种完整的开采书图和坑道资料。新平溪煤矿产业资产丰富,这为新平溪煤矿博物园区提供了观光潜力与发展机会。

(一)新平溪产业路线及机具调查

为使煤矿运输路线得以系统化再现煤矿生产脉络,近年来新平溪煤矿着

---

① 2016年观光统计年报——2016年度来台旅客目的分析[EB/OL].(2016-12-30)[2018-05-27].http://admin.taiwan.net.tw/upload/statistic/20170209/874ef022-d9d3-470f-a3dd-f929c8b67b50.xls.

手盘点产业路线及煤矿机具调查,确认新平溪煤矿至今仍保存完整的生产运输动线,除1 283米的水平硐坑道,尚有775米的坑外水平轨道、舍石山分支轨道及卷扬系统,对外连络十分煤矿的台铁系统亦保存良好。

因此,新平溪煤矿博物园区着手清理产业道路轮廓,清除杂草与杂木,重现煤矿产业运输路线。除运输路线外,新平溪煤矿博物园区内外部亦有许多当时遗留下的煤矿机具,其中300匹马力卷扬机为坑内斜坑运作机具,至今亦保存良好,舍石山现场仍有75匹及50匹马力卷扬机,洗煤场及储煤槽等建筑物完好保存。近年来,园方分别对过去煤矿的重要机具进行盘点、纪录,将此作为新平溪煤矿博物园区规划系统化产业导览之重要资产。

除盘点卷扬机与煤矿机具外,馆内亦保存全台湾早期且硕果仅存的电气化小火车——独眼小僧,这是比台铁早40余年采用电气化铁路的运煤小火车。为使此铁道与煤矿文化得以保存,让消费者来参观煤矿博物园区时能乘坐上独眼小僧循运输路线了解煤矿历史,每年园区投入大量资源维修、保养独眼小僧及轨道系统。除将部分零件拆解维修保养,更将其操作说明用影像方式保存下来,确保传承。

(二)文史资料盘点

"新平溪煤矿博物园区"是目前台湾唯一保存完好的依靠电力驱动的煤矿铁道,园区内部除了保存、搜集完整的矿业器具与产业相关文物外,近年来亦透过文史资料盘点(图1),记录保存馆内的产业重点资料,经由相关图文专家与顾问筛选后编列清册,扫描归档。文件与图资的扫描归档,兼顾未来使用者及一般计算机容易读取,以1 200dpi及450dpi格式进行扫描与建档,让重要文史资料数字化,邀请矿业顾问及专家进行分类建议,将其重新编码及命名。

文史资料数字化归档,以利未来的在线传播与运用,用一张张黑白老照片与文史资料诉说辉煌历史。

(三)耆老口述访谈

台湾煤炭生产,在五六十年前为高峰期,二三十年前全面关闭,至今矿业

图 1　文史资料盘点

从业人员迅速减少,口述历史的制作刻不容缓。为保存煤矿重要历史与故事,园区依照矿业工作种类进行口述历史访谈,邀请在新平溪矿区工作的前辈(为主)和部分其他矿区的前辈(矿业主管、矿业机械/安检相关人员、矿工及矿业相关业务者)进行访谈(图2),拟定提问资料,让不同的从业人员回答相应的问题。耆老访谈内容规划依每位耆老之性格与个别状况,部分访谈成果穿插与谈者对谈之影像纪录。

图 2　耆老口述访谈

透过访谈15位矿业相关耆老,比较不同时代与环境下矿区工作及生活环境之差异,记录煤矿产业文化历史,刻划深刻的煤矿产业故事,将其口述历史制作成访谈纪录片,保存煤矿的辉煌岁月印迹。最后同步规划活动办理,包含十份煤矿的海内外游客、新平溪煤矿园区、教育活动及传统产业相关(如铁道迷/矿区文化)的活动企划,整理为年度资料。

新平溪煤矿博物园区的文史资料盘点,将新平溪矿区之各时期情况、矿区工作流程和机具发展纪录作为架构,随盘点进行,文史资料日益丰富,整体煤矿文化保存情况记录愈发完整,盘点资料,使新平溪矿区的结构、文化与轮廓愈发清晰。

四、新平溪煤矿年度特点分析

新平溪煤矿博物馆园区内部目前尚系统化保留煤矿产业脉络与铁道运输文化遗存。通过动态展示系统可以感受产业文化对当地人文及地形地貌之影响,理解矿场和十分聚落的紧密关系。

(一)系统性文化保存

1.煤矿产业文化保存

博物园区盘点可确认煤矿产业地景与器具,矿坑、运输铁道、舍石山、选洗煤场、无极索道,乃至过去采矿用的器具,均完整地保留于新平溪煤矿博物园区中。

因园区保存完整的煤矿产业文化,获得许多与各地煤矿博物馆或文史专家交流的机会。例如本园区煤矿地景面貌与亚洲首获世界记忆遗产——山本作兵卫之画作所描绘之早期筑丰地区的煤矿场景相似,因其与新平溪煤矿同属薄煤层的坑道采掘环境。当年典藏画作的田川市,虽为当初产煤最丰富的矿区,亦有许多丰富的文物史料,却因煤矿地景已不复见,因而未能成为世界文化遗产登录,由此可见煤矿产业文化现状保存的珍贵和重要性。

2.铁道运输文化保存

园区内保留"独眼小僧"电气化机车头,其驾驶座前方有个大圆孔,搭配如黄色袈裟般的车身,故称为"独眼小僧"。独眼小僧为新平溪煤矿之动产,由台阳矿业公司引进,最早是向日本日立公司采购,用以拖拉矿车,已有80年历史,早在台铁仍使用蒸汽火车头的年代,矿业已率先采用电气化机车头。现在则由博物园区作为动态展示使用的载具,唯有在园区方可一见。

当时堪称高科技产品的电机车头,在日本也几乎绝迹的情况下,现在依旧运行于新平溪煤矿之矿业铁道上,见证并陪伴煤矿产业的兴衰。此外,除1 283米的水平硐坑道外,尚有775米的坑外水平轨道、舍石山分支轨道和卷扬系统及连络十分台铁的铁道系统,过去煤矿带动的铁道运输文化,至今仍在新平溪煤矿博物园区中见到。

3.产业环境教育保存

煤矿产业文化所塑造的产业环境,如煤矿的开采,对当地地形、地貌、生态和人文的影响,借由资料的收集和比对,将演化的脉络和大自然的生息与调养过程及现状,均保留至今。游客可搭乘新平溪煤矿博物园区保留至今的独眼小僧,沿着铁道沿线,观察煤矿产业环境,将动线和脉络忠实呈现在游客眼前,开展环境教育让游客能在体验中了解产业文化对于地形地貌、人文生态的影响。

(二)动态展示系统

新平溪煤矿保留完整的运输与产业动线,可提供动态展示并规划实地体验。电气化机车头"独眼小僧",亦由博物园区定期保养,至今仍可正常运作,其见证了早于台湾铁路电气化40余年的电气化铁道系统。希望借由系统化保存,透过数字化典藏传承,旅客参观时可经由动态展示的方式,了解煤矿文化故事。除观察园区内保留的坑口与采矿器具外,亦可依循煤矿铁道运输系统,让游客乘坐独眼小火车,听取导览解说,了解台湾的煤矿产业文化。此外,新平溪煤矿博物园区亦设有模拟坑道,介绍坑口内部与采矿器具的使用,透过实地体验与还原煤矿坑口环境场景,让游客实地感受矿场的氛围。借由园区的动态展示系统,可让游客体验采矿的动线脉络,让参观行程更为生动活泼,也可使游客深入理解煤矿文化,以寓教于乐,感受产业文化对当地人文及地形地貌之影响,理解矿场和十分聚落的紧密关系。

五、新平溪煤矿产业发展趋势

新平溪矿业发展经历了系统性产业文化的保存与活化,文化结合观光发展和社区总体营造,在发展中得到传承与保护。

(一)系统性产业文化的保存与活化

新平溪煤矿博物园区为私人经营的地方文化馆,在矿场面积广阔又欠缺资源的情况下,仍致力于维护全台湾唯一完整系统化保存的煤矿产业文化旧址。近年来,在文化界及文资部门的积极辅导下,成为矿业界及文化界交流的示范场域。提及能源、北台湾旅游景点与平溪煤乡生活,"煤矿"均占有不可或缺的地位,其存在是平溪及北部其他煤乡重要历史的缩影。

新平溪煤矿博物园区将持续系统化保存"煤矿文化",将台湾近代精彩、重要的采煤史做系列整理及展示,从场景传达历史故事给岛内外游客,帮助他们认识台湾煤矿的开凿历史,了解煤矿对台湾的重要与巨大贡献。

园区亦保存特有的"铁道文化",透过电机车头"独眼小僧"及三分车矿业铁道系统,以动态导览的方式,串联平溪地区丰富的生态和天然景观。同时开展"环境教育",借由动线的规划,让游客了解矿场开发行为前后,除对经济的贡献外,对当地地形地貌及人文的影响,游客可以进行知性之旅。

(二)文化结合观光元素

分析观光产业现况可见,每年虽然有大量游客来到平溪地区,然而除了天灯记忆与印象外,这些游客们没能从平溪地区带走更深一层的文化记忆。随着深度旅游与文创观光兴起,未来将结合以煤矿文化为主,打造平溪观光文创品牌,使新平溪煤矿博物园区与平溪当地文化及周边商圈合成一体,让博物园区融入在地生活,成为平溪地区观光之特色,让造访的游客们,记起台北近郊的山中清幽小村——不仅风景秀丽优美,也蕴含丰富的煤矿文化内涵。

经评估,新平溪煤矿博物园区周边除可体验煤矿文化、天灯文化外,地理位置亦具优势,除地处台北近郊外,其亦位于东北角交通枢纽,分析观光数据亦可发现,许多游客确实为顺道拜访,由此可见平溪地区的地理位置极具观光发展优势。

以自然观光资源看,新平溪煤矿博物园区外围拥有丰富的生态资源,春夏交替时可见漫山遍野的油桐花、山百合,园区十余年来刻意维护生态友善环境,夏日黄昏夜里布满萤火虫,将铁道沿途点缀得缤纷绚丽,是绝无仅有的矿铁赏萤秘境。此外,该地也可看见台湾保育鸟类台湾蓝鹊,其飞舞姿态光彩照人。由上述可知,平溪地区不仅拥有丰富的观光资源,周边地区亦有许多地景与人文特色,有利于文化观光之多元发展。

图3　新平溪煤矿博物馆——赏萤活动

结合文化与观光,发挥新平溪煤矿博物园区的煤矿文化、自然地景与地理位置等优势,以新平溪煤矿文化为主,整合自身资源,重新塑造品牌力,将原分散各处的观光元素系统化,以新型态的故事营销,串连平溪商圈之力量,使当地的导览体验融合理性与感性元素,让平溪当地特有的煤矿文化面目一新。

为使矿业主题故事能以新形态方式设计,将自新平溪煤矿博物园区出发,沿着独眼小火车行驶之路线,一路延伸至洗煤场与十分商圈,此区域整体为新的平溪矿业文化体验场域,以"平溪观光文创品牌"名由进行文化与形象推广,未来将延伸至平溪沿线。目前,"平溪观光文创品牌"的完整角色设定已完成,主要使用平溪煤矿文化与地方特色这两个重要元素进行原创,挖掘煤矿、独眼小火车、天灯、生态等元素的潜力,期望能活用角色经济,以活泼亲民的方式阐述煤矿故事与历史,让矿业主题故事透过新形态被一般大众认识。

服务体验也应改善,尤其是互动性,当地可提供夜间导览活动,区别日间导览,夜晚的平溪山城别有一番风情。结合导览志工与商家,让志工带着游客们乘坐独眼小僧,一边感受煤矿的历史文化,观看夜间丰富生态资源与景色,最后再至洗煤场空地施放天灯,欣赏天灯冉冉上升的美景,煤矿文化导览不再生硬,可提供美好体验。结合平溪十分商圈之力量,整合平溪地区天然景观、煤矿、天灯文化与人文资源,用品牌与故事重新包装煤矿文化,打造平溪地区独特观光风貌,可导入平溪地区多元观光特色,让旅客来平溪不再局限于施放天灯,可于平溪地区深度旅游,加深对台湾文化的认识,吸引更多观光人潮,重返黑金岁月之荣耀。

使用与时俱进的营销方式,让造访之旅客能透过新形态的观光形式带走与属地相关的快乐回忆,分享给亲朋好友,除口耳相传地创造优质口碑分享,让煤矿与天灯文化以另一种形式传承并延续外,更将平溪当地文化推向全台湾,成为新一代文创观光景点,使平溪地区丰富的煤矿文化历史与背景得以传承与活化(图4)。

(三)社区总体营造愿景

70年代,新平溪煤矿属平溪乡十分村,矿区和十分聚落接壤之处——洗煤场曾是主要的生产设施,当时十分小学的学生多达1 300人,新平溪煤矿职工人数达500人,由此可见当年十分村之煤矿产业盛况,也可看出新平溪煤矿与十分村之紧密关系。早期地底采矿环境艰苦,矿工间彼此相互扶持,矿工间血浓于水、同甘共苦的情感,随着矿业没落,因煤矿产业连结的紧密关系不复存在。

此地商圈着重天灯贩售,但未系统化地深入推广当地矿业文化特色。因此应以新平溪煤矿博物园区带头筹组,创设新平溪煤矿文化观光品牌,结合当

**图 4　透过动态展示,结合矿业文化、铁道文化与环境教育,
寓教于乐,是最佳的户外教学场所**

地商家与导览团体之力,共同建立创意生活圈平台。观察平溪地平台运作将以共同"推广平溪煤矿文化"为目标,举办"遇见矿野小精灵""产业道路探险"等体验行程,定期举办"煤矿黑金岁月摄影展"与煤矿主题相关特展,与当地商家、导览团体合作推广煤矿文化,建立当地特色品牌。未来规划蓝图中,洗煤场是重要景观艺术地标,应重新活化洗煤场场域,作为煤矿文化重点展示区,透过煤矿文化与文创角色的结合,生动地展示煤矿文化与故事。

结　论

前平溪十分商圈已有许多海外观光客,当地商家为贩售商品具备基本外语能力,新平溪煤矿博物园区会积极与当地商家、在地导览协会合作,培养多国语能力之导游人员与服务内容,营造舒适的观光旅游环境,让海外观光客来台时,深入了解平溪地区的煤矿与天灯文化,使在地文化与国际接轨。

通过煤矿文化结合观光,形塑为平溪当地特色文化,深耕与平溪当地之联结。透过煤矿文化的保存与活化,共同推动平溪煤矿观光产业发展,吸引当地游客认识台湾重要煤矿产业文化,也重新连结当地聚落,使新平溪煤矿与十分重现当年过往的紧密关系。

闽台文化发展报告（2018，工业遗产卷）

台铁及台北机厂：铁路文化资产再利用

蔡富浈[*]

摘　要：　铁路对台湾经济发展有重大影响，广涉农、林、渔、牧、矿业，亦与台湾四大出口产业——茶叶、樟脑、稻米与糖紧密相关，与后来的盐业与钢铁产业也关联甚近。除促进产业经济发展，还拉近了城乡距离，缓和了族群关系。随着都市发展与铁道建设地下化，原本重要的铁道运输管理部门和重要维修工厂——台北机厂——面临闲置荒废的命运。这两处承载与见证台湾现代化进程的重要场所，近年来，受文化资产保护政策推动，起死回生，再度负起工业遗址活化与再利用的重责大任，唤起人们对铁道文化的重视与历史记忆，再创"台湾经济奇迹"。铁道文化还能彰显台湾人勤奋、刻苦的精神。"铁支路情结"是许多人生命中无法抹去的记忆，也是台湾人共同的生活经验。

关键词：　铁道文化；工业遗址；文化资产保存与再生；铁道部门；台北机厂

铁道建设对台湾的贡献不仅仅是在产业经济方面，过去交通不发达，公路运输耗时长，台湾城乡之间的发展极不均衡，族群之间无法交流与取得共识，得益于铁路交通的建设，南来北往的时间极大缩短，人与人之间的交流变得频繁，人际互动良好，族群之间相处也更加和谐与融合。铁道俨然成为人与人，族群与族群最佳的沟通工具。此外，环岛铁路建设的落实，也奠定台湾产业发

---

[*] 蔡富浈，台北教育大学文化创意产业经营学系硕士。

展的基础,环台的铁路网络,包括南北纵贯铁路、花东铁路、北回铁路及南回铁路,更加速台湾经济快速起飞与成长。

然而,伴随着铁路地下化,便捷的交通方式不断出现,位于台湾北部的管理铁道运输事务的台铁局铁道部门及铁道重要维修工厂——台北机厂,均面临闲置与荒废的命运。承载着台湾百年铁道文化的台铁局铁道部门与台北机厂,是台湾极重要的工业遗址,已被认定为台湾重点保护的产业文化资产,几经波折后,由相关部门与专家学者们共同研讨拟定维护策略,启动活化与再利用的计划,预定使此二场域成为见证台湾百年铁道历史的工业遗址。

近百年的铁道文化历史现场再现,重启人们对台湾铁道的历史记忆,连结历史与现代,复育出怀旧但不老旧的新铁道文化,吸引更多民众参与并传承这独一无二的台湾历史文化。

一、台湾铁道建设的发展历程

台湾铁路建设始于清朝,是入台首位巡抚刘铭传兴建的。为巩固台湾的防务,刘铭传在台建筑军事炮台,全力加强海岸防卫设施,不断进行各项开发与建设,且决心"将举一隅之设施,为全国树之范"[1]。因此日以继夜地从事新政,包括兴防务,修铁道,筑路,兴工业,通邮政,办学堂,财政税赋与开矿,为台湾打下现代化成长的基础,人们也尊称他为"台湾近代化之父"[2]。日据时期,接续建设台湾铁道,除了改良清朝已有的铁道,于1908年完成南北纵贯铁路。清时的台北机器局基地得到扩建,更名并成为全台湾铁道交通最高行政管理中枢,铁道部门基地内设置"台北工场"厂区,负责全台铁道工业建设、制造与维修[3]。

1945年后,台湾的铁道逐渐兴筑完工,此一时期完成建设的铁路有许多:1973—2003年完成北回铁路,1980—1991年完成南回铁路。环岛的铁道网络

---

[1] 陈德辉.试论刘铭传的海防思想[EB/OL].(2005-10-13)[2018-05-20].http://big5.huaxia.com/zt/jl/05-085/578657.html.
[2] 张笑天.刘铭传大传[M].台北:经典人物馆,2004:121.
[3] 刘文骏,王威杰,杨森豪.百年台湾铁道[M].台北:果实出版社,2003:8-9.

建设期间,台铁当局更陆续开发各支线,铁路铺设不断伸入台湾内部各地区,人们可以更方便与快速地联系,地方产业发展加速,台湾产业经济的成长也加速①。

表1 台湾早期铁道建设重要记事

年份	重要记事
1889年	从台北大稻埕到松山的铁路完工通车,第一个行驶的火车头叫"腾云一号"。
1891年	台北至基隆段铁路通车;台北至基隆铁道,自大桥头开工后,经锡口(松山)、南港、水返脚(汐止)、八堵,至基隆止,全程28.6公里,历时4年4个月,于10月竣工通车。
1893年	台北至新竹段铁路通车;台北至新竹之路线,于1893年11月修至新竹,并于1894年1月23日举办通车典礼。
1908年	台湾纵贯铁路系统基隆至高雄铁路全线通车。
1973—2003年	北回铁路修筑(南北两端同日开工),2003年完成北回铁路电气化与双轨化工程。
1978年	自1978年南北高速公路全线通车,"国光号"通行于台北高雄之间。
1980—1991年	南回铁路完工,完成环岛铁路网。
1983—2011年	因为公路交通的便捷,1983年开始进行铁路地下化工程,直至2011年完成。
1996年迄今	陆续通车的台北捷运、台湾高铁、高雄捷运与高雄轻轨,使得台湾铁路系统进入另一个阶段。

资料来源:台湾铁路[R/OL].(2017-12-30)[2018-05-20].https://www.railway.gov.tw/tw/CP.aspx? sn=3700&n=6841.

二、铁道建设对产业发展与现代化的影响

罗斯托在 The Stages of Economic Growth 一书指出:经济起飞之始由四种形式促成,包括:政治革命方式;借由技术与铁路运输发展;对国家有利的

---

① 黄荻昌.台湾铁路发展经纬——从历史轨迹看台湾铁路成长[R/OL].(2008-11-16).[2018-05-25]http://ocw.knu.edu.tw/download/2026.

国际情势;对国家不利的国际情势。以现代经济论者的观点来看,自产业革命以来,普遍认同铁道对经济发展有相当大的助益。铁道运输不仅降低内陆的运输成本,也有"经济学之父"亚当·斯密所谓的扩大社会生产功能,促进社会经济繁荣。因此,罗伯特·福格尔在 *Railroads and American Economic Growth: Essays in Econometric History* 一书中提出:铁道对经济发展而言是"不可或缺",铁道也是发展出口工业的必要条件,多数国家也认同铁道系统是否健全与国家现代化基本工业能否成长有密切关系。

早期台湾没有铁道时,公路交通也不发达,一般物资的运送,以水上运输为主,包括海运与河运,城镇主要在海岸港口与河运的两岸发展。台湾多数山脉呈南北纵走向,河流为东西流向,此地形特点阻碍南北间陆上交通的发展。故清朝中叶以前,台湾南北间的往来以沿海海运为主,西部沿海很多港口形成发展聚落,例如基隆(旧名鸡笼)、淡水(旧名沪尾)、鹿港、安平。台湾河川的坡度非常急陡,且因气候多降雨,所以早期也只有淡水河的河运较发达,整体而言,台湾北部较中南部更早得以快速发展与繁荣。

台湾铁道始建于清末,取代原本南北的海运运输,台湾纵贯线铁路是极重要的交通命脉,它将台湾南北串连成线。此外,向东部延伸的花东铁路、北回铁路及南回铁路,让原本被山脉阻隔的东部城镇及中南部的内陆城镇,随着四通八达的环岛铁道网络,逐渐得到开发与发展。比起公路运输,铁路运输运载量更大,适合长途运输,专用的轨道可以缩短运行的时间。在环岛铁道网络建设期间,台铁局也在台湾内部各地区不断规划与铺设铁道,陆续开设台湾内陆的各支线铁道,每条支线铁道的功能不尽相同,例如有运输各地资产的产业线铁道,运送渔产货物进出港口的临港线铁道,以及作为军事用途及运送战备物资和军人的军用铁道。

常规铁道和具特殊功能的铁道支线,沿途经过的城市乡镇,都与铁道有着密不可分的在地产业和文化发展连结。近年,不少在地文史研究者与组织致力于铁道文化的研究与推广,获得令人钦佩的成效,例如,林业铁道运输(罗东林铁平地段和早年的伐木技术)、糖业铁道文化(老糖厂与五分仔车的保存)、矿业与铁道文化互动(新平溪电气铁道遗构与猴硐瑞三矿业遗址的黑金岁月)、盐业与铁道文化的记忆连结(人工采盐与小火车运盐古老产业)、渔业与铁道运输的连结(东港渔村与东港线,八斗子渔港与深澳线铁道)、海港与铁道接驳基隆老港区仓库与基隆临港线、高雄哈玛星(滨线)与高雄港临港线的港市发展、台铁旧铁道部与台北机厂(台湾铁道历史与文化的博物馆,台湾铁道博物馆园区计划展示大型列车与工厂器具)等[①]。

台湾拥有丰富的天然资源,在发展农林渔牧矿业上拥有得天独厚的优势。早期公路运输尚未完善,铁道让这些物资得以顺利地运送至台湾各地及港口。"从台湾交通发展历史的意义看,台湾南北纵贯铁道的建造,除去台湾地理地势的自然限制,影响所及十分广大,包括革命性地重整台湾贸易网络,铁路沿线的重要车站,也成为经济重要产物的集散地,铁路运输左右物产的运输机制,铁道有效扮演台湾经济产物出口的重要角色。随着铁道网络的建立,各地人口便开始通畅地流动与交流,打破族群之间的隔阂,促进族群的融合,对台湾近代社会的整合,也发挥了极大的作用。"[②]全台的产业铁道建设包括糖业铁道、盐业铁道、林业铁道、矿业铁道、中钢铁道、水泥厂铁道、台肥铁道与中油铁道等,铁道建设使台湾现代化工业发展迅速,不仅促成台湾内部各城镇的物资的输出与交易,而且增加在地民众就业机会。台湾内部城镇得以开发之后,台湾的经济更得以突飞猛进地发展,使台湾成为亚洲数一数二的经济发展地区。

三、铁道产业遗址的活化与再利用

(一)铁道产业遗址——台铁铁道部门与台北机厂简介

台铁铁道部门位于台北市重要核心区域,地处忠孝西路、塔城街、郑州路、延平北路之间。巡抚刘铭传特聘英国与德国军事顾问于古台北城码头内设立

---

① 洪致文.台湾铁道文化志[M].台北:远足出版社,2011:136-262.
② 林淑华.日据前期台湾纵贯铁路之研究(1895—1920)[D].台湾师范大学,1999:149-150.

机器局,负责组装枪炮弹药及铸造货币,机器局内部设有镕铁所、锻工场等部。1895年,日本军方接收机器局,改名为"台北兵器修理所",负责制造与修理日本陆军使用的兵器,工作内容包括弹药丸制造、信管、小铳丸、弹药夹、船舶与铁道铁桥等[1]。台铁铁道部的发展历程如表2所示。

表2 台铁铁道部发展历程

年份	重要事件
1899年	铁道部门成立
1900年	日陆军省移交铁道部门,改名为台北工场
1909年	台北工场向东扩建车辆修理工场与涂装工场
1915年	拆除台北工场基地内的南边建筑物
1918年	在拆除建筑物的南边新建铁道部门厅舍,形成"北工场、南厅舍"格局
1934年	台北工场基地不够使用,将重要维修大型车厢设备的维修工场搬至台北松山(现名台北机厂,台湾古迹)
1945年	改为铁路管理委员会
1948年	铁路管理委员会改制为台湾铁路管理局,由台湾省政府交通处管辖
1993年	台铁局迁入台北车站新厦,原铁道部基地闲置

注:至今基地内原有40栋建物,历经2005年的捷运交通建设及2013年的古迹修复与拆除不予保存建物,目前仍有十栋历史建筑,其中有八处是法定的文化资产古迹建筑。

随着铁道不断的铺设,台湾铁道部门(前身台北机器局)的铁道相关建设与维修工作逐渐增加,原有的维修基地渐渐不敷使用。1934年,负责铁道制造与维修的台北工场被转移到现在的台北市松山区,1935年搬迁完毕,正式改名称为"台北机厂"。其后,台铁在台北机厂现址。因为无法扩大土地,改善维修设备与服务等问题,台北机厂的维修工作于2012年完全转给桃园富冈维修基地,台北机厂因此面临停工与闲置的命运。2015年,在相关部门与专家学者的呼吁下,见证台湾铁道维修史的台北机厂被列为法定古迹,台北机厂得

---

[1] 台湾博物馆[A/OL].(2017-12-30)[2018-05-20].https://www.ntm.gov.tw/content_151.html.

以文化资产的身份被保存下来。目前,台北机厂里保存着相当重要的机器与设备,包括1889年英制的蒸汽锤、EMU100形电车车厢及员工澡堂等重要工业遗产。

台湾北部目前仅存两处铁道产业文化遗址,充分体现台湾铁道史百年的演进历程,此二场所目前已被列为台湾重要古迹保存,具有极高的铁道工业遗产价值。

(二)文化资产保存活化策略

在台湾,文化资产保存的意识和观念从无到有,不断演变。回顾60年代,西方兴起"反主流文化"的思潮,各种反政府与反工业化的运动兴起,此股潮流逐渐东移,因而带动台湾本土文学运动,年轻知识分子意识到传统文化的重要性,台湾人真正自觉的文化资产保存意识也因此萌芽。20世纪五六十年代,台湾经济开始起飞,都市化与现代化快速成长,传统文化逐渐衰败。主管部门为了发展经济,开拓观光财源,对各古迹历史建筑物进行修复整建,但却忽略了古迹历史的文化价值保存,使古迹遭到更严重的破坏。因此,部分台湾学者意识到传统文化保存的重要性,兴起保存台湾本土文化的潮流,1970—1978年是文化保存运动的高潮,最终于1982年促使文化主管部门公布并实施"文化资产保存法"。

与此同时,国际上为了保护具有特殊价值与普世价值的文化遗产、自然遗产,建立以现代科学为主的永久性制度,为具特殊价值的纪念物、建筑群、场所、自然面貌和动植物栖地等提供急切而永续的保护,1972年,联合国教科文组织在巴黎举行第十七届大会,通过著名的《保护世界文化和自然遗产公约》,呼吁全球共同推行保护属于全人类的文化与自然遗产。此后,随着后工业社会的来临,产业的发展与科技的进步,各国逐渐重视工业时代遗留下来的有形与无形的产业文化资产。2003年国际工业遗产保存委员会发表《下塔吉尔宪章》,其第一章《工业遗产》提到:"工业遗产遗存的证据,包括物质的和非物质的,例如工业生产的服务,或由工业生产制造出来的档案资料、人工制成品、空间地层和工程结构、人民居住的环境以及自然景观和城镇景观等。"

随着全球化自由市场经济快速变迁,加上社会经济与生产制造业结构的改变,世界上大多数国家和地区面临相同的制造工业技术升级与产业转型的压力①。台湾拥有较发达的制造工业,包括矿业、林业、铁道工业、糖业、钢铁业、水泥业、发电厂等,面对科技与时俱进的快速发展,这些产业获利率大幅下降。社会环境严苛,其除了因应现代工业发展升级技术继续经营,还要被迫停止生产运营,使得产业生产空间建筑、机器设备,甚至生产技术,被迫闲置荒废,产生许多闲置的产业生产空间与设备。这些产业生产空间与设备,过去多数遭受漠视,被废弃或摧毁②。文史团体也留意这些闲置与荒废的旧工业厂房,"工业遗址"一辞蔚为流行,"工业遗产"成为过去产业空间与空间内遗留的器具设备的代名词。

为了统筹管理全台文化资产业务,相关部门于2002年设立"产业文化资产调查小组",进行各种产业文化资产调查,制定产业文化资产再利用计划;2007年10月,相关部门依据"文化资产保存法"第11条规定,设立"文化资产总管理处筹备处",以整合办理文化资产相关业务的单位和人力。2012年,相关部门设立"文化资产局",专责推动、执行和督导台湾文化资产的保存、维护、活用、教育、推广、研究及奖助。古迹与历史建筑的保存也受到愈来愈多的关注,其附加价值受到极大的肯定。以"保存、活化、再利用"为目标的产业文化资产,在相关部门积极参与及辅导下,逐渐在全台湾酝酿发展。

相关部门经过多年的考查与探勘,与专家学者和民间地方文史组织多次研究讨论后,已确定对台铁和台北机厂进行再利用。希望通过保存、活化与再利用的方式,让此两处铁道产业值得纪念的人、文、地、景、物等最重要的文化资产重现风华。学者林崇熙提出,应重视铁道文化资产核心价值的保存,在保存、活化与再利用的过程中,充分体现文化资产保存的核心价值③。他提出以

---

① 夏铸九.对台湾当前工业遗产保存的初期观察:一点批判性反思[J].建筑与城乡研究学报,2006(13):91-106.
② 陈逸杰.台湾工业遗址再利用保存之空间重置的可能提案[J].文化资产保存学刊,2010(11):23-32.
③ 林崇熙.台湾铁道文化资产的发展策略[J].捷运技术半年刊,2007(36):37-54.

下四个衡量文化资产核心价值的标准。

其一,文化资产确保智慧多样性或智慧物种的保育,文化资产充满宝贵的智慧,保存产业文化资产,将挖掘、再生、转化与创新其蕴藏的智慧。

其二,文化资产具有再生性,即"资产"必有其"再生产"的潜力与能力。应使传统"资产智慧"再生、转化与创新,进而发展出新的产业。

其三,文化资产的保护在于人。在保存文化资产智慧的过程中,传统的技术工艺得到保存,文化产业得到发扬,身处其中的人们因此受到尊崇与重视,在此良性循环中,更能凝聚向心力与认同,文化产业才能永续发展。

其四,文化资产具有机性、系统性、整体性。"有机性"是演化式的生命延续感,通过历史感的物件,例如建筑本体、使用的器具设备等旧物件,让现代人感受到"老店质量"感。"有机性"必定具有系统性与整体性,其中可看出各构件之间环环相扣与相互引发的动态性。

近年来,相关部门为落实其核心理念"厚植文化力,带动文化参与",制定了从上到下的文化整体保存政策,推广包括"连结与再现土地与人民的历史记忆""社区营造深化,在地文化生活发展""丰富文化内涵开创文化经济"的政策计划,期待将文化资产保存落实于民众生活中。相关部门于2016年提出"重大公共建设投资计划——再造历史现场",通过结合地方文史、文化科技、文化资产保存与地方空间治理,与各地方政府及相关部会跨领域合作,整合地方与政府发展计划策略,打破过去单一地点、单一建筑与个案开发的文化资产保存方法,强调以文化治理带动城乡发展,重新发现历史,再现历史记忆,重新连结文化与当代,通过全民与社会的参与及对话,塑造文化资产的保存意识,使之成为公民运动。

"再造历史现场项目计划"内涵如图1所示,是将古迹、工业遗址、历史建筑与历史聚落的空间纳入整体治理策略,将承载历史记忆与脉络的文化资产空间与当代和在地生活需求链接起来,评估拟定永续发展的计划,让历史与当代融合复育出文化生态,以软件带动硬件的规划,使用新兴数位科技,带领人们进入历史,与之产生记忆连结与脉络传承,加速生成文化资产空间多元创意。

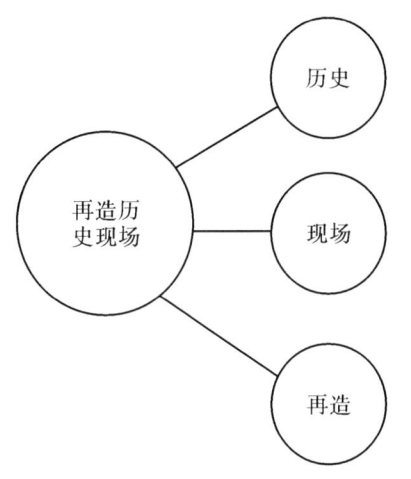

图1 "再造历史现场项目计划"内涵

资料来源:"再造历史现场项目计划"辅导平台[EB/OL].(2017-10-11)[2018-05-25].http://www.rhs-moc.tw/index.php? inter=about&id=1.

(三)台铁铁道文化历史博物馆

台湾交通发展初期至南北交通运输通畅的铁道部门位于忠孝西路、塔城街、郑州路与延平北路之间(图2),目前由铁路管理局管辖,位处台北市商业中心精华地带,地理位置十分重要。随着台铁局于1993年起陆续搬迁至新车站大楼,铁道部园区及周边地区终渐闲置,又因年久失修,铁道部内建筑物陆续受损。

台铁铁道部门位于台北市的重要交通枢纽处,铁路、高铁、机场捷运及台北捷运在此交会,周边景观包括南侧古迹台北府城之北门及台北旧城区,台北邮局及中华路景观道路,西门町观光景点等。台铁承载着台湾铁道独特又复杂的运输史,除了可用于车辆维修与车站相关设施规划,还是全台交通统筹规划的行政管理中枢。铁道部门蕴含丰富的历史文化资源,其街廓仍维持着旧时建筑样貌,内部各栋建筑物独树一帜且各具特色,充分展现不同时期不同建筑设计师的建筑工艺水平。原本园区内独具特色的各式建筑物至今保存完整

图2 台铁铁道部门

且良好,极具文化价值与历史意义。1992年,台北市政府将原厅舍认定为第三级古迹。2005年,相关部门委托东海大学及中原大学进行古迹调查研究与制定再利用规划,委请台北市文人为厅舍建置临时保护钢棚架。至2007年将其列为古迹,将八角楼、食堂、电源室、工务室、防空洞纳入古迹范围(图3)。

目前,台铁的再利用涉及两部分,包括台湾博物馆推动的"台湾博物馆系统"计划及台北市政府的"西区门户计划"。

台博馆于2005年启动"台湾博物馆系统",计划整合全台北市主要历史建筑核心区域,进行文化资产古迹修复与活化再利用[①]。2009年,台博馆代管台湾建筑物,进行园区修复与兴建,配合相关部门的"历史现场再造"计划,将台铁园区活化成具有现代意义并展示台湾铁道历史与文化的博物馆,重现其历史风华。自进行修复与兴建至今,已大致修复以上六栋台湾指定古迹建筑物的土木与机电工程。自2017年9月起,加速园区内的景观工程及室内装修工程,预期2020年完工。

针对台铁的活化再利用成为台湾铁道历史文化博物馆的计划,台博馆进

---

① 黄俊铭,俞怡萍,吴梅瑛.台湾总督府铁道部调查研究与再利用之规划[M].台北:台湾博物馆,2010:1-67.

图 3　台铁古迹群

行的计划内容包括:历史文献与史迹考察,成立项目计划进行空间与维护调查研究并出版,委托东海大学与中原大学及相关专家学者进行台铁铁道部古迹群调查与研究并进行修复等主要计划内容。另外,台博馆在台铁铁道部修筑期间,更配合"再造历史现场"计划的核心理念,为连结此产业文化资产与民众之间的历史记忆,深化文化资产保存的观念,邀集全民共同参与台铁铁道部的再利用计划,办理"铁道园区导览教育"活动,希望带动全民重视台湾铁道文化,重建台湾百年的铁道历史文化。

(四)台北机厂——活的铁道博物馆

铁道是连结城市之间的重要运输设施,铁道的扩建,带动许多城市同步发展。台湾有三座重要的铁道维修厂——台北机厂、花莲机厂及高雄机厂,全由台湾当局统一管辖。位于台北市松山区的台北机厂,因铁道需求急速扩张,原基地内的台北工场负荷过重,用地面积不够,所以1931年铁道部开启台北铁道工场搬迁,于1935年完全搬移至今址并更名为台北机厂。

台北机厂北临台北市市民大道,南临东西向快速道路高架段,邻近松山文创园区。基地内,分为四个区域——柴电工厂、修制工厂、电力工区和车辆工区。随着都市逐渐发展与扩张,台北机厂是否留存,命运一度面临挑战。2004年,政府决议将厂内火车维修移转至桃园富冈基地,台北机厂注定要迎接停工与闲置的命运。承载台湾铁道工业重要历史,号称台湾第一座科学园区的台北机厂,在文化部门及专家学者多方协商后,2000年由台北市政府认定台北机厂内员工澡堂为台北市市级古迹。2013年,台北市政府将台北机厂的组立工场、锻冶工场——蒸汽锤(1889年英制)、原动室等认定为台北市市级古迹,将总办公室、柴电工场、客车工场等三处列为台北市历史建筑。2015年,相关部门依法设立项目小组,完成台北机厂文化资产评估报告,审议并通过将台北机厂作为铁道修理产业遗产进行整体系统保存,全区被认定为古迹,台北机厂全区得以保存且进行活化再利用。2017年,相关部门与台北机厂所属的交通主管部门签订台北机厂铁道博物馆合作备忘录,台北机厂将转型为"活的"铁道博物馆园区。

因应全球化竞争压力,台北市快速发展与转型,产业场地遗址逐渐转型经营,例如松山烟厂转型为松山文创园区,台北酒厂转型为华山艺文特区等。对民众来说,与在地人民长久生活息息相关的台北机厂,不仅是火车维修厂,还是曾经的工作场所,带有成长的记忆。台北机厂保存的铁道工业文化价值、建筑与机器均具科学价值,带动社会现代化变迁与城市发展,劳动与操作技术价值,教育与观光价值等,都是极为珍贵且需要珍藏的有形及无形文化资产,应重视其转型。

案例篇

图 6　台北机厂内部工业遗产

　　随着社会的进步与现代化,各种新的交通设施(如道路与捷运运输系统)不断修建,但探索交通历史并研究以前人们生活和文化背景,是重要的工作。台北机厂的基地转型,应兼顾都市更新及古迹文化资产的保留。台北机厂原有功能转移他处,有形空间闲置,但随着历史演进的无形"技术与智慧"依然存在。林崇熙认为,值得纪念的人、文、地、景、物等是铁道产业珍贵的文化资产[①]。台北机厂保留的技术与智慧发展脉络,与城市的发展关联,与人们互动依存的记忆关联,在未来"活的"铁道博物馆园区里,可塑造成能被传承与永续发展的"铁道新文化"。

---

① 林崇熙.台湾铁道文化资产的发展策略[J].捷运技术半年刊,2007(36):37—54.

台北机厂全区被列为古迹,相关部门与台铁局正积极规划建设铁道博物馆,目标定名为"台湾铁道博物馆园区",台北机厂目前的活化策略是"全区整备""分期复复""分区开放",邀请全民成为台湾铁道文化见证人,参与铁道博物馆园区的修复过程。

相关部门对台北市的仅存的两座铁道产业遗址进行活化转型再利用,此举代表台北市已由工业化城市转变为后工业城市。因应全球化竞争压力,台北市快速发展与转型,许多产业场地遗址逐渐转型从事与原产业无关的运营,例如松山烟厂转型为松山文创园区,台北酒厂也转型为华山艺文特区等。台北市内的产业遗址转型是台北市工业发展历史的重要纪实,台铁铁道部与台北机厂的转型,与其他已转型的产业园区不同,铁道文化与历史记忆的保存是其核心。这样的转型方式,是否能与历史的脉络接轨?是否能永续发展,正在考验着现代人的智慧。

四、铁道文化与台湾精神

小时候传唱儿歌"火车快飞,火车快飞,穿过高山越过小溪,不知跑了几百里,快到家里,快到家里,妈妈看见真欢喜",简单的歌词,满溢着快快回家见到家人的心情,火车快飞,不管多远都能把人送回家,因为火车有着固定的行驶轨道,比起其他陆运工具更安全。闽南语歌《向前行》里说:"火车渐渐仝起走,再会我的故乡和亲戚,亲爱的父母再会吧,斗阵的朋友告辞啦,阮欲来去台北打拼,听人讲啥密好康的拢在赫"是另外一种心境,火车引人向前,往人们所称富饶之城前进,这时候的火车,像是一种指引,引导人们去往繁荣的城市,林立的高楼和打拼工作的机会。

铁道文化俨然已经融入生活,形成"在地的"铁道文化,铁道为地方带来发展,地方因着铁道发展产业,就业机会增加了,生活得以改善,铁道与在地生活文化形成相互依存的关系。回想五六十年代的台湾,与繁荣城市距离较远的人们,为了更好地生活,背井离乡外出打拼,期待在城市里找到一片天。城市中的火车站,常成为新地标,城市的繁荣地带大都由火车站向四围延伸。

以台北火车站为例，许多中南部的人们循着铁道来到台北市及台北城邻近城市，他们受如《向前行》歌词所描绘景象的引导——台北有各样美好的事物，要到台北才有发展机会。这群人通常带着简单行囊，只身北上，他们代表的是"一卡皮箱走天下"的典型台湾人——埋头苦干、刻苦耐劳、不畏挑战，就像朝着目标永远直行的火车头，拥有不达目的绝不停止的态度与精神。这群人为台湾迈入现代化与工业社会提供最重要的劳动力，是创造台湾经济奇迹最大的原动力。因着铁道的铺设，物资集散地沿着铁道兴起，商业行为也日益增多，不仅人们往来流动的机会更加频繁，而且带动地方经济成长与社会繁荣。

台湾的铁道文化价值，不但包含有形的物质，包括目前保存的建筑物古迹、器具设备与大型列车车厢等展示构件，而且包含无形的文化价值，除了传统工艺与技术智慧，与地方之间形成的供应链生产脉络，与所在地城市间的空间组织架构等，是铁道与人们之间共同的记忆。铁道列车往前朝目的地直行的方式，就像台湾人的勇往直前打拼的精神。铁道文化的保存，除了保存有形的古传统构件外，也将铁道与人们之间的历史记忆重新连结，将过去至今人们与铁道的生活点滴重新串起，拥有独特的教育价值。与台湾一同成长的铁道文化，也许赶不上时代发展的趋势，终将面对渐渐淘汰的命运，但和铁道文化一起塑造出来的台湾人的精神，却永远存活在人们心中，唯有将铁道文化珍藏保存，制定完整且创新的转型计划，才能世世代代传承和铁道一起打拼的精神与文化。